CW00499794

FUNDAMENTOS DE LA FE CRISTIANA

TEOLOGÍA PARA VIVIR
Fe y Palabra

ROGER WEIL

Impreso en Lima, Perú

FUNDAMENTOS DE LA FE CRISTIANA

Autor: © Roger Weil
Traducción: Margarita Calle.
Revisión de traducción: Jaime D. Caballero.
Diseño de cubierta: Billy Jerry Gil Contreras
Revisión de estilo y lenguaje: Elioth Fonseca.
Serie: Estudios Bíblicos Teológicos - **Volumen:** 04
Publicado originalmente en ingles bajo el título: *Foundations of the Christian Faith.* @2017 Grace Publications Trust, London, Great Britain. Todos los derechos reservados.

Editado por:
©TEOLOGIAPARAVIVIR.S.A.C
José de Rivadeneyra 610. Urb. Santa Catalina, La Victoria.
Lima, Perú.
ventas@teologiaparavivir.com
https://www.facebook.com/teologiaparavivir/
www.teologiaparavivir.com
Primera edición: Agosto de 2020
Tiraje: 1000 ejemplares

Hecho el Depósito Legal en la Biblioteca Nacional del Perú, N°: 2020-04553
ISBN: 978-612-48260-3-0

Se terminó de imprimir en Agosto de 2020 en:
ALEPH IMPRESIONES S.R.L.
Jr. Risso 580, Lince
Lima, Perú.

Prohibida su reproducción o transmisión total o parcial, por cualquier medio, electrónico, impreso, auditivo, visual, etc, sin permiso escrito de la editorial.
Las citas bíblicas fueron tomadas de la Versión *Reina Valera* de 1960, y de la *Nueva Biblia de los Hispanos*, salvo indique lo contrario en alguna de ellas.

TABLA DE CONTENIDOS

PROLOGO

Conocí a Roger Weil en una reunión de oración en Inglaterra. Había escuchado de la utilidad que su libro había tenido como una manual introductorio a la teología cristiana en diferentes partes del mundo, pero no había tenido la oportunidad de examinar el libro. Hace unos meses pude revisar una copia del libro, después de examinarlo, me dije: "¡esto es exactamente lo que necesitamos en Latinoamérica!". Dios, en su providencia, hizo que Roger Weil asistiera a la reunión de oración en una pequeña iglesia en Kent, Inglaterra, donde no había más de un puñado de personas congregadas. Después de predicar la Palabra de Dios, expuse sobre la necesidad de literatura de sana doctrina en el mundo de habla hispana. Fue así como conocí a Roger Weil, y fue así como surgió este proyecto.

Este libro tiene el propósito de ser una introducción a los puntos principales de la teología, desde una perspectiva bautista. El libro es ideal para todo aquel que comienza su caminar en la vida cristiana y desea aprender más de la fe evangélica. El autor no asume ningún tipo de conocimiento previo de parte del lector, e introduce de manera satisfactoria las principales doctrinas del cristianismo de una manera fácil y comprensible.

El libro tiene el propósito de ser usado como manual de escuela dominical para adultos o una guía de estudio en hogares. En la parte final del libro, el lector encontrara un plan de lectura y enseñanza sugerido. El libro esta dividido en 21 capítulos, y cada uno de ellos contiene una sección de preguntas y respuestas, lo cual facilita su estudio.

Cuando termine mis estudios de maestría en Londres en el 2013, y después de haber servido como asistente pastoral en Inglaterra, regrese al Perú para trabajar por dos años y adquirir experiencia pastoral mientras continuaba estudiando a medio tiempo en el Seminario Teológico de Westminster – PA. Una de las dificultades era encontrar un libro que fuera conservador en su doctrina y de tinte reformado, que pueda ser usado a un nivel introductorio básico en clases de escuela dominical y estudio bíblico, de fácil lectura, y que fuera al mismo tiempo comprensivo en cuanto a la teología, y no solamente enfocado en uno o dos temas del corpus teológico. En aquel entonces, no pude encontrar un libro que cubriera dichas necesidades, así que me vi forzado a adaptar algunas publicaciones de otros libros. Sin embargo, esto ya no es necesario. Este libro suple este vacío en el mundo de habla hispana. ¡Cuánto hubiera querido que un libro así estuviera disponible hace años atrás!

Recomiendo el libro de Roger Weil entrañablemente como una guía y ayuda pastoral. Quiera el Señor usar este material para alabanza de la gloria de Su nombre, y el establecimiento de Su Reino en Latinoamérica.

Jaime D. Caballero
Cork, Irlanda
29 de Julio, 2020

INTRODUCCIÓN

1. ¿Cuál es el propósito de este libro?

Ayudar a los cristianos a obtener una comprensión más clara de las enseñanzas fundamentales de su fe.

Proporcionar a los predicadores y a los líderes de la academia bíblica una guía de los temas centrales de la Biblia para así ayudarles en su predicación y enseñanza.

2. ¿Por qué es necesario?

a) Durante los últimos cincuenta años en muchas partes del mundo, las Biblias, los himnarios y la literatura cristiana han sido muy escasos o inexistentes. Los creyentes estaban deliberadamente privados de literatura cristiana.
b) Durante muchos años, los pastores han estado obligados a desempeñar empleos seculares, no tenían oportunidades de recibir formación bíblica y tenían poco tiempo para dedicarse debidamente al estudio de la Palabra de Dios.
c) Mucha de la literatura espiritual que ahora está disponible no presenta la verdad dentro del contexto de la Biblia en su conjunto y es, por lo tanto, "sesgada". Por ejemplo, los libros sobre sanidad, milagros y lenguas.

3. ¿Cómo remediar esta situación?

a. La Iglesia debe proveer un ministerio de enseñanza

Para que la enseñanza tenga éxito debe ser continua y sistemática. Así es como los niños aprenden en las escuelas. Los maestros preparan un sillabus de lecciones que guían a los niños paso a paso en los diferentes temas que deben estudiar. Los maestros pasan mucho tiempo preparando las lecciones que van a enseñar. Planifican con anticipación para que los niños tengan una enseñanza continua y sistemática. En este sentido, la escuela es más efectiva que la Iglesia. A pesar de que hay diferencias muy notorias entre la Iglesia y la escuela, tienen puntos de similitud. Ambas instituciones existen para impartir conocimientos a sus miembros, y ambas quieren que entiendan y se beneficien de lo que escuchan y de la información que se les enseña. Tanto Jesús como Pablo priorizaron grandemente la enseñanza.

Alguien una vez le mostró a Spurgeon, el gran predicador inglés del siglo XIX, un libro de enseñanzas bíblicas similar a este, diciendo, "Esto es como el capítulo 37 de Ezequiel, valle de huesos secos - ¡muchos y muy secos!" Pero Spurgeon respondió sabiamente: "¡Sé un profeta y vivirán!" Los maestros espirituales no sólo necesitan el poder del Espíritu Santo, sino que también deben ser capaces de enseñar las verdades fundamentales de la Biblia.

i. El Señor Jesucristo enseñó a sus discípulos

Los Evangelios fueron escritos por aquellos que escucharon sus enseñanzas y escribieron lo que les enseñó. Lucas es la excepción y usó fuentes escritas para su evangelio. Jesús envió a sus discípulos a predicar y enseñar todo lo que les había enseñado. Le llevó tres años enseñarles de palabra y con el ejemplo antes de que estuvieran listos para hacer este trabajo por sí mismos.

ii. El apóstol Pablo enseñó a las iglesias

Por ejemplo, Pablo pasó más de dos años en Éfeso enseñando la Palabra de Dios todos los días en la Escuela de Tiranno (Hechos 19:9-10). No sólo enseñó a la iglesia públicamente, sino que también iba a las casas de los creyentes para enseñarles "todo el consejo de Dios" (Hechos 20:27 RVR1960). ¿Qué significa esto? Si leemos su epístola a los Efesios, podemos ver que les enseñó todas las principales doctrinas cristianas. ¿Enseñamos hoy en día "todo el consejo de Dios"?

iii. El apóstol Pablo ordenó a los ancianos de la iglesia que enseñaran la Palabra

Le dice a Timoteo que lea las Escrituras a la congregación, que los exhorte y los enseñe (1 Timoteo 4:13). También le dice que los ancianos que se esfuerzan por enseñar la Palabra de Dios deben ser debidamente remunerados, porque la enseñanza requiere mucho estudio y diligencia.

> Los ancianos que gobiernan bien sean considerados dignos de doble honor, principalmente los que trabajan en la predicación y en la enseñanza. (1 Timoteo 5:17).
> Y al que se le enseña la palabra, que comparta toda cosa buena con el que le enseña (Gálatas 6:6).
> Y lo que has oído de mí en la presencia de muchos testigos, eso encarga a hombres fieles que sean idóneos para enseñar también a otros. (2 Timoteo 2:2).

iv. El apóstol Pablo también enseñó a las iglesias a través de sus epístolas

Estas epístolas demuestran que la Iglesia necesita la enseñanza de verdades cristianas; y a partir de ellas notamos cuan importe es que sean enseñadas a los cristianos en todo tiempo. ¿Qué pasaría si no enseñamos la doctrina? Dejemos que el apóstol Pablo nos lo diga:

> Y Él dio a algunos el ser apóstoles, a otros profetas, a otros evangelistas, a otros pastores y maestros, a fin de capacitar a los santos para la obra del ministerio, para la edificación del cuerpo de Cristo... para que ya no seamos niños, sacudidos por las olas y llevados de aquí para allá por todo viento de doctrina... (Efesios 4:11-12,14).

Los cristianos mal enseñados son inestables y serán inevitablemente arrastrados por cada viento de enseñanza. Si no enseñamos correctamente tendremos iglesias débiles, ignorantes y carnales, fácilmente confundidas por los cultos y desviadas por el diablo.

b. La Iglesia debe tener un plan de enseñanza

El programa de dos años al final de este libro es sólo una sugerencia. Algunos prefieren trabajar domingo a domingo usando un libro de la Biblia o un tema en específico. Cualquier método que se elija debe ser adecuado para cada iglesia en particular. Es importante que los ancianos de la iglesia sean los encargados de aplicar algún método o programa de enseñanza, de lo contrario no habrá una enseñanza regular. Este esquema toma 46 domingos cada año, dejando seis libres para ocasiones especiales.

Quienes enseñen requerirán mucha preparación y trabajo duro, ya que no hay otra forma de que los creyentes aprendan y crezcan en el entendimiento de su fe y su Señor.

CAPÍTULO 1: ¿CÓMO EMPEZÓ LA RELIGIÓN?

1. **La naturaleza del hombre**
2. **El centro de la religión en el hombre**
    a. **Mente**
    b. **Corazón**
    c. **Voluntad**
3. **El origen de la religión**
    a. **Hechiceros y Curanderos**
    b. **Fetiches**
    c. **Las fuerzas naturales**
    d. **Causa psicológica**
    e. **Un opiáceo**

1. La naturaleza de la religión

¿Cómo podemos definir la religión? Es la creencia en un ser personal y sobrenatural invisible que controla el universo y al que se le debe adoración y obediencia. Los cristianos creen que Dios se ha revelado al hombre y que estas revelaciones han sido escritas y recogidas en un libro que llamamos la Biblia - la única fuente verdadera de la religión. El Antiguo Testamento define la verdadera religión como "el temor del Señor". Salomón dijo: "El temor del Señor es el principio de la sabiduría" (Proverbios 1:7).

La Biblia nos dice que el hombre fue hecho a imagen de Dios y para tener comunión con él, pero luego cayó en el pecado y como consecuencia se alejó de Dios y de sus caminos.

El hombre, aunque ahora es una criatura caída, no ha perdido completamente la imagen de Dios en la que fue hecho. Algún conocimiento de Dios permanece en él. La semilla de la religión sigue ahí, aunque su naturaleza pecaminosa reacciona constantemente contra ella. Algunos incluso han llamado al hombre un animal adorador.

Los arqueólogos han encontrado pruebas de ritos y símbolos religiosos en todas las civilizaciones pasadas, y los misioneros cristianos de todas partes del mundo han encontrado alguna forma de religión incluso entre las tribus más depravadas y primitivas. La verdadera religión es la mayor de las bendiciones, pero la falsa religión, debido a la influencia de Satanás y a la maldad del hombre, puede ser la más cruel de las ataduras.

> Y ahora Israel, ¿qué exige de ti el señor tu Dios sino temer al señor tu Dios, andar en todos sus caminos y amarlo, servir al señor tu Dios con todo tu corazón y con toda tu alma? (Deuteronomio 10:12)
> El temor del Señor es el principio de la sabiduría; Un buen entendimiento tienen todos los que cumplen sus mandamientos. Su alabanza perdura para siempre (Salmo 111:10).

Pero este miedo no es un sentimiento de terror, como el que un niño puede sentir hacia un padre cruel, sino de reverencia, temor y obediencia voluntaria que se expresa en la adoración y la alabanza. En el Nuevo Testamento, la religión es una respuesta al evangelio de Cristo más que a la ley de Moisés, y que se expresa en actos de arrepentimiento diario, fe, bondad y piedad.

La Biblia nos enseña que la esencia de la verdadera religión se basa en una relación con Dios en la que el hombre es consciente no sólo de su propia pecaminosidad e impotencia sino también de la gran gracia y bondad de Dios. El fruto de esta relación se encuentra en el ofrecimiento de una adoración verdadera y sincera, y de buenas acciones a todos los hombres prescritas no por el hombre y sus ideas sino por Dios y su Palabra.

2. El centro de la religión en el hombre

Hay varias ideas equivocadas sobre dónde debería estar el origen o la sede de la religión.

a. **Mente.** Algunos piensan que la religión es principalmente una cuestión de conocimiento y ponen su centro en el intelecto.
b. **Corazón.** Otros lo ven como un asunto de nuestros sentimientos y ponen su centro en las emociones.
c. **Voluntad.** Por último, hay quienes creen que es principalmente una cuestión de buenas acciones y ponen su centro en la voluntad.

Todas estas opiniones son unilaterales y no cumplen con la norma bíblica que enseña que el centro de la verdadera religión involucra a todo el hombre - mente, corazón y voluntad. Jesús demostró que este es el caso cuando dijo:

> ... El señor nuestro Dios, el señor es uno. Y amarás al señor tu Dios con todo tu corazón, con toda tu alma, con toda tu mente y con todas tus fuerzas (Marcos 12:29-30).

3. El origen de la religión

Durante los primeros años del siglo XX se hicieron varios intentos de explicar cómo empezó la religión y de encontrar una explicación natural para ella.

a. **Hechiceros y Curanderos.** Algunos pensaron que comenzó a través de astutos y engañosos hechiceros o sacerdotes que pretendían tener poderes mágicos, que eran capaces de engañar a la gente primitiva y supersticiosa para gobernarlos o hacer dinero con ellos. Esta explicación ya no se acepta.

b. **Fetiches.** Otros pensaban que la religión comenzó con la adoración de objetos sin vida (fetiches), o con la adoración de espíritus que se creía que existían ya sea en objetos naturales, como árboles, o en el invisible mundo de los espíritus de los antepasados fallecidos.

c. **Fuerzas naturales.** Otra teoría es que la religión se originó con el hombre adorando las fuerzas vivificantes de la naturaleza, el sol, la luna y las estrellas o los mares, ríos, vientos y el clima. A través de su ignorancia atribuyó un origen sobrenatural a todo lo que no podía explicar.

d. **Causa psicológica.** Algunos han tratado de explicar la religión en términos psicológicos diciendo que el hombre necesita creer en Alguien o Algo más grande que él mismo y que esto surge en el subconsciente poco después del nacimiento. Cuando éramos bebés, dependíamos totalmente de nuestros padres para todo. La creencia en Dios es, por lo tanto, sólo una proyección de nuestra necesidad más temprana de nuestros padres; esto permanece en nuestro subconsciente y se expresa en una creencia en algún tipo de figura paterna.

e. **Un opiáceo**. Karl Marx (1818-1883) vio el origen de la religión como el resultado de la cruel explotación de los sirvientes por sus amos. Con el fin de aliviar la miseria de la vida actual, los opresores inventaron un mítico después de la vida en el que los pobres serían consolados por dioses y ángeles. La religión es, por lo tanto, una ilusión y un opiáceo, drogando a la gente para que acepte sus condiciones miserables.

Pero todas estas teorías no explican cómo en todas partes del mundo existe esta creencia universal en alguna forma de religión entre todos los tipos de razas de la humanidad. Estas teorías no son capaces de ser probadas porque todas comienzan por tener que investigar a alguien que ya es religioso. Por lo tanto, es imposible probar que en los albores de la historia el hombre no tenía ninguna religión y más tarde adquirió una; más bien lo contrario es cierto, ya que desde los primeros tiempos registrados tenemos evidencia de las prácticas y creencias religiosas del hombre de que tenía alguna conciencia de Dios.

La Biblia da el único relato fiable del origen de la religión al informarnos de la existencia de Dios, infinito y a la vez personal, el único objeto digno de culto, que se reveló al hombre y lo creó a su propia imagen:

> En el principio Dios creó los cielos y la tierra.
> ... así que Dios creó al hombre a su propia imagen, a imagen de Dios lo creó, hombre y mujer los creó (Génesis 1:1,27).

La Biblia describe cómo Dios, a quien el hombre nunca pudo descubrir con sus propios poderes naturales, se reveló en la creación y especialmente en su Palabra, para que el hombre pudiera saber cómo adorarle y servirle. Dios ha hecho al hombre con la capacidad de responder a su Creador, de tener comunión con él y de glorificarlo. Como dijo Agustín de Hipona (354-430), "Nos has hecho para ti y nuestros corazones están inquietos hasta que encuentran su descanso en ti".

PREGUNTAS

1. ¿Cuál es la fuente de la verdadera religión?
2. ¿Dónde está el centro de la verdadera religión en el hombre?
3. Según los oponentes del cristianismo, ¿cómo comenzó la religión?

CAPÍTULO 2: LA PALABRA DE DIOS

1. **¿Cómo podemos aprender sobre Dios?**
    a. **El Libro de la Naturaleza**
    b. **La voz de la conciencia**
    c. **El Libro de Dios - la Biblia**
2. **Los hombres hablaron de Dios**
3. **El Antiguo Testamento como la Palabra de Dios**
    a. **Jesucristo lo creyó**
    b. **Por qué Dios hizo que se escribiera**
    c. **Los escritores del Nuevo Testamento creían que**
    d. **Algunas partes de ella son ahora reemplazadas por el Nuevo Testamento**
    e. **Cómo Dios inspiró a los profetas**
    f. **La armonía del Antiguo y Nuevo Testamento**
4. **El escepticismo moderno sobre la Biblia**
5. **El punto de vista de Cristo sobre la Biblia**
    a. **El uso que Cristo hizo del Antiguo Testamento**
    b. **La obediencia a la autoridad de Cristo**
6. **El Nuevo Testamento como la Palabra de Dios**
    a. **El testimonio de los testigos oculares apostólicos**
    b. **El reconocimiento de los escritos apostólicos por la Iglesia**
7. **Conclusión: La Biblia es la revelación de Dios sobre sí mismo**
    a. **¿Cómo vamos a interpretar la Biblia?**
    b. **¿Cómo deberíamos estudiar la Biblia?**

1. ¿Cómo podemos aprender sobre Dios?

En 1510, un joven monje alemán llamado Martín Lutero visitó Roma. Una escalera de mármol, ahora llamada Scala Sancta, había sido traída de Jerusalén a Roma en el siglo IV d.C. porque se creía que era la escalera por la que Cristo descendió después de su juicio ante Pilatos. La Iglesia Católica Romana enseñaba que si alguien subía estas escaleras, besando cada escalón y rezando el Padre Nuestro en cada uno, ayudaría a liberar un alma del purgatorio. Lutero subió estas escaleras de rodillas, besándolas y rezando, pero cuando llegó a la cima se preguntó, "¿Quién sabe si estas cosas agradan a Dios?" Hoy en día, muchas personas se preguntan lo mismo: ¿cómo podemos saber la verdad sobre Dios? ¿Dónde podemos buscar respuestas a nuestras preguntas? Dios nos ha dado dos libros para leer y estudiar, uno es el libro de la naturaleza y el otro es el libro de Dios, la Biblia.

a. El libro de la naturaleza

¿Qué es el libro de la naturaleza? Es el mundo y el universo en el que vivimos. No hay palabras en este libro, pero todas las cosas que vemos en él tienen una historia que contar. El sol, la luna y las estrellas, los pájaros, animales e insectos, las montañas, campos y ríos, los árboles, flores y frutas y finalmente, el hombre mismo con todos sus asombrosos poderes, proclama que hay una maravillosa persona que llamamos Dios que hizo todas estas cosas hace mucho tiempo. Esto es lo que dice la Biblia:

> En el principio Dios creó los cielos y la tierra (Génesis 1:1).
>
> Los cielos declaran la gloria de Dios, y el firmamento muestra su obra. El día a día habla y la noche a la noche revela el conocimiento. No hay habla ni lenguaje donde su voz no sea escuchada (Salmo 19:1-3).
>
> Porque lo que puede ser conocido de Dios se manifiesta en ellos, porque Dios se lo ha mostrado. Porque desde la creación del mundo sus atributos

> invisibles se ven claramente, siendo entendidos por las cosas que se hacen, incluso su eterno poder y divinidad, de modo que no tienen excusa (Romanos 1:19-20).

El cerebro humano, aunque muy pequeño, es en realidad una pequeña y poderosa computadora capaz de hacer todo tipo de cálculos complicados muy rápidamente y de recordar y almacenar lo que aprende en una base de datos que contiene cientos de miles de piezas de información durante una vida de setenta años o más. ¿Quién hizo tan maravilloso equipo? Este es el trabajo de Dios, el gran y superinteligente Creador.

Sin embargo, también vemos muchas cosas terribles en el mundo, animales que se comen entre sí para sobrevivir, enfermedades terribles que matan a millones de personas cada año, guerras, asesinatos, hambrunas, terremotos, huracanes y maremotos que devastan países en algunas partes del mundo. ¿Por qué es esto si un Dios todopoderoso hizo el mundo y todo lo que hay en él? La Biblia atribuye estos desastres al juicio de Dios sobre el primer hombre y la primera mujer cuando cayeron en pecado al desobedecer a Dios su Creador.

La entrada del pecado y el mal en el mundo tuvo resultados cósmicos: Dios maldijo la tierra por su causa. La creación ha sido estropeada como consecuencia pero no totalmente arruinada, así que todavía podemos ver lo suficiente de la maravilla y la belleza de la creación para darnos cuenta de que ha sido hecha por Dios.

> Entonces Dios le dijo a Adán: "Porque has escuchado la voz de tu esposa y has comido del árbol del que te mandé diciendo: "No comerás de él": Maldita sea la tierra por tu causa; con esfuerzo comerás de ella todos los días de tu vida. Te producirá espinas y cardos, y comerás la hierba del campo" (Génesis 3:17-18).

b. La voz de la conciencia

La Biblia nos dice que desde que los seres humanos fueron hechos a imagen y semejanza de Dios, el hombre todavía tiene cierta conciencia de Dios, y en algunos aspectos todavía se parece a él:

> Entonces Dios dijo: "Hagamos al hombre a nuestra imagen, según nuestra semejanza; que se enseñoreen de los peces del mar, de las aves de los cielos, de las bestias, de toda la tierra y de todo animal que se arrastra sobre la tierra" (Génesis 1:26).

¿Qué significa esto? Significa que el hombre refleja y tiene cierta conciencia de algunas de las mismas cualidades y capacidades que Dios mismo. Dios hizo al hombre con un intelecto, emociones y una voluntad propia. Lo hizo para que fuera inmortal, puro y justo. Esto significa que el hombre tiene un sentido de la eternidad, diciéndole que la muerte no es el fin de todo y también un profundo sentido del bien y del mal: es un ser moral.

Dios ha dado al hombre una conciencia que le dice cuándo debe hacer ciertas cosas y cuándo no debe hacer otras. A pesar de las grandes diferencias culturales que existen en el mundo, incluso las tribus más primitivas tienen este sentido innato del bien y del mal: todos los hombres tienen una conciencia a la que se puede apelar aunque haya sido dañada por un comportamiento pecaminoso habitual. Pero incluso con el libro de la naturaleza abierto ante nosotros y con algún sentido de eternidad dentro de nosotros, todavía tenemos un muy inadecuado e incompleto conocimiento de Dios. Por ejemplo, ¿cómo sabríamos que Dios es una Trinidad de Personas, Padre, Hijo y Espíritu Santo o cómo sabríamos cuál es su santa y perfecta voluntad a menos que nos la revele primero? El hombre es como un viajero perdido que camina de noche por el campo. De repente hay un relámpago y ve dónde está, pero de la misma manera, de repente está de nuevo en la oscuridad y no puede encontrar su camino. Gracias a Dios, no nos ha dejado caminar en la oscuridad, pero nos ha dado su propio libro, la Biblia, que arroja una luz brillante y duradera en nuestro camino.

c. El Libro de Dios - la Biblia

¿Qué es la Biblia? Es una colección de sesenta y seis libros escritos originalmente en hebreo, arameo y griego durante un período de unos 1600 años. Entre sus escritores se encuentran profetas (Moisés e Isaías), reyes (David y Salomón), un granjero (Amós), un recaudador de impuestos (Mateo), un médico (Lucas) y muchos otros. En total, Dios usó unos cuarenta hombres diferentes para darnos su palabra para que pudiéramos llegar a conocerlo a él y a su gran salvación. Este solo de todos los libros religiosos del mundo es el libro de Dios. No podemos añadirle nada (como intentan hacer los católicos, mormones y musulmanes) ni podemos quitarle nada:

> No añadirás a la palabra que te ordeno, ni quitarás nada de ella, para que guardes los mandamientos del Señor tu Dios que yo te ordeno (Deuteronomio 4:2).
>
> Porque doy testimonio a todos los que escuchan las palabras de la profecía de este libro: Si alguno añadiere a estas cosas, Dios le añadirá las plagas que están escritas en este libro; y si alguno quitare de las palabras del libro de esta profecía, Dios quitará su parte del Libro de la Vida, de la santa ciudad y de las cosas que están escritas en este libro (Apocalipsis 22:18-19).

En el Evangelio de Marcos, nuestro Señor Jesucristo condenó a los fariseos por atreverse a añadir sus propias reglas y regulaciones a la Biblia (Marcos 7:1-13). La Biblia no pretende decirnos todo lo que se puede saber sobre Dios y sus caminos; por ejemplo, no nos dice exactamente cómo y en qué fecha precisa hizo Dios el universo, o la tierra y las innumerables formas de vida que hay sobre ella - simplemente nos da el orden en el que creó todo y vio que era muy bueno. La Biblia no se da para satisfacer nuestra curiosidad sobre todas las cuestiones científicas, filosóficas o teológicas; se da para mostrarnos quién es Dios y cómo podemos llegar a conocerlo, amarlo y complacerlo:

> Las cosas secretas pertenecen al Señor nuestro Dios, pero las reveladas nos pertenecen a nosotros y a nuestros hijos para siempre, para que cumplamos todas las palabras de esta ley (Deuteronomio 29:29).
> Y en verdad Jesús hizo muchas otras señales en presencia de sus discípulos, que no están escritas en este libro, pero que están escritas para que creáis que Jesús es el Cristo, el Hijo de Dios, y para que creyendo tengáis vida en su nombre (Juan 20:30-31).

Si leemos la Biblia de esta manera con reverencia y con comprensión, entonces encontraremos que Dios nos habla a través de ella hoy.

2. Los hombres hablaron de Dios

La Biblia es el libro de Dios a través del cual nos habla clara e inequívocamente, pero como ya hemos visto ha hablado a través de todo tipo de hombres diferentes:

> Sabiendo esto primero, que ninguna profecía de la Escritura es de interpretación privada, porque la profecía nunca vino por voluntad humana, sino que los santos hombres de Dios hablaron movidos por el Espíritu Santo (2 Pedro 1:20-21).

Por lo tanto, cada libro de la Biblia tiene dos autores, el Espíritu Santo que es el autor principal y la persona que escribió el libro. Por lo tanto, debemos reconocer tanto los elementos humanos como los divinos a lo largo de la Biblia. Podemos ver que los diferentes autores tienen cada uno su propio estilo - Isaías es poderoso y majestuoso, mientras que Salomón es más tranquilo y reflexivo.

En el Nuevo Testamento, Lucas escribe un griego muy bueno mientras que Marcos escribe en un estilo muy tosco. El Espíritu Santo no usó a los autores como lo hacen algunos gerentes con sus secretarias, dictando cada palabra que deben decir y no dejando espacio para su propio estilo y personalidad. Por ejemplo, cuando un hombre conduce un caballo y un carro, guía a los caballos en la dirección que quiere que tomen sujetando las riendas, pero a los caballos se les permite trotar y tirar del carro por sí mismos a su manera particular. De la misma manera el Espíritu Santo guio a los autores bíblicos en lo que quiso que dijeran, pero nunca para destruir sus propios dones, antecedentes culturales o personalidad.

En el lado humano, vemos al autor del Libro de los Proverbios recolectando y arreglando su material, mientras que en el Nuevo Testamento Lucas tiene que investigar y reunir el material para su evangelio y el Libro de los Hechos tal como un historiador podría hacerlo hoy en día. Una vez más, las razones por las que se escribieron los libros fueron varias: proporcionar registros históricos, leyes, salmos para la adoración, proverbios para la vida piadosa, profecías sobre situaciones presentes y las que predicen eventos en el futuro, evangelios de la vida, ministerio y enseñanza de Jesús y finalmente cartas a las iglesias.

Los autores bíblicos hablaron de todas estas necesidades y dejaron la huella de sí mismos y de su tiempo en sus escritos. Sin embargo, creemos que Dios preservó tanto a los autores del Antiguo como del Nuevo Testamento de cometer errores en la doctrina o en los hechos históricos.

3. El Antiguo Testamento como la Palabra de Dios

a. Jesucristo lo creyó

El Señor Jesucristo creía plenamente en el Antiguo Testamento y a menudo citaba pasajes de él para demostrar su punto. Aquí hay algunos ejemplos:

> Y a Él [Jesús] se le entregó el libro del profeta Isaías... Encontró el lugar donde estaba escrito: [Isaías 61:1-2]. Entonces cerró el libro... y comenzó a decirles: "Hoy se cumple esta Escritura ante ustedes". (Lucas 4:17,20-21).

> Porque si hubieras creído a Moisés, me habrías creído a mí, pues él escribió sobre mí. Pero si no crees en sus escritos, ¿cómo vas a creer en mis palabras? (Juan 5:46-47).
> Entonces les dijo [Jesús]: "Estas son las palabras que os hablé mientras estaba con vosotros: que se cumplan todas las cosas escritas en la Ley de Moisés, en los Profetas y en los Salmos acerca de mí" (Lucas 24:44).

La venida de Cristo y su reino, como está registrado en el Nuevo Testamento, es visto como el cumplimiento de la profecía del Antiguo Testamento. Por lo tanto, los dos encajan perfecta y armoniosamente juntos como dijo el propio Jesús:

> No pienses que he venido a destruir la Ley o los Profetas. No vine a destruir sino a cumplir (Mateo 5:17).

b. Por qué Dios hizo que se escribiera?

Dios tuvo mucho cuidado en ver que su Palabra fuera escrita con mucha precisión para que pudiera ser transmitida de una generación a otra. De esta manera su voluntad se daría a conocer y se preservaría para el futuro. Podemos ver cómo se hizo esto tanto en la vida de Moisés como en los profetas que vivieron varios cientos de años después de él:

> Así que Moisés vino y le dijo al pueblo todas las palabras del señor y todos los juicios. Y todo el pueblo respondió a una sola voz y dijo: "Haremos todas las palabras que el Señor ha dicho". Y Moisés escribió todas las palabras del Señor... (Éxodo 24:3-4).
> Además, el señor me dijo: "Toma un gran pergamino y escribe en él con una pluma de hombre... Ahora ve, escríbelo delante de ellos en una tabla, y anótalo en un rollo, para que sea para el tiempo venidero, para siempre jamás' (Isaías 8:1; 30:8).
> Así que traeré a esa tierra todas mis palabras que he pronunciado contra ella, todo lo que está escrito en este libro, que Jeremías ha profetizado sobre todas las naciones (Jeremías 25:13).

Para un estudio más profundo, busquen en Deuteronomio 17:18; 31:24-39; Josué 24:26; 1 Samuel 10:25; Jeremías 36:4, 45:1; Habacuc 2:2.

La Palabra de Dios es muy valiosa porque nos muestra la verdad sobre Dios, sobre nosotros mismos y el camino hacia la vida eterna. Nos enseña cómo Dios quiere que vivamos y nos preserva del pecado y de la tentación.

> Los juicios del Señor son verdaderos y justos en su totalidad. Son más deseables que el oro, sí, que mucho oro fino; más dulces que la miel y el panal. Y por ellos es amonestado tu siervo, y al guardarlos hay gran recompensa (Salmo 19:9-11).
>
> Más tarde en la historia de Israel hubo dos ocasiones notables en las que la nación, habiendo perdido los libros que contenían la Ley de Dios, fue llevada al arrepentimiento y a la reforma como resultado de que la palabra de Dios fuera redescubierta y leída a ellos. La primera fue en los días del Rey Josías, y la segunda después del regreso de Babilonia bajo el liderazgo de Nehemías durante la reconstrucción de Jerusalén. (2 Reyes 22:8 - 23:2; Nehemías 8-10).

c. Los escritores del Nuevo Testamento lo creían

Hay muchos ejemplos donde los escritores del Nuevo Testamento citan el Antiguo Testamento, mostrando su plena aceptación de él como la palabra de Dios. A lo largo de sus escritos, Pablo cita continuamente el Antiguo Testamento para probar varios puntos. Por ejemplo:

> Y les declaramos buenas noticias, esa promesa hecha a los padres. Dios ha cumplido esto para nosotros, sus hijos, al resucitar a Jesús. Como también está escrito en el segundo salmo: "Tú eres mi hijo, hoy te he engendrado" (Hechos 13:32-33).

Ver también Romanos 15:4; 1 Corintios 2:9; Gálatas 3:6 -13. El escritor de los Hebreos, Santiago, Pedro y Judas hacen lo mismo (Hebreos 1:5 - 13; Santiago 2:8 -11; 1 Pedro 2:6 -10; Judas 7, 11, 14).

d. Algunas partes de ella son ahora reemplazadas por el Nuevo Testamento

El culto y los sacrificios del Antiguo Testamento eran temporales y apuntaban a la venida del Mesías, nuestro Señor Jesucristo. Esto se explica muy bien en la Carta a los Hebreos. Esto significa que partes de la ley dada a Moisés eran de naturaleza temporal para ser observadas sólo hasta la llegada de Jesús. La ley puede ser dividida en tres secciones, primero la ley civil para regular la vida de la nación de Israel, segundo la ley ceremonial para el culto del Templo Judío y tercero la ley moral.

La ley moral se resume en los Diez Mandamientos (Éxodo 20) y como se enseña en varias partes del Nuevo Testamento debe ser obedecida como la voluntad de Dios para todos los tiempos (Mateo: 5:17-20; Lucas 16:16-18). Desde la destrucción de Jerusalén en el año 70 d.C. y la dispersión de los judíos por todo el mundo, tanto las leyes civiles como las ceremoniales han dejado de aplicarse. Esto no significa que ya no tenga sentido leer los Libros de Moisés, porque la palabra de Dios a Israel está llena de instrucción para nosotros hoy en día:

> Porque todo lo que se ha escrito antes se ha escrito para nuestra enseñanza, para que con la paciencia y el consuelo de las Escrituras tengamos esperanza (Romanos 15:4).

Los libros históricos del Antiguo Testamento, que abarcan muchos siglos, narran la suerte del pueblo de Dios con hombres malos y días malos que superan a los justos y días buenos. ¿Cuál es el valor de leerlos? Estos libros tratan de hombres y mujeres como nosotros. Vemos cuán débiles eran a menudo, cómo algunos tuvieron éxito mientras que otros fracasaron, y mientras leemos se nos instruye a seguir su ejemplo o ser advertidos por su fracaso. Pablo nos recuerda esto en 1 Corintios 10:1-13:

> Todas estas cosas les sucedieron como ejemplos, y fueron escritas para nuestra amonestación, sobre los cuales han llegado los fines de los tiempos (versículo 11).

e. Cómo Dios inspiró a los Profetas

Otra gran sección del Antiguo Testamento (28%) está dedicada a los Profetas (cuatro mayores y doce menores) que hablaron como mensajeros de Dios, no hablando sus propias palabras o pensando sus propios pensamientos, sino simplemente transmitiendo a la gente los mensajes que les fueron dados. La frase, "Así dice el Señor", ocurre casi 2.000 veces en el Antiguo Testamento. Vean cómo Dios llamó a Jeremías para que fuera su profeta:

> Entonces el señor extendió su mano y tocó mi boca y el señor me dijo: "He aquí que he puesto mis palabras en tu boca". He aquí que hoy te he puesto sobre las naciones y los reinos, para arrancar y derribar, para destruir y derribar, para edificar y para plantar" (Jeremías 1:9-10).

Lo mismo ocurrió con alguna variación a todos los profetas cuando Dios los llamó a dejar sus ocupaciones para servirle. Por ejemplo, Amós era un granjero ordinario cuando Dios lo llamó y le dijo qué decir:

> Seguramente el Señor Dios no hace nada, a menos que revele su secreto a sus siervos los profetas. ¡Un león ha rugido! ¿Quién no temerá? ¡El Señor Dios ha hablado! ¿Quién no puede sino profetizar? (Amós 3:7-8).

Por lo tanto, el peor juicio que podía venir sobre el pueblo de Israel era que Dios retirara su palabra de ellos, y los dejara sin ningún profeta que los señalara hacia sí.

> "He aquí que vienen días," dice el Señor Dios, "en que enviaré una hambruna a la tierra, no una hambruna de pan, ni una sed de agua, sino de escuchar las palabras del Señor. Andarán de mar a mar, y de norte a este;

correrán de acá para allá buscando la palabra del Señor, pero no la hallarán" (Amós 8, 11-12).

Pero también hubo falsos profetas en aquellos días, al igual que hoy en día, que sueñan con sus propias ideas y hablan desde su propia imaginación, queriendo complacer a los que están en el poder, o buscando obtener dinero o influencia para sí mismos. Estos hombres a menudo se oponían a los profetas de Dios como podemos ver en varios lugares del Antiguo Testamento. Por ejemplo, tanto Jeremías como Ezequiel tuvieron que luchar contra estos enemigos de la verdad (Jeremías 14:13-6; 23:16-40; Ezequiel 13:3-16). Pero el verdadero profeta esperaba que Dios hablara y sólo entonces diría: "Así dice el Señor". Y porque su mensaje era impopular, el profeta tuvo que sufrir muchas veces persecución y a veces hasta la muerte misma por ser fiel a Dios y a su llamado.

Dios también usó a los profetas para predecir la llegada de su Hijo en el mundo; esto fue muchos cientos de años antes de que naciera en Belén. También hablan de cosas que aún no se han cumplido y sus escritos son por lo tanto muy importantes para nosotros hoy en día. Predicen que Cristo nacerá en Belén (Miqueas 5, 2) de una virgen (Isaías 7, 14), será el Hijo de Dios (Isaías 9, 6), será crucificado en una cruz (Salmo 22, 16), y sufrirá por los pecados del mundo (Isaías 53, 4-6).

f. La armonía del Viejo y del Nuevo Testamento

El Antiguo y el Nuevo Testamento forman un libro unificado. Tanto nuestro Señor como sus apóstoles consideraban el Antiguo Testamento como la Palabra de Dios. Los apóstoles creían que lo que escribían era la verdad sobre Dios tal y como les había sido revelada por el Señor Jesucristo. No sólo dijo Isaías que la palabra del Señor permanece para siempre (Isaías 40:6-8), sino que también lo dijo Pedro al referirse a la predicación apostólica del evangelio. Sus lectores tienen...

> ... nacido de nuevo, no de una semilla corruptible sino incorruptible, por la palabra de Dios que vive y permanece para siempre, porque 'Toda carne es como la hierba, y toda la gloria del hombre como la flor de la hierba'. La hierba se seca y su flor se cae, pero la palabra del Señor permanece para siempre. "Esta es la palabra que os ha sido anunciada por el evangelio" (1 Pedro 1:23-25).

El Nuevo Testamento cita frecuentemente al Antiguo Testamento como la palabra de Dios. En 1 Timoteo 5:18 Pablo cita dos escrituras, una del Antiguo Testamento (Deuteronomio 25:4 y una del Evangelio de Lucas (10:7) en el Nuevo Testamento y las llama a ambas Escrituras! Es digno de mención que el Libro de la Revelación se llama a sí mismo un libro de profecía al igual que los libros de profecía en el Antiguo Testamento. Pablo a veces escribe, "La Escritura dice al Faraón", cuando lo que realmente quiere decir es, "Dios dice al Faraón" (Romanos 9:17). Para Pablo, la Escritura es la palabra de Dios escrita.

4. El escepticismo moderno sobre la Biblia

En el siglo XIX algunos eruditos cuestionaron la autenticidad de muchos libros de la Biblia y desarrollaron teorías escépticas sobre su autoría, fecha y forma literaria. El movimiento comenzó en Alemania y pronto se extendió a Inglaterra y Norteamérica penetrando en todas las principales denominaciones protestantes principalmente a través de sus seminarios teológicos. En aquellos días se conocía como "Crítica Superior", pero hoy en día se llama Liberalismo; lamentablemente, sigue siendo la visión dominante de la Biblia en el mundo occidental y en algunos seminarios teológicos de China. Cree que la Biblia no está inspirada por Dios, pero puede inspirar experiencias religiosas genuinas en aquellos que la leen. Es un libro como cualquier otro y sus autores reflejan las ideas y valores de su tiempo.

El Movimiento Crítico Superior reflejaba las ideas racionalistas del siglo XIX sobre el origen del mundo y de la civilización. No creía en milagros o en el sobrenaturalismo, y sostenía ideas evolutivas sobre el mundo físico, la historia del hombre y la historia de Israel. Sus eruditos produjeron teorías escépticas sobre el origen y la composición de los libros de la Biblia basadas en estas suposiciones.

El Liberalismo moderno tiene la misma actitud hacia la Biblia, creyendo que sus propias teorías de investigación histórica científica deben preceder a la fe. Afirma en efecto que sólo los eruditos teológicos saben lo que es verdadero en la Biblia y lo que es falso; el cristiano común depende de sus hallazgos y debe tomar su fe de ellos. El liberalismo niega que la Biblia sea la palabra infalible de Dios y que el cristianismo sea la única religión verdadera del mundo.

5. El punto de vista de Cristo sobre la Biblia

a. El uso que Cristo hizo del Antiguo Testamento

Cuando miramos la visión de Cristo del Antiguo Testamento, inmediatamente nos movemos a un mundo totalmente diferente del de la teología liberal. En Juan 10:35 Jesús dice, "La Escritura no puede ser quebrantada", y en su oración al Padre dice, "Santifícalos con tu verdad". Tu palabra es verdad' (Juan 17:17). Esto muestra que la visión de Jesús sobre la Biblia es muy diferente de la del Liberalismo y de muchos teólogos occidentales contemporáneos. Cuando fue tentado tres veces por el diablo en el desierto (Mateo 4:1-11), en cada ocasión Jesús utilizó textos del libro del Deuteronomio para rechazar las tentaciones del diablo. ¡Claramente creía que la palabra de Dios era verdadera! Cuando los saduceos negaron la resurrección del cuerpo, Jesús les dijo: "Estáis equivocados, no conocéis las Escrituras ni el poder de Dios" (Mateo 22:29).

Luego citó otra Escritura, Éxodo 3:6, para establecer este punto de disputa teológica. En una disputa similar con los fariseos, sobre las afirmaciones de que sus tradiciones tenían igual autoridad que la ley de

Moisés, Jesús respondió que los mandamientos que Moisés había escrito eran los mandamientos de Dios (Marcos 7:6-13), y por lo tanto debían ser obedecidos.

En otra ocasión, Jesús enfatizó que su misión no era destruir el Antiguo Testamento sino cumplirlo; por lo tanto, ni siquiera las más pequeñas partes de las letras hebreas que se encuentran en las Escrituras debían ser alteradas.

> No pienses que he venido a destruir la Ley o los Profetas. No vine a destruir sino a cumplir. Porque os aseguro que hasta que pasen el cielo y la tierra, ni una jota ni una tilde pasará de la ley hasta que todo se haya cumplido (Mateo 5:17-18).

Nuevamente dijo a los fariseos: "Es más fácil que pasen el cielo y la tierra que se pierda un solo título de la Ley" (Lucas 16:17). Jesús frecuentemente se refería a las cosas que estaba haciendo como el cumplimiento de las profecías hechas en el Antiguo Testamento muchos cientos de años antes:

> Porque os digo que esto que está escrito debe aún cumplirse en Mí: "Y fue contado con los transgresores". Porque lo que me concierne tiene un fin (Lucas 22:37).

Ver también Mateo 26:24; Marcos 9:12; 12:10-11; 14:27; Juan 13:18. Varios asuntos del Antiguo Testamento que son descartados por los teólogos liberales como mitos fueron aceptados por Cristo como hechos y verdaderos. Por ejemplo, Adán y Eva (Mateo 19:4-5), Sodoma y Gomorra (Lucas 17:28-30), Noé (Mateo 24:37-39), Jonás y el gran pez (Mateo 12:39-41), y la esposa de Lot siendo convertida en una columna de sal (Lucas 17:31-32).

Aunque los eruditos liberales admiten que Jesús parecía creer en la historicidad de estos acontecimientos, sugieren que sólo pretendía creerlos para no escandalizar a los judíos. Otros sugieren que cuando

Jesús se hizo hombre, dejó de lado su sabiduría y conocimiento divino hasta tal punto que podía equivocarse en muchas cosas, ¡como cualquier otro hombre! Esto no nos dice nada sobre Jesús, pero sí mucho sobre los teólogos liberales modernos y la baja opinión que tienen del Hijo Unigénito de Dios Jesús, quien no sólo valoró las Escrituras del pasado, sino que también quiso preservar para la posteridad el registro de su propia vida y ministerio. Por esta razón dijo a sus seguidores:

> Estas cosas que te he dicho mientras estaba presente contigo. Pero el Consolador, el Espíritu Santo, que el Padre enviará en mi nombre, os enseñará todas las cosas, y os recordará todo lo que os he dicho (Juan 14:25-26).

Ver también Mateo 24:25; 26:13 y 28:20

b. Obediencia a la autoridad de Cristo

Para el cristiano no hay obligación más alta, no hay deber más sagrado que seguir a Jesucristo como Maestro, Señor y Dios.

> ... Soy la luz del mundo. El que me sigue no andará en tinieblas, sino que tendrá la luz de la vida (Juan 8:12).

El creyente no sólo sigue el ejemplo de Jesús, sino que también obedece sus palabras. Si Jesús dice que el Antiguo Testamento es verdadero y confiable y debe ser creído como la palabra de Dios, entonces el cristiano obedecerá y creerá lo que su Señor le ordene. El cristiano debe seguir a Cristo en todas las cosas, incluyendo lo que dice sobre la Biblia. Si no es el Señor de todo, entonces no es el Señor en absoluto.

6. El Nuevo Testamento como la Palabra de Dios

Los escritores del Nuevo Testamento, en su mayoría apóstoles elegidos por Cristo para ser testigos oculares de su gloria y resurrección (ver Hechos 1:21-22), eran conscientes de que fueron comisionados por él para preservar y explicar las verdades que Cristo mismo les había revelado. Debemos entender que el Señor Jesús seleccionó un grupo especial de entre sus discípulos a los que llamó apóstoles. En el griego esta palabra significa "enviados":

> Entonces designó a doce, para que estuvieran con él y para enviarlos a predicar, y para que tuvieran poder para curar enfermedades y expulsar demonios (Marcos 3:14-15).

a. El testimonio de los testigos oculares apostólicos

Este grupo de hombres fueron testigos oculares de todo lo que Jesús dijo e hizo, como dijo Juan: "El Verbo se hizo carne y habitó entre nosotros, y vimos su gloria, gloria como del unigénito del Padre, lleno de gracia y de verdad" (Juan 1:14). Como ya hemos visto, Jesús prometió darles el Espíritu Santo después de haber muerto y resucitado. El Espíritu Santo glorificaría a Cristo, los guiaría a toda la verdad, les enseñaría, les ayudaría a recordar todo lo que había dicho, les revelaría las cosas de Cristo y les diría lo que iba a suceder en el futuro (Juan 14:25- 26; 15: 26-27; 16:12-15).

¿Cuáles eran las calificaciones especiales de los doce apóstoles?

- Fueron escogidos personalmente por Cristo (Marcos 3:13-19)
- Tenían que ser testigos oculares de su ministerio y de su resurrección física (Hechos 1:21-26).
- Se les dieron poderes milagrosos (Mateo 10:1,8; Hechos 2:43; 2 Corintios 12:12).
- Se les dio autoridad universal (Mateo 28:18-20; Hechos 26:16-18).

Está muy claro que Jesús también eligió a Pablo para que fuera un apóstol no sólo para los judíos, sino más especialmente para los gentiles (1 Corintios 1:1; 9:1-2; Romanos 11:13; 2 Corintios 12:12). Esto se demuestra por el hecho de que estas cuatro calificaciones fueron dadas personalmente por el Cristo resucitado a Pablo. Estos hombres no sólo dijeron las buenas nuevas de Cristo de boca en boca, algunos de ellos también escribieron acerca de ello y lo hicieron bajo la influencia del Espíritu Santo. Así que Pablo podía decir que las palabras que escribió venían del Espíritu Santo (1 Corintios 2:13) y que, por lo tanto, debían ser obedecidas como los mandamientos del Señor (1 Corintios 14:37). Estaba seguro de que ni siquiera un ángel del cielo podía enseñar un evangelio diferente (Gálatas 1:6-9).

Pablo no dio órdenes sobre todos los temas (Romanos 14:5-6), pero cuando supo que debía hacerlo escribió con mucha claridad y autoridad (2 Tesalonicenses 3:6,12). Pablo sabía que el mensaje que había recibido no era la palabra del hombre sino la palabra de Dios (1 Tesalonicenses 2:13). El apóstol Pedro dijo que consideraba que los escritos de Pablo tenían la misma autoridad que las otras Escrituras:

> ... como también nuestro amado hermano Pablo, según la sabiduría que le fue dada, os ha escrito, como también en todas sus epístolas, hablando en ellas de estas cosas, en las cuales hay algunas cosas difíciles de entender, que los indoctos e inestables tuercen para su propia destrucción, como también el resto de las Escrituras (2 Pedro 3:15-16).

b. El reconocimiento de los escritos apostólicos por parte de la Iglesia

Cuando los Apóstoles murieron, la Iglesia primitiva reunió sus Evangelios, cartas y otros escritos para formar lo que ahora llamamos “El Nuevo Testamento”. Se aplicaron cuatro pruebas para distinguir cuáles eran apostólicos y cuáles no:

i. La autoría apostólica
ii. Desde el período apostólico
iii. Doctrina apostólica
iv. Recibido por la gran mayoría de las Iglesias

Las Iglesias Católica Romana y Ortodoxa Rusa afirman que fue la Iglesia la que dio el Nuevo Testamento al mundo en el Sínodo de Hipona en el año 393 d.C., pero esto no es cierto. La Iglesia primitiva no escribió estos veintisiete libros; no los produjo, sólo reconoció en ellos la auténtica enseñanza de los apóstoles. Cuando decimos que Isaac Newton descubrió la ley de la gravedad no queremos decir que la haya inventado o producido; sólo encontró algo en la naturaleza que ya estaba allí y comprendió cómo funcionaba.

Lo mismo sucede con los escritos apostólicos; los primeros concilios de la Iglesia no inventaron ni produjeron las Escrituras, simplemente las reconocieron por lo que ya eran. Así que es un error decir que la Iglesia nos dio la Biblia, Dios la inspiró y la hizo escribir, así que fue sólo Dios quien nos la dio, no la Iglesia.

7. Conclusión: La Biblia es la revelación de Dios sobre sí mismo

De todo lo que se ha dicho en este capítulo sobre la palabra de Dios debe quedar muy claro que la Biblia da un testimonio completo y amplio de sí misma cuando afirma hablar con autoridad como la voz de Dios al hombre. Por eso los teólogos hablan de la Escritura como "auto-auténtica", - da testimonio de sí misma en cientos de versos como hablando las palabras de Dios mismo.

Comenzamos este capítulo con Lutero haciéndose la pregunta: "¿Quién sabe si estas cosas agradan a Dios? Mucha gente hoy en día se hace otra pregunta importante, "¿Cómo podemos saber la verdad sobre Dios?" Ahora podemos responder a esa pregunta. Podemos saber de él a través de la lectura de su Palabra, la Biblia. Esto no significa que simplemente leyendo y entendiendo la Biblia una persona automáticamente conozca a Dios e irá al cielo.

Necesitamos la ayuda de Dios el Espíritu Santo para poder entender y creer en cosas espirituales; sólo entonces podemos saber lo que nos está diciendo personalmente. "Pero el hombre natural no recibe las cosas del Espíritu de Dios, porque para él son una locura; ni puede conocerlas porque se disciernen espiritualmente" (1 Corintios 2:14). Para conocer a Dios no sólo necesitamos la palabra de Dios, sino que también necesitamos el Espíritu de Dios.

a. ¿Cómo vamos a interpretar la Biblia?

i. Debido a que toda la Escritura es inspirada (2 Timoteo 3:16) no se contradice a sí misma. La mejor manera de entender la Biblia es comparando una parte con otra: la Escritura se interpreta a sí misma (1 Corintios 2:13). Pídales a los cristianos mayores que te ayuden si tienes dificultades, pero recuerda que ningún ser humano o iglesia es infalible.

ii. La Biblia debe ser entendida literalmente, excepto cuando un sentido figurado es obviamente intencionado. Hay un lenguaje simbólico, un lenguaje poético, alegórico y profético; todos se utilizan en la Biblia y tenemos que entender cuando cada autor utiliza estos diferentes tipos de lenguaje.

En primer lugar, lo simbólico - Jesús dijo, "Yo soy la puerta", "Yo soy la vid", "Yo soy la luz", y "Yo soy el buen pastor". Está hablando simbólicamente. Cada uno de estos dichos representa o ilustra una verdad importante sobre su relación con nosotros; la puerta habla de que él es la entrada a la vida eterna; la vid habla de su relación vivificante con el creyente; la luz habla de su poder para disipar la oscuridad de nuestra ignorancia, el buen pastor habla de su cuidado por nosotros como sus ovejas.

La Biblia también utiliza un lenguaje poético. David dice, "los árboles del bosque se regocijarán ante el Señor" (1 Crónicas 16:33) y

Salomón dice, "el sol... sale y el sol se pone" (Eclesiastés 1:5). En ambos lugares el autor está usando el lenguaje poéticamente no literalmente.

En su ministerio Jesús también habló a la gente en parábolas, que eran imágenes de palabras de la vida cotidiana utilizadas para explicar las verdades espirituales. Por ejemplo, una pequeña semilla que crece en un gran árbol ilustra cómo el reino de Dios, aunque tiene orígenes pequeños y humildes, llega a ser el más grande de todos los reinos.

La Biblia también utiliza un lenguaje profético; Isaías habla de un siervo sufriente que vendrá al mundo a cargar con los pecados del pueblo de Dios (Isaías 53). Esto fue cumplido por el Señor Jesucristo (Hechos 8:32-35) casi 800 años después.

iii. Siempre debemos interpretar las partes difíciles y oscuras de la Biblia por las partes obvias y claras, por ejemplo, los Evangelios nos ayudan a entender los eventos del Libro del Apocalipsis, ¡no al revés!

b. ¿Cómo deberíamos estudiar la Biblia?

Léela con reverencia:	Dios te está hablando, Cristo ha muerto por ti (Lucas 24:25-27, 32)
Léela con sinceridad:	Dios promete bendecir a aquellos que lo buscan de todo corazón (Jeremías 29, 13)
Léela en oración:	Dios promete responder con honestidad oraciones (Mateo 6:6)
Léela regularmente:	Dios alimenta nuestras almas con su palabra (1 Pedro 2:2) así como alimentamos nuestros cuerpos con comida.
Cree en lo que lees:	Sin fe es imposible complacer a Dios (Hebreos 11:6).
Practica lo que lees:	Dios ha prometido, "Obedece a mi voz y yo seré tu Dios". (Jeremías 7:23)
Comprende lo que lees:	Jesús dijo que sólo podemos hacer su voluntad cuando sepamos lo que es. (Mateo 13: 19-23).
Discute lo que lees:	Otros cristianos nos son dados para la ayuda y

el estímulo mutuos.

PREGUNTAS

1. ¿Por qué Dios nos dio la Biblia?
2. ¿Cómo nos ayuda el Nuevo Testamento a entender el propósito del Antiguo Testamento?
3. ¿Qué es el Liberalismo teológico y por qué niega que la Biblia es verdaderamente la Palabra de Dios?
4. ¿Por qué Cristo eligió doce Apóstoles y cuál es su importancia para la formación del Nuevo Testamento?
5. Debemos entender la Biblia literalmente, excepto cuando utiliza lenguaje figurativo - ¿cuáles son las cuatro categorías de lenguaje figurativo?

CAPÍTULO 3: LA TRINIDAD

1. **¿Cómo es Dios?**
    a. **Las cualidades divinas de Dios**
2. **¿Qué es la Trinidad?**
    a. **Cuatro errores comunes que debemos evitar**
3. **¿Qué enseña el Antiguo Testamento sobre la Trinidad?**
    a. **Las referencias a Dios en plural**
    b. **El Ángel del Señor**
    c. **Teofanías**
4. **El Padre es Dios**
5. **El Hijo es Dios**
    a. **Cristo es la imagen del Dios invisible**
    b. **Cristo hace cosas que sólo una persona divina puede hacer**
    c. **Las referencias del Antiguo Testamento a Cristo como Dios**
6. **El Espíritu Santo es Dios**
7. **Conclusión**

1. ¿Cómo es Dios?

Desde el principio de los tiempos, la humanidad ha tratado de averiguar cómo es Dios. Algunos hicieron ídolos, otros trataron de hacer contacto con él a través de espíritus, médiums y hechiceros, mientras que otros, como los hindúes, piensan que Dios está en todo y en todos y por lo tanto no hay distinción entre el Creador y su creación. Si realmente queremos conocer a Dios debemos recurrir al libro que Él nos dio, la Biblia. Como vimos en el capítulo anterior, la naturaleza nos habla de Dios como

Creador (Romanos 1:20) y también nuestra conciencia (Romanos 2:14-16), pero en la Biblia Dios nos da la más clara revelación de sí mismo.

El Señor Jesús atacó fuertemente a los fariseos porque enseñaban que sus tradiciones eran más importantes que la palabra de Dios en el Antiguo Testamento (Mateo 15:1-14). La Palabra de Dios es nuestra única guía en materia de fe, no las tradiciones humanas ni por muy antiguas que estas sean. Algunas iglesias enseñan que la Escritura y la tradición tienen el mismo peso en cuanto a autoridad, pero Jesús enseñó que todo, incluyendo las tradiciones de la iglesia, debe ser respaldado por la palabra de Dios, y no al revés.

El fundamento de todo verdadero conocimiento de Dios debe partir de un claro entendimiento de su perfección como lo revela la Escritura. No podríamos confiar, adorar o servir a un dios desconocido. En este capítulo hemos enumerado las principales características perfectas del carácter divino de Dios. Pero si queremos enriquecernos espiritualmente de esta lectura, necesitar pedir a Dios que bendiga nuestro estudio y aplicar esta verdad en nuestros corazones y conciencias. Nuestras almas conocen realmente a Dios cuando nos entregamos a él, nos sometemos a su autoridad y regulamos nuestras vidas según lo que aprendemos de su Palabra. El conocimiento solo teórico de Dios es inútil. Nunca debemos olvidar que el diablo sabe mucho sobre Dios; no es ateo, pero su conocimiento no le ayuda ni le salva (Santiago 2:19).

Algunos teólogos han dividido las cualidades divinas de Dios en dos partes. Primero, las cualidades que pertenecen únicamente a Dios, y segundo, las cualidades que en su gracia también hace conocer al hombre en la redención. En la primera, nos recuerda su deidad (su divinidad) y que es totalmente diferente al hombre. En la segunda, nos recuerda que Dios creó al hombre a su propia imagen y por lo tanto tenemos, en cierta medida, una semejanza con nuestro Creador

En el primer grupo de cualidades divinas:

Dios es Espíritu
Infinito
Perfecto
Omnipresente
Transcendente
Eterno
Glorioso
Inmutable
Omnipotente
Omnisciente
Soberano

En el segundo grupo:

Dios es Santo
Justo
Amor
Misericordioso
Benigno
Paciente

El único Dios verdadero. Hay muchas religiones diferentes en el mundo, todas con diferentes ideas sobre Dios. Algunos adoran a muchos dioses y diosas y practican ritos malvados y crueles como parte de su religión. Hoy en día, algunas personas enseñan que, aunque haya muchas religiones, todas realmente adoran al mismo dios, un dios bajo muchos nombres. Pero cuando comparamos lo que cada una enseña sobre Dios, pronto vemos cuán diferentes son. Por ejemplo, el dios del Corán es muy diferente al Dios de la Biblia; "el Dios y Padre de nuestro Señor Jesucristo".

> Así dice el Señor, el Rey de Israel, y su Redentor, el Señor de los ejércitos: "Yo soy el primero y Yo soy el último, y fuera de Mí no hay Dios. (Isaías 44:6).
> Y esta es la vida eterna: que te conozcan a Ti, el único Dios verdadero, y a Jesucristo, a quien has enviado (Juan 17:3).

a) Las cualidades divinas de Dios

i. Dios es Espíritu. Esto significa que no tiene forma o cuerpo como nosotros. Un espíritu, aunque invisible y no material, también es personal y capaz de pensar, sentir y actuar. No tiene las limitaciones de tiempo y espacio que pertenecen a nuestra propia existencia como seres humanos:

> [Jesús dijo], "Dios es espíritu, y los que lo adoran deben adorar en espíritu y en verdad" (Juan 4:24).
> Al Rey eterno, inmortal, invisible... el bienaventurado y único Soberano, el Rey de reyes y Señor de señores; el único que tiene inmortalidad y habita en luz inaccesible, a quien ningún hombre ha visto ni puede ver... (1 Timoteo 1:17; 6:15-16).

ii. Dios es infinito. No se puede medir o pesar a Dios, porque no tiene ninguna limitación en su persona, en sus cualidades divinas, en sus habilidades y poderes. Su presencia no está confinada al mundo, ya que Dios existía antes de crearlo y también existirá después de que el mundo termine.

En cuanto a Él	- es perfecto
En cuando al espacio	- es omnipresente (en todas partes) En cuanto En
cuando a la creación	- es trascendente (sobre todo)
En cuanto al tiempo	- es eterno

iii. Dios es perfecto. Sólo Dios en el universo está libre de pecado e imperfección. Por lo tanto, podemos confiar en Él completamente porque no tiene ningún defecto ni en su esencia, carácter, pensamientos, u obras.

> [Jesús dijo]... sean ... perfectos como su Padre celestial es perfecto." (Mateo 5:48).
> ¿Quién como Tú entre los dioses, Oh Señor? ¿Quién como Tú, majestuoso en santidad, temible en las alabanzas, haciendo maravillas? (Éxodo 15:11)
> Toda buena dádiva y todo don perfecto viene de lo alto, desciende del Padre de las luces, con el cual no hay cambio ni sombra de variación. (Santiago 1:17)

iv. Dios omnipresente. Dios está en todos los lugares del cielo y la tierra sabiendo todo lo que pasa en todas partes.

> Si subo a los cielos, allí estás Tú; si en el Seol preparo mi lecho, allí Tú estás. Si tomo las alas del alba, y si habito en lo más remoto del mar, aun allí me guiará Tu mano, y me tomará Tu diestra. (Salmo 139:8-10).
> Porque los ojos del Señor recorren toda la tierra para fortalecer a aquellos cuyo corazón es completamente Suyo... (2 Crónicas 16:9).
> ¿Podrá alguien esconderse en escondites de modo que Yo no lo vea?", declara el Señor. "¿No lleno Yo los cielos y la tierra?", declara el Señor (Jeremías 23:24).

v. Dios es trascendente. Dios no depende de nada que haya creado; reina muy por encima de su creación, morando en la eternidad, supremo y preeminente. Él llena todas las cosas y su Ser no conoce limitaciones ni de tiempo o espacio.

> Antes que los montes fueran engendrados, y nacieran la tierra y el mundo, desde la eternidad y hasta la eternidad, Tú eres Dios (Salmo 90:2).
> ¿A quién, pues, asemejarán a Dios, o con qué semejanza lo compararán?... Él es el que está sentado sobre la redondez de la tierra, cuyos habitantes son como langostas. Él es el que extiende los cielos como una cortina y los despliega como una tienda para morar (Isaías 40:18, 22).

vi. Dios es eterno. Dios no tiene principio ni fin, es eterno. Su esencia no puede envejecer o decaer. Él permanece gloriosamente constante y eterno. "El eterno Dios es tu refugio y debajo están los brazos eternos" (Deuteronomio 33:27).

> Desde la antigüedad está establecido Tu trono; tú eres desde la eternidad (Salmo 93:2).
> Porque así dice el Alto y Sublime que vive para siempre, cuyo nombre es Santo: "Yo habito en lo alto y santo, y también con el contrito y humilde de espíritu, para vivificar el espíritu de los humildes y para vivificar el corazón de los contritos (Isaías 57:15).

vii. Dios es glorioso. En el Antiguo Testamento, cuando Dios reveló su presencia y su poder, fue una manifestación, un resplandor de su ser esencial y su excelencia. Su resplandor y su santidad estaban muy por encima y más allá del más brillante brillo del sol.

> Y la gloria del Señor reposó sobre el monte Sinaí, y la nube lo cubrió por seis días. Al séptimo día, Dios llamó a Moisés de en medio de la nube. A los ojos de los israelitas la apariencia de la gloria del Señor era como un fuego consumidor sobre la cumbre del monte... (Éxodo 24:16-17)
> Entonces Moisés dijo: "Te ruego que me muestres Tu gloria". Y el Señor respondió: "Yo haré pasar toda Mi bondad delante de ti, y proclamaré el nombre del Señor delante de ti. Tendré misericordia del que tendré misericordia, y tendré compasión de quien tendré compasión". Y añadió: "No puedes ver Mi rostro… y vivir" (Éxodo 33:18-20).

En el Nuevo Testamento, la gloria de Dios se muestra en la revelación del carácter y la presencia de Dios en la persona y obra de Jesucristo. "y vimos Su gloria, gloria como del unigénito del Padre, lleno de gracia y de verdad" (Juan 1:14).

> [Jesús] Delante de ellos se transfiguró; y Su rostro resplandeció como el sol y Sus vestiduras se volvieron blancas como la luz (Mateo 17:2).
> En estos últimos días [Dios] nos ha hablado por Su Hijo, a quien constituyó heredero de todas las cosas, por medio de quien hizo también el universo. Él es el resplandor de Su gloria y la expresión exacta de Su naturaleza, y sostiene todas las cosas por la palabra de Su poder. Después de llevar a cabo la purificación de los pecados, el Hijo se sentó a la diestra de la Majestad en las alturas (Hebreos 1:2-3).

viii. Dios es inmutable. Porque Dios es perfecto y eterno no puede mejorar o deteriorarse. Él es constante. Como fue en la eternidad pasada, es ahora y será para siempre. Esto significa que no es impredecible, sino consistente y por lo tanto confiable. Su excelencia es perpetua. Podemos confiar en que siempre será igual y que actuará según dice su Palabra.

> Porque Yo, el Señor, no cambio; por eso ustedes, oh hijos de Jacob, no han sido consumidos. (Malaquías 3:6)
> Pero Tú eres el mismo, y tus años no tendrán fin (Salmo 102:27).
> Jesucristo es el mismo ayer y hoy y por los siglos (Hebreos 13:8).

ix. Dios es omnipotente. Dios hizo el universo, las galaxias lejanas, las estrellas, nuestro sistema solar y el planeta en el que vivimos llamado Tierra. También creó la vida y todas las criaturas vivientes desde las más microscópica hasta las inmensas ballenas. No sólo creó todas estas cosas con su gran poder, sino que también las controla y las sostiene día a día. ¡Qué tremendo poder se necesita para crear y sostener todas estas cosas! El ángel Gabriel dijo, "Porque ninguna cosa será imposible para[t] Dios" (Lucas 1:37).

> Una vez ha hablado Dios; dos veces he oído esto: Que de Dios es el poder (Salmo 62:11).
> Alcen, oh puertas, sus cabezas, álcense, puertas eternas, para que entre el Rey de la gloria. ¿Quién es este Rey de la gloria? El Señor, fuerte y poderoso; El Señor, poderoso en batalla (Salmo 24:7-8).
> Él es el que hizo la tierra con Su poder, El que estableció el mundo con Su sabiduría, y con Su inteligencia extendió los cielos (Jeremías 51:15).
> [que conocemos]... cuál es la extraordinaria grandeza de Su poder para con nosotros los que creemos, conforme a la eficacia de la fuerza de Su poder. Ese poder obró en Cristo cuando lo resucitó de entre los muertos... (Efesios 1:19-20).

x. Dios es omnisciente. Observando todas las cosas de este vasto universo que Dios ha hecho, considerando la sabiduría de sus Leyes, su control de la historia, y entendiendo su plan de salvación pasado, presente y futuro vemos que Dios es un ser superinteligente cuyas palabras y formas exceden por mucho todo lo que podemos decir o incluso pensar. Su sabiduría en cada aspecto de todas estas cosas es inescrutable. Él sabe todo de nosotros:

> ¡Cuán numerosas son Tus obras, oh Señor! con sabiduría las has hecho todas... (Salmo 104:24)
> Sea el nombre de Dios bendito por los siglos de los siglos,
> Porque la sabiduría y el poder son de Él. Él es quien cambia los tiempos y las edades; quita reyes y pone reyes. Da sabiduría a los sabios, y conocimiento a los entendidos. (Daniel 2:20-21).
> ¡Oh, profundidad de las riquezas y de la sabiduría y del conocimiento de Dios! ¡Cuán insondables son Sus juicios e inescrutables Sus caminos! Pues, ¿quién ha conocido la mente del Señor? ¿O quién llego a ser Su consejero? ¿O quién le ha dado a Él primero para que se le tenga que recompensar? Porque de Él, por Él y para Él son todas las cosas. A Él sea la gloria para siempre. Amén. (Romanos 11:33-36)

xi. Dios es soberano. Esto significa que Dios no sólo sabe todo lo que sucede en la historia, sino que como rey del universo lo ha planeado todo y sabe todo lo que sucederá en el futuro. Incluso Satanás no puede engañar a Dios o hacer nada fuera de la voluntad de Dios. Las obras de Satanás son permitidas por Dios pero no son aprobadas por él. Esto no convierte a Dios en el autor del pecado; significa que Dios conoce de antemano las obras de los impíos y del diablo, y hace sus propios planes de redención para que lo malo eventualmente servir para lo bueno (Génesis 50:20).

Dios es el gran rey de todo y esto incluye tanto al diablo y a sus malvados sirvientes. Esto fue evidente en la crucifixión de Cristo por las manos de los hombres malvados (Hechos 2:23). Dios, aun sabiendo lo que los hombres malvados le harían a su Hijo, usó la crucifixión para cumplir sus propósitos de redención. Dios nunca pierde el control de su mundo; es nuestro rey y el gobernante supremo de todas las cosas:

> Jesús el Nazareno, ... tal como ustedes mismos saben este fue entregado por el plan predeterminado y el previo conocimiento de Dios, y ustedes lo clavaron en una cruz por manos de impíos y lo mataron (Hechos 2:22-23).
> Tuya es, oh Señor, la grandeza y el poder y la gloria y la victoria y la majestad, en verdad, todo lo que hay en los cielos y en la tierra; Tuyo es el

> dominio, oh Señor, y te exaltas como soberano sobre todo. De Ti proceden la riqueza y el honor; Tú reinas sobre todo y en Tu mano están el poder y la fortaleza, y en Tu mano está engrandecer y fortalecer a todos (1 Crónicas 29:11-12).
> Todo cuanto el Señor quiere, lo hace, en los cielos y en la tierra, en los mares y en todos los abismos (Salmo 135:6).
> Todas las cosas hechas por el Señor tienen su propio fin,
> Hasta el impío, para el día del mal. (Proverbios 16:4).

Ver también Génesis 15:16; Daniel 4:34, 35.

xii. Dios es santo. Dios es total y absolutamente santo. Por su propia naturaleza no tiene absolutamente nada que ver con el pecado y el mal. Su pureza arde más brillante que el sol. Pero su santidad no es algo negativo; es positiva, excelente, moralmente perfecta, hermosa, limpia y pura; por lo tanto, todo lo que Dios es y hace en pensamiento, palabra y obra es santo. Para tener comunión con un Dios santo, nosotros también debemos ser santos.

> Porque así dice el Alto y Sublime que vive para siempre, cuyo nombre es Santo: "Yo habito en lo alto y santo, y también con el contrito y humilde de espíritu... (Isaías 57:15).
> ¿Quién como Tú entre los dioses, Oh Señor? ¿Quién como Tú, majestuoso en santidad, temible en las alabanzas, haciendo maravillas? (Éxodo 15:11).
> sino que así como Aquel que los llamó es Santo, así también sean ustedes santos en toda su manera de vivir. Porque escrito está: "Sean santos, porque Yo soy santo" (1 Pedro 1:15-16).

xiii. Dios es justo. Debido a que Dios es perfecto y santo, se deduce que todo lo que piensa y hace también será perfecto y santo. Cuando le dio sus leyes a Moisés, éstas eran una expresión de su justicia. Sus leyes santas nos muestran la clase de Dios justo que es. Vemos en su trato con los hombres que siempre es totalmente coherente con su ley. Siempre es justo y recto y verdadero en sí mismo, es un Dios de justicia. No hay pecado en él.

> Justo eres Tú, Señor, y rectos Tus juicios. Has ordenado Tus testimonios con justicia, y con suma fidelidad. (Salmo 119, 137-138).
> Pues el Señor es justo; Él ama la justicia; los rectos contemplarán Su rostro (Salmo 11:7).
> Nubes y densas tinieblas lo rodean, justicia y derecho son el fundamento de Su trono (Salmo 97:2).

xiv. Dios es amor. A diferencia del amor humano, que es estimulado por la belleza, la admiración y el respeto en el objeto de nuestro afecto, el amor de Dios no vio nada bello, excelente o virtuoso en el hombre, sino todo lo contrario. El amor de Dios, que surge de su propia naturaleza, al ver la miseria del hombre, desea su mayor bien. En ese amor, dio a su propio Hijo como un costoso sacrificio para salvar a los pecadores y llevarlos a la comunión con él (Juan 3:16).

> Pero cuando se manifestó la bondad de Dios nuestro Salvador, y Su amor hacia la humanidad, Él nos salvó, no por las obras de justicia que nosotros hubiéramos hecho, sino conforme a Su misericordia, por medio del lavamiento de la regeneración y la renovación por el Espíritu Santo (Tito 3:4-5).
> Sino en que Él nos amó a nosotros y envió a Su Hijo como propiciación por nuestros pecados (1 Juan 4:10).
> Y nosotros hemos llegado a conocer y hemos creído el amor que Dios tiene para Dios es amor, y el que permanece en amor permanece en Dios y Dios permanece en él (1 Juan 4:16).

xv. Dios es misericordioso. Esto significa que Dios está lleno de compasión y amor piadoso hacia aquellos que han pecado contra él y han roto sus leyes sagradas. La misericordia es una virtud activa y no pasiva, porque Dios se deleita en la misericordia y actúa con bondad hacia aquellos que están en pecado para rescatarlos y ayudarlos. La misericordia es la muestra activa del amor de Dios hacia el hombre, que no merece ninguna misericordia.

> Entonces pasó el Señor por delante de él y proclamó: "El Señor, el Señor, Dios compasivo y clemente, lento para la ira y abundante en misericordia y verdad; que guarda misericordia a millares, el que perdona la iniquidad, la transgresión y el pecado.... (Éxodo 34:6-7).
> Un leproso vino rogando a Jesús, y arrodillándose, le dijo: "Si quieres, puedes limpiarme". Movido a compasión, extendiendo Jesús la mano, lo tocó y le dijo: "Quiero; sé limpio" (Marcos 1:40-41).
> Miren que tenemos por bienaventurados a los que sufrieron. Han oído de la paciencia de Job, y han visto el resultado del proceder del Señor, que el Señor es muy compasivo y misericordioso (Santiago 5:11).

xvi. Dios es benigno. La gracia es el inmerecido favor de Dios, que da gratuita, generosa y espontáneamente a todos los sienten y confiesan su pecaminosidad e invocan el nombre del Señor para salvación. La gracia es la única fuente de salvación. La gracia de Dios solo vio en el hombre pecado y rebelión. Por lo tanto, nace enteramente de su maravillosa bondad y amor su intervención para dar su salvación gratuitamente a los hombres y mujeres pobres, indefensos y malvados en su camino al infierno.

> Rehusaron escuchar, y no se acordaron de las maravillas que hiciste entre ellos; fueron tercos y eligieron un jefe para volver a su esclavitud en Egipto. Pero Tú eres un Dios de perdón, clemente y compasivo, lento para la ira y abundante en misericordia, y no los abandonaste. (Nehemías 9:17).

La gracia de Dios se da gratuitamente:

> Por cuanto todos pecaron y no alcanzan la gloria de Dios. Todos son justificados gratuitamente por Su gracia por medio de la redención que es en Cristo Jesús (Romanos 3:23-24).

La gracia de Dios es eterna:

> Él nos ha salvado y nos ha llamado con un llamamiento santo, no según nuestras obras, sino según Su propósito y según la gracia que nos fue dada en Cristo Jesús desde la eternidad (2 Timoteo 1:9).

La gracia de Dios es soberana:

> Y el Señor respondió: "Yo haré pasar toda Mi bondad delante de ti, y proclamaré el nombre del Señor delante de ti. Tendré misericordia del que tendré misericordia, y tendré compasión de quien tendré compasión" (Éxodo 33:19).

Cristo, el Hijo de Dios, al venir al mundo para nuestra salvación, es la mayor manifestación de la gracia de Dios:

> El Verbo se hizo carne, y habitó entre nosotros, y vimos Su gloria, gloria como del unigénito del Padre, lleno de gracia y de verdad... Pues de Su plenitud todos hemos recibido, y gracia sobre gracia. Porque la ley fue dada por medio de Moisés; la gracia y la verdad fueron hechas realidad por medio de Jesucristo (Juan 1:14,16-17).

xvii. Dios es paciente. La paciencia de Dios con la humanidad es inherente a su misericordia y su bondad. Su paciencia es el gran poder de control que ejerce sobre su santidad y justicia. Le hace soportar por mucho tiempo a los malvados y sus malos caminos y le impide destruirlos de la faz de la tierra. En el Antiguo Testamento, la paciencia de Dios se describe como "lento para la ira".

> Clemente y compasivo es el Señor, lento para la ira y grande en misericordia (Salmo 145:8).

Antes del Diluvio Dios dio al mundo mucho tiempo para arrepentirse mientras Noé les predicaba y preparaba el arca (1 Pedro 3:20; véase también 2 Pedro 2:5):

> Quienes en otro tiempo fueron desobedientes cuando la paciencia de Dios esperaba en los días de Noé durante la construcción del arca, en la cual unos pocos, es decir, ocho personas, fueron salvadas por medio del agua (1 Pedro 3:20).

Fue la paciencia de Dios la que dio a Israel tantas oportunidades a lo largo de su larga historia para arrepentirse y volver a Dios (Nehemías 9:17; Jeremías 7:25-26). Dios siempre da a los hombres tiempo para arrepentirse y esto se debe únicamente a su paciencia y misericordia:

> ¿Y qué, si Dios, aunque dispuesto a demostrar Su ira y hacer notorio Su poder, soportó con mucha paciencia a los vasos de ira preparados para destrucción? (Romanos 9:22).
> Pero, amados, no ignoren esto: que para el Señor un día es como mil años, y mil años como un día. El Señor no se tarda en cumplir Su promesa, según algunos entienden la tardanza, sino que es paciente para con ustedes, no queriendo que nadie perezca, sino que todos vengan al arrepentimiento. (2 Pedro 3:8-9).

El apóstol Pablo fue un enemigo de Cristo y un activista perseguidor de la Iglesia. Se sorprendió de lo paciente que Dios había sido con él durante esos años en los que hacía lo imposible por destruir la obra de Cristo:

> Sin embargo, por esto hallé misericordia, para que en mí, como el primero, Jesucristo demostrara toda Su paciencia como un ejemplo para los que habrían de creer en Él para vida eterna. (1 Timoteo 1:16).

Hemos tratado de responder a la pregunta, ¿cómo es Dios Todopoderoso? Como el único y verdadero Dios, Él es Espíritu, infinito, perfecto, omnipresente, trascendente, eterno, glorioso, inmutable, omnipotente, omnisciente y soberano. También es santo, justo, amoroso, misericordioso, benigno y paciente. "Porque este es Dios, nuestro Dios para siempre; Él nos guiará hasta la muerte" (Salmo 48:14).

2. ¿Qué es la Trinidad?

Cuando los cristianos hablan de Dios, a menudo hablan de la Trinidad - Padre, Hijo y Espíritu Santo. No encontrará la palabra "Trinidad" en las Escrituras, pero encontrarás la enseñanza de que Dios es un Ser en tres Personas. Aunque no utiliza la palabra Trinidad, la Biblia enseña que Dios es tres Personas en una sola esencia (o sustancia). Esto suena muy difícil, y debemos admitir que nadie puede entenderlo completamente, pero podemos comprender algo de la doctrina de la Trinidad si nos ceñimos a la Biblia.

a. Cuatro errores que debemos evitar.

i. A veces la gente ha hablado como si hubiera tres Dioses, pero esto es un error muy grave. Sólo hay un Dios. "Escucha, oh Israel, el Señor es nuestro Dios, el Señor uno es" (Deuteronomio 6:4). Miren también Isaías 44:6, Marcos 12:29, 32; y 1 Corintios 8:4.

ii. Algunos tratan al Padre como si fuera el único Dios verdadero, y al Hijo y al Espíritu como si no fueran realmente Dios en absoluto. La secta moderna llamada Testigos de Jehová, y muchos teólogos modernos, cometen este trágico error. Jesús habló de la igualdad entre las tres personas de la Divinidad: dijo, "Vayan, pues, y hagan discípulos de todas las naciones, bautizándolos en el nombre del Padre y del Hijo y del Espíritu Santo" (Mateo 28: 19). Vea también Colosenses 2:9 y Mateo 12:31-32 donde Cristo y el Espíritu Santo se muestran iguales a Dios.

iii. Algunos han pensado que las tres personas de la Divinidad son una sola Persona pero que aparecen en tres formas diferentes, similar al agua que puede aparecer como líquido, hielo o vapor. Sin embargo, las tres personas son distintas entre sí. El Padre no fue crucificado en la cruz y el Hijo no fue derramado sobre hombres y mujeres el día de Pentecostés. Y Jesús, clamando a gran voz, dijo: "Padre, en tus manos encomiendo mi espíritu" (Lucas 23:46). Esto muestra que Jesús es una persona individual. Vea Mateo 3:16-17; 27:46; y Hechos 2:1-4, 17.

iv. Existen ilustraciones que supuestamente nos ayudarían a entender la Trinidad. Por ejemplo, puedes ver un círculo dividido en tres partes. Cada parte se supone que representa una persona de la Santísima Trinidad. Esto puede parecer útil, pero te dará una idea equivocada de Dios. El círculo tiene tres partes y si quitas una parte ya no es un círculo. Sin embargo, esto no es verdad en la Trinidad porque el Padre, el Hijo y el Espíritu Santo no son cada uno un tercio de la Divinidad. Cada uno es completamente Dios. Tal vez la mejor ilustración se extrae de las matemáticas. Dios no debe considerarse como 1+1+1=3 sino como 1+1+1=1. En la segunda serie 1 es igual a 1, pero en total son 1 no 3. La doctrina de la Trinidad sigue siendo un gran misterio porque nuestras mentes finitas nunca podrán entender a Dios completamente - sólo Dios puede entenderse a sí mismo, "Todas las cosas me han sido entregadas por Mi Padre; y nadie conoce al Hijo, sino el Padre, ni nadie conoce al Padre, sino el Hijo, y aquel a quien el Hijo se lo quiera revelar" (Mateo 11:27). Pero podemos creer que es un solo Dios manifestado en tres Personas. (Buscar 1 Corintios 2:11).

3. ¿Qué enseña el Antiguo Testamento sobre la Trinidad?

Aunque la principal enseñanza sobre Dios como Trinidad viene del Nuevo Testamento, Dios preparó el camino para esta enseñanza dando a su pueblo indicios en el Antiguo Testamento. Podemos encontrar estos indicios en muchos lugares:

a. Referencias a Dios en plural

A veces Dios habla de sí mismo en plural. Por ejemplo, en Génesis 1:26 dice, "Hagamos al hombre a Nuestra imagen". Uno esperaría que Dios dijera: "Haré al hombre a mi imagen", pero no lo hizo. Cada palabra de la Escritura es preciosa (Mateo 4:4; 5:18), por lo que debe haber habido una razón para que Dios haya hablado en plural. Ahora sabemos que Dios estaba preparando a su pueblo para el tiempo en que se revelaría más claramente como un Dios en tres Personas. Hay otros pasajes en los que Dios habla en plural, por ejemplo: "También oí la voz del Señor diciendo: "¿A quién enviaré, y quién irá por nosotros?" (Isaías 6:8). Ver también Génesis 3:22; 11:5-7.

b. El Ángel del Señor

En los tiempos del Antiguo Testamento Dios a menudo hablaba a su pueblo a través de un ángel llamado 'el ángel del Señor' ('el ángel de Jehová'). Sin embargo, en muchos lugares el ángel del Señor también es llamado "el Señor". En Génesis 16, por ejemplo, leemos que Agar huyó de Saraí. En el versículo 7 el ángel del Señor la encuentra y comienza a hablarle. Al final de su discurso, sin embargo, Agar dice que en realidad había visto a Dios (v. 13).

El ángel del Señor fue sin duda el Señor Jesús. Podemos ver esto en otros pasajes también:

> Y el ángel del Señor se le apareció [a Moisés] en una llama de fuego, en medio de una zarza… Y añadió: "Yo soy el Dios de tu padre, el Dios de Abraham, el Dios de Isaac y el Dios de Jacob"... (Éxodo 3:2,6).

Ver también Génesis 18:1-33; y Jueces 6:11-16; 13:3, 9,22.

c. Teofanías (manifestaciones de Dios al hombre).

También hay otros lugares que indican que hay más de una persona en la Divinidad. Justo antes de que los israelitas atacaran Jericó, Josué vio a un hombre que es descrito como el comandante del ejército del Señor (Josué 5:13-15). Pero este hombre (5:13) también es descrito como el propio

Jehová (6:2). Mucho más tarde, Isaías describió al Mesías venidero como "un niño" y "el Dios poderoso" (Isaías 9:6). Otros pasajes que deben estudiarse son el Salmo 44:7-8; 109:1; Isaías 48:16; Jeremías 23:5-6; Daniel 3:25 y Oseas 1:7.

Si miramos cuidadosamente en el Antiguo Testamento podemos ver cuán maravillosamente Dios estaba preparando a su pueblo para recibir la verdad sobre la Trinidad. De hecho, una de las palabras hebreas para "Dios" es "Elohim", que aunque tiene forma plural, siempre va con un verbo en singular (por ejemplo, Génesis 1:1,3,4).

4. El Padre es Dios

Esta sección será muy corta porque incluso los cultos heréticos como los mormones y los testigos de Jehová están de acuerdo en que el Padre es Dios. Su error es pensar que sólo el Padre es Dios.

En el Padre Nuestro, Jesús enseñó a los cristianos a orar, "Padre nuestro que estás en los cielos" (Mateo 6:9). Más tarde Jesús prometió que el Padre daría el Espíritu Santo a aquellos que se lo pidieran (Lucas 11:13). Jesús describió el Templo de Jerusalén como "la casa de mi Padre" (Lucas 2:49; Juan 2:16). Jesús también declaró que era el Hijo del Hombre en quien Dios Padre había marcado con su sello (Juan 6:27). En la oración del Sumo Sacerdote en el capítulo 17 de Juan, Jesús miró hacia el cielo e invocó al Padre, describiéndolo como "el único Dios verdadero" (versículos 1-3). En la cruz, las últimas palabras de Jesús fueron: "Padre, en tus manos encomiendo mi espíritu" (Lucas 23:46). Encontrarán en el Nuevo Testamento que el Padre es referido como Dios más de 250 veces.

El Padre es Dios, la primera persona de la Santísima Trinidad. Cuando oramos, normalmente le oramos a él. Sólo ocasionalmente en las Escrituras leemos oraciones a Cristo (por ejemplo, Hechos 7:59) o al Espíritu Santo (por ejemplo, Ezequiel 37:9).

Es importante que entendamos la diferencia entre un padre terrenal y Dios Padre. Un padre terrenal sólo se convierte en padre cuando le nace un hijo. Pero Dios nunca se convirtió en Padre; siempre fue Dios Padre, porque Dios Hijo siempre fue su Hijo.

5. El Hijo es Dios

Cuando Cristo se apareció por primera vez a sus discípulos después de su resurrección, Tomás no estaba entre ellos. Cuando le contaron la emocionante noticia de que Jesús estaba vivo y había resucitado de entre los muertos, se negó a creerles y dijo:

> "Si no veo en Sus manos la señal de los clavos, y meto el dedo en el lugar de los clavos, y pongo la mano en Su costado, no creeré" (Juan 20:25).

Ocho días después, cuando los discípulos estaban juntos y Tomás con ellos, Jesús apareció de repente en medio de ellos y le dijo a Tomás:

> Luego dijo a Tomás: "Acerca aquí tu dedo, y mira Mis manos; extiende aquí tu mano y métela en Mi costado; y no seas incrédulo, sino creyente" (Juan 20:27).

¿Qué pudo hacer el incrédulo de Tomás cuando se encontró cara a cara con aquel cuya resurrección física se había negado tercamente a creer? Simplemente le respondió a Jesús, "¡Señor mío y Dios mío! (Juan 20:28)."

Para un judío ortodoxo esto era algo muy extraño de decir, ya que los judíos creían que sólo hay un Dios y que era un Espíritu, no un hombre mortal. Decir que un hombre era Dios era una blasfemia o la absoluta verdad; o bien Jesús era Dios o no lo era. Poco antes de su crucifixión, el Sumo Sacerdote Caifás exigió que Jesús dijera si era o no el Hijo de Dios. Cuando Jesús admitió que sí era, Caifás respondió: "¡Ha blasfemado!" (Mateo 26:65)

Jesús aceptó la confesión de Tomás de que era verdaderamente Dios, y parece que Jesús hizo esta aparición de la resurrección especialmente para desterrar sus dudas y confirmar su fe. Cristo como Hijo de Dios es una parte esencial del evangelio que predicaron por los apóstoles tanto a judíos como a gentiles. Las últimas palabras del sermón de Pedro en el día de Pentecostés en Jerusalén fueron:

> Sepa, pues, con certeza toda la casa de Israel, que a este Jesús a quien ustedes crucificaron, Dios lo ha hecho Señor y Cristo. (Hechos 2:36)

Las Escrituras dan testimonio en varios lugares de la deidad de Cristo como el Hijo de Dios:

> En el principio ya existía el Verbo, y el Verbo estaba con Dios, y el Verbo era Dios. Él estaba en el principio con Dios. Todas las cosas fueron hechas por medio de Él, y sin Él nada de lo que ha sido hecho, fue hecho (Juan 1:1-3).
>
> Nadie ha visto jamás a Dios; el unigénito Dios, que está en el seno del Padre, Él lo ha dado a conocer (Juan 1:18).
>
> Entonces, por esta causa, los judíos aún más procuraban matar a Jesús, porque no solo violaba el día de reposo, sino que también llamaba a Dios Su propio Padre, haciéndose igual a Dios (Juan 5:18).
>
> De quienes son los patriarcas, y de quienes, según la carne, procede el Cristo, el cual está sobre todas las cosas, Dios bendito por los siglos. Amén (Romanos 9:5).

Ver también Juan 5:17, 18, 23; Filipenses 2:6; Tito 2:13; Hebreos 1:8; 2 Pedro 1:1; 1 Juan 5:20.

a. Cristo es la imagen del Dios invisible

Las Escrituras dicen que Cristo comparte la misma naturaleza que Dios Padre, "Él es la imagen del Dios invisible, el primogénito de toda creación" (Colosenses 1:15).

i. Dios es eterno: Cristo también es eterno

Los judíos le dijeron: "Aún no tienes cincuenta años, ¿y has visto a Abraham?". Jesús les dijo: … antes que Abraham naciera, Yo soy". (Juan 8:57-58).
"Yo soy el Alfa y la Omega", dice el Señor Dios, "el que es y que era y que ha de venir, el Todopoderoso" ... Cuando lo vi, caí como muerto a Sus pies. Y Él puso Su mano derecha sobre mí, diciendo: "No temas, Yo soy el Primero y el Último," (Apocalipsis 1:8,17).

ii. Dios es omnipresente: también lo es Cristo

Porque donde están dos o tres reunidos en Mi nombre, allí estoy Yo en medio de ellos (Mateo 18:20).
Vayan, pues, y hagan discípulos de todas las naciones, bautizándolos en el nombre del Padre y del Hijo y del Espíritu Santo, enseñándoles a guardar todo lo que les he mandado; y ¡recuerden! Yo estoy con ustedes todos los días, hasta el fin del mundo" (Mateo 28:19-20).

iii. Dios es inmutable: también lo es Cristo

Él es el resplandor de Su gloria y la expresión exacta de Su naturaleza, y sostiene todas las cosas por la palabra de Su poder. Después de llevar a cabo la purificación de los pecados, el Hijo se sentó a la diestra de la Majestad en las alturas (Hebreos 1:3).
Jesucristo es el mismo ayer y hoy y por los siglos. (Hebreos 13:8).

iv. Dios es omnisciente: también lo es Cristo

Pero Jesús, en cambio, no se confiaba en ellos, porque los conocía a todos, y no tenía necesidad de que nadie le diera testimonio del hombre, porque Él conocía lo que había en el interior del hombre. (Juan 2:24-25).
A sus hijos mataré con pestilencia, y todas las iglesias sabrán que Yo soy el que escudriña las mentes y los corazones, y les daré a cada uno según sus obras (Apocalipsis 2:23).

v. Dios es omnipotente: también lo es Cristo

Porque nuestra ciudadanía está en los cielos, de donde también ansiosamente esperamos a un Salvador, el Señor Jesucristo, el cual transformará el cuerpo de nuestro estado de humillación en conformidad al cuerpo de Su gloria, por el ejercicio del poder que tiene aún para sujetar todas las cosas a Él mismo. (Filipenses 3:20-21).
Él es el resplandor de Su gloria y la expresión exacta de Su naturaleza, y sostiene todas las cosas por la palabra de Su poder. Después de llevar a cabo la purificación de los pecados, el Hijo se sentó a la diestra de la Majestad en las alturas (Hebreos 1:3).

b. Cristo hace cosas que sólo una persona divina es capaz de hacer

i. Cristo creó el mundo

Él estaba en el principio con Dios. Todas las cosas fueron hechas por medio de Él, y sin Él nada de lo que ha sido hecho, fue hecho (Juan 1:2-3).
Porque en Él fueron creadas todas las cosas, tanto en los cielos como en la tierra, visibles e invisibles; ya sean tronos o dominios o poderes o autoridades; todo ha sido creado por medio de Él y para Él. (Colosenses 1:16).
Dios, habiendo hablado hace mucho tiempo, en muchas ocasiones y de muchas maneras a los padres por los profetas, en estos últimos días nos ha hablado por Su Hijo, a quien constituyó heredero de todas las cosas, por medio de quien hizo también el universo. (Hebreos 1:1-2).

ii. Cristo perdonó los pecados

Viendo Jesús la fe de ellos, dijo al paralítico: "Hijo, tus pecados te son perdonados... "¿Qué es más fácil, decir al paralítico: "Tus pecados te son perdonados", o decirle: "Levántate, toma tu camilla y anda?" Pues, para que sepan que el Hijo del Hombre tiene autoridad en la tierra para perdonar pecados", dijo al paralítico' (Marcos 2:5, 9-10).

Entonces Jesús le dijo a la mujer: "Tus pecados han sido perdonados". Los que estaban sentados a la mesa con Él comenzaron a decir entre sí: "¿Quién es Este que hasta perdona pecados? (Lucas 7:48-49).

iii. Cristo es el Juez de todos los hombres

Pero cuando el Hijo del Hombre venga en Su gloria, y todos los ángeles con Él, entonces Él se sentará en el trono de Su gloria; y serán reunidas delante de Él todas las naciones; y separará a unos de otros, como el pastor separa las ovejas de los cabritos. (Mateo 25:31-32).
Porque como el Padre tiene vida en Él mismo, así también le dio al Hijo el tener vida en Él mismo; y le dio autoridad para ejecutar juicio, porque Él es el Hijo del Hombre (Juan 5:26-27).
Porque todos nosotros debemos comparecer ante el tribunal de Cristo, para que cada uno sea recompensado por sus hechos estando en el cuerpo, de acuerdo con lo que hizo, sea bueno o sea malo. (2 Corintios 5:10).

iv. Cristo da la vida eterna

Mis ovejas oyen Mi voz; Yo las conozco y me siguen. Yo les doy vida eterna y jamás perecerán, y nadie las arrebatará de Mi mano. (Juan 10:27-28).
En verdad les digo: el que cree, tiene vida eterna. Yo soy el pan de la vida... Yo soy el pan de la vida... Yo soy el pan vivo que descendió del cielo; si alguien come de este pan, vivirá para siempre; y el pan que Yo también daré por la vida del mundo es Mi carne. (Juan 6:47,48,51).

c. Las referencias del Antiguo Testamento a Cristo como Dios

i. Cuando Isaías tuvo la visión de Dios en el templo realmente vio a Cristo:

En el año de la muerte del rey Uzías vi yo al Señor sentado sobre un trono alto y sublime, y la orla de Su manto llenaba el templo... Entonces dije: "¡Ay de mí! Porque perdido estoy, Pues soy hombre de labios inmundos y

> en medio de un pueblo de labios inmundos habito, porque mis ojos han visto al Rey, el Señor de los ejércitos. (Isaías 6:1,5) [lea los versículos 1-10].
> Esto dijo Isaías porque vio Su gloria, y habló de Él (Juan 12:41) [lea los versículos 37-41].

ii. El salmista se refiere a Dios como creador del mundo, pero el Nuevo Testamento aplica esta declaración a Cristo

> Dije: "Dios mío, no me lleves a la mitad de mis días; tus años son por todas las generaciones. Desde la antigüedad Tú fundaste la tierra, y los cielos son la obra de Tus manos (Salmo 102:24-25).

Hebreos 1:10-12 aplica estos versos al Hijo de Dios.

iii. El profeta Joel habla de aquellos que invocan a Dios para que los salve. El Nuevo Testamento cita esto para referirse a Cristo:

> Y todo aquel que invoque el nombre del Señor será salvo... (Joel 2:32) [lea los versículos 28-32].

Pedro en su sermón del día de Pentecostés cita a Joel (Hechos 2:16-21). Luego dice:

> Hombres de Israel, escuchen estas palabras: Jesús el Nazareno, varón confirmado[n] por Dios entre ustedes con milagros, prodigios y señales que Dios hizo en medio de ustedes a través de Él, tal como ustedes mismos saben... Sepa, pues, con certeza toda la casa de Israel, que a este Jesús a quien ustedes crucificaron, Dios lo ha hecho Señor y Cristo (Hechos 2:22,36).

iv. Isaías se refiere al Señor como una piedra de tropiezo, pero el Nuevo Testamento aplica esta descripción a Cristo:

> Al Señor de los ejércitos es a quien ustedes deben tener por santo. Sea Él su temor, y sea Él su terror. Entonces Él vendrá a ser santuario; pero piedra de tropiezo y roca de escándalo para ambas casas de Israel... (Isaías 8:13-14).

Pedro cita este versículo en referencia a Cristo (1 Pedro 2:8). También cita Isaías 28:16 (1 Pedro 2:6):

> Pues esto se encuentra en la Escritura: "Yo, pongo en Sión una piedra escogida, una preciosa piedra angular, y el que crea en Él no será avergonzado (1 Pedro 2:6).

Pablo aplica la misma cita a Cristo (Romanos 9:33).

v. Cristo cita el salmo mesiánico 110 para referirse a sí mismo:

> Dice el Señor a mi Señor: "Siéntate a Mi diestra, Hasta que ponga a Tus enemigos por estrado de Tus pies (Salmo 110:1).
> Estando reunidos los fariseos, Jesús les hizo una pregunta: 42 "¿Cuál es la opinión de ustedes sobre el Cristo? ¿De quién es hijo?". "De David", le contestaron ellos. Jesús les dijo: "Entonces, ¿cómo es que David en el Espíritu lo llama "Señor", diciendo: "Dijo el Señor a mi Señor: 'Siéntate a Mi diestra, hasta que ponga a Tus enemigos debajo de Tus pies'? (Mateo 22:41-44)

6. El Espíritu Santo es Dios

Debido a que muchos de los cultos y algunos teólogos modernos piensan que el Espíritu Santo es sólo una fuerza o poder y no una Persona, debemos primero mostrar que es una Persona antes de mostrar que es Dios. Por ejemplo, podemos ver esto en los siguientes pasajes: el Espíritu Santo enseña (Lucas 12:12; Juan 14:26), testifica (Juan 15:26), guía y habla (Juan 16:13), envía (Hechos 13:4) y prohíbe (Hechos 16:6-7). Podemos mentirle (Hechos 5:3), tentarle (Hechos 5:9), afligirle (Efesios

4:30) e incluso blasfemar con él (Mateo 12:31). Todas estas cosas sólo pueden ser verdaderas si el Espíritu es una Persona.

Además, hay muchos pasajes que muestran claramente que el Espíritu Santo es Dios:

- Mentirle al Espíritu Santo es lo mismo que mentirle a Dios (Hechos 5:3-4).
- El Espíritu resucita a los muertos (Romanos 8:11).
- Él lo sabe todo; conoce "las profundidades de Dios" (Isaías 40:13-14; 1 Corintios 2:10-11), porque él mismo es una persona divina.
- Está en todas partes al mismo tiempo (Salmo 139:7-10). Por eso puede estar con todos los cristianos al mismo tiempo (1 Corintios 3:16; 6:19).
- Él es eterno (Hebreos 9:14).
- Él creó el mundo (Génesis 1:2; Salmo 104:30).

El Padre es Dios, el Hijo es Dios y el Espíritu es Dios, pero sólo hay un Dios. No es de extrañar que el apóstol Pablo preguntara, "¿quién ha conocido la mente del Señor?" (Romanos 11: 34). Agustín (354-430 d.C.) dijo: "Si eres capaz de entenderlo, no es Dios". No podemos entendernos a nosotros mismos (Jeremías 17:9), y mucho menos a Dios, pero incluso sin entenderlo completamente, todavía podemos adorar y servir a "Dios en tres Personas, bendita Trinidad".

7. Conclusión

Hay muchos lugares en el Nuevo Testamento donde se ve a las tres personas de la Trinidad actuar juntas.

> Después de ser bautizado, Jesús salió del agua inmediatamente; y los cielos se abrieron en ese momento y él vio al Espíritu de Dios que descendía como

> una paloma y venía sobre Él. Y se oyó una voz de los cielos que decía: "Este es Mi Hijo amado en quien me he complacido" (Mateo 3:16-17).

Ver también 1 Corintios 12:4-6; 2 Corintios 13:14; Gálatas 4:6; y 1 Pedro 1:2.

Tal vez el mejor texto para citar es Mateo 28:19. Cuando el Señor Jesús estaba a punto de dejar a sus discípulos y volver a su Padre en el cielo, les dejó con algunas instrucciones finales. Una de ellas era bautizar a los creyentes en el nombre del Padre, del Hijo y del Espíritu Santo. Aquí se mencionan tres personas, pero Jesús sólo habló de un nombre, para mostrar que los tres son Uno.

En el siglo IV, un escritor cristiano llamado Gregorio de Nazianzus escribió sobre la Trinidad, "No puedo pensar en el Uno sin ser rápidamente rodeado por el esplendor de los Tres; ni puedo discernir los Tres sin ser llevado directamente al Uno".

Cerramos este capítulo con un elogio a la Trinidad en las palabras de un antiguo himno:

"Alabanza y honor al Padre,
Alabanza y honor al Hijo,
Alabanza y honor al Espíritu,
Siempre Tres y Siempre Uno,
Uno en el poder, y Uno en la gloria,
mientras corren interminables edades".

(un antiguo himno griego, de autor desconocido)

PREGUNTAS

1. ¿Cuál de las cualidades divinas de Dios debería reflejarse en la vida de un cristiano?
2. Ya que la Biblia no usa la palabra "trinidad", ¿por qué la usamos hoy en día?
3. ¿En qué parte de la Biblia dice que Jesús es Dios y el Espíritu Santo es Dios?

CAPÍTULO 4: EL PECADO Y LA CAÍDA DEL HOMBRE

1. **¿Qué es la Caída?**
2. **¿Cuál es el origen del pecado y del mal?**
3. **¿Cuáles son las consecuencias de la caída?**
    a. **El hombre perdió su justicia original.**
    b. **El hombre perdió la comunión con Dios y fue desterrado de su presencia.**
    c. **Toda la naturaleza del hombre fue afectada - mente, corazón y voluntad.**
    d. **El hombre es ahora consciente de la culpa y la vergüenza.**
    e. **El hombre se sometió a la muerte física.**
    f. **El hombre se sometió a la muerte espiritual.**
4. **¿Qué es el pecado?**
    a. **Siete verdades para ser recordadas.**
5. **Los efectos del pecado**
    a. **Cinco consecuencias del pecado**

1. ¿Qué es la Caída?

La Biblia dice que Dios creó a Adán y Eva perfectos, pero con libertad para elegir entre el bien y el mal. Antes de la creación del mundo algunos ángeles se rebelaron contra Dios y cayeron del cielo. Aquí está el origen del pecado y el mal. Aunque Dios había creado un ambiente perfecto para que el hombre y la mujer vivieran en él, llamado el Jardín del Edén, uno de los ángeles caídos llamado Satanás los tentó para desobedecer a Dios.

Como consecuencia, cayeron en pecado y bajo el juicio de Dios, su creador. Él los echó del Jardín y los llevó a un mundo que, como parte de la creación, estaba ahora bajo juicio como resultado de su pecado y desobediencia (Génesis 3:1-24). De un estado de inocencia cayeron a un estado de pecado y rebelión.

2. ¿Cuál es el origen del pecado y del mal?

Incluso los pensadores seculares reconocen que el origen del mal es uno de los problemas más profundos tanto de la filosofía como de la teología. Se impone en la atención del hombre por su poder devastador y su universalidad. Algunos dicen que el mal es parte de la constitución natural de las cosas, mientras que otros dicen que tiene un origen voluntario en la libre elección del hombre. La Biblia no explica por qué Dios permitió que el mal entrara en su universo; sólo nos dice cómo ocurrió y qué ha hecho Dios para ayudarnos a superarlo.

El punto de vista bíblico es que el pecado se originó en el mundo angélico. Satanás, el líder de una hueste de ángeles, quiso usurpar el lugar de Dios en el cielo y como consecuencia fue expulsado.

> Y a los ángeles que no conservaron su señorío original, sino que abandonaron su morada legítima, los ha guardado en prisiones eternas bajo tinieblas, para el juicio del gran día... Pero cuando el arcángel Miguel luchaba contra el diablo y peleaba por el cuerpo de Moisés, no se atrevió a proferir juicio de maldición contra él, sino que dijo: "El Señor te reprenda"". (Judas 6:9)

Ver también Isaías 14:12-14; Ezequiel 28:12-15; Mateo 13:36-43; 1 Timoteo 3:6.

Satanás al tentarlo hizo que Adán fallara la prueba de la obediencia pura a Dios. Adán creía que al elegir su propio camino podía ser como el propio Dios. Así, Adán se convirtió en siervo del pecado. Debido a que era el representante de toda la raza humana, transmitió a sus descendientes la contaminación y la culpa del pecado (Romanos 5:12, 18-19). Por lo tanto, heredamos nuestra naturaleza humana caída y pecaminosa de Adán, nuestra cabeza terrenal.

3. ¿Cuáles son los resultados de la Caída?

Las doctrinas bíblicas del pecado y la redención se basan en la doctrina de la caída. Si tenemos una comprensión defectuosa o deficiente de la caída, inevitablemente afectará nuestro entendimiento tanto de la extensión del pecado como de nuestra necesidad de redención. La caída de la humanidad en el pecado fue una catástrofe de tal magnitud que sólo la cruz de Cristo fue un remedio suficiente.

Las principales consecuencias de la caída fueron las siguientes:

a. El hombre perdió su justicia original

> ... No hay justo, ni aun uno; No hay quien entienda, No hay quien busque a Dios. Todos se desviaron, a una se hicieron inútiles; No hay quien haga lo bueno, no hay ni siquiera uno.... Por cuanto todos pecaron, y están destituidos de la gloria de Dios (Romanos 3:10-12,23).

b. El hombre perdió la comunión con Dios y fue desterrado de su presencia

> Por lo tanto, el Señor Dios lo envió del jardín del Edén para cultivar la tierra de la que fue tomado. Y echó al hombre; y puso al oriente del jardín de Edén querubines, y una espada encendida que se revolvía por todos lados, para guardar el camino del árbol de la vida (Génesis 3:23-24).

c. Toda la naturaleza del hombre fue afectada en mente, corazón y voluntad

> El Señor vio que era mucha la maldad de los hombres en la tierra, y que toda intención de los pensamientos de su corazón era solo hacer siempre el mal (Génesis 6:5).
>
> y se han vestido del nuevo hombre, el cual se va renovando hacia un verdadero conocimiento, conforme a la imagen de Aquel que lo creó (Colosenses 3:10).
>
> El Señor ha mirado desde los cielos sobre los hijos de los hombres para ver si hay alguien que entienda, alguien que busque a Dios. Pero todos se han desviado, a una se han corrompido; no hay quien haga el bien, no hay ni siquiera uno (Salmo 14:2-3).

d. El hombre es ahora consciente de culpa y vergüenza

> Y él respondió: "Te oí en el huerto, tuve miedo porque estaba desnudo, y me escondí" (Génesis 3:10).

e. El hombre se sometió a la muerte física

> Con el sudor de tu rostro comerás el pan hasta que vuelvas a la tierra, porque de ella fuiste tomado; pues polvo eres, y al polvo volverás (Génesis 3:19).

f. El hombre se sometió a la muerte espiritual

> Y Él les dio vida a ustedes, que estaban muertos en sus delitos y pecados... Pero Dios, que es rico en misericordia, por causa del gran amor con que nos amó, aun cuando estábamos muertos en nuestros delitos, nos dio vida juntamente con Cristo (por gracia ustedes han sido salvados) (Efesios 2:1, 4-5).

4. ¿Qué es el pecado?

a. Siete verdades para ser recordadas:

i. El pecado no es algo pasivo. No es sólo una ausencia de buenas cualidades o un poco de debilidad moral. No es una enfermedad espiritual o una mera falta de bondad de la que no somos responsables.

ii. El pecado es una fuerza, algo vivo y activo. Se expresa como una absoluta rebelión contra Dios, un odio a sus leyes santas y un deseo instintivo de ser independiente de Dios y expresarse de la manera que se quiera:

> Contra Ti, contra Ti solo he pecado, y he hecho lo malo delante de Tus ojos, de manera que eres justo cuando hablas, y sin reproche cuando juzgas (Salmo 51:4; ver Romanos 1:18-32.)

iii. El pecado nos infecta tanto que pecamos por naturaleza y nos volvemos malvados a los ojos de Dios. No estamos en una posición neutral, en algún lugar entre el bien y el mal. A los ojos de Dios, en lo que respecta a la moralidad humana, alguien es bueno o malo.

iv. El único concepto adecuado de pecado es que afecta nuestra relación con Dios. Cuando el hombre pecó tuvo que dejar inmediatamente la presencia de Dios en el Jardín del Edén - el pecado rompió su relación con Dios.

v. El pecado no sólo implica la culpa moral, sino también la contaminación de nuestra naturaleza. Estos dos aspectos del pecado son:

- Culpa: por romper los mandamientos de Dios.
- Contaminación: estar sucio y contaminado a los ojos de Dios.

> Pero decía [Jesús], que lo que del hombre sale, eso contamina al hombre. Porque de dentro, del corazón de los hombres, salen los malos pensamientos, los adulterios, las fornicaciones, los homicidios, los hurtos,

> las avaricias, las maldades, el engaño, la lascivia, la envidia, la maledicencia, la soberbia, la insensatez. Todas estas maldades de dentro salen, y contaminan al hombre (Marcos 7:20-23).

vi. El pecado yace en lo profundo de nosotros, en nuestros corazones, en el centro neurálgico del alma humana.

> Engañoso es el corazón más que todas las cosas, y perverso; ¿quién lo conocerá? (Jeremías 17:9)
> He aquí, en maldad he sido formado, y en pecado me concibió mi madre. (Salmo 51:5).

vii. El pecado es, por lo tanto, una falta de conformidad con la voluntad de Dios tal como se revela en su Palabra, ya sea en el pensamiento, la palabra o la acción.

> Todo aquel que comete pecado, infringe también la ley; pues el pecado es infracción de la ley. (1 Juan 3:4).

En el Antiguo Testamento se usan varias palabras para describir lo que es el pecado. Hay cuatro términos principales.

i. El más común es el verbo *chata* y el sustantivo relacionado *chataah.* Éstos transmiten la idea de fallar en el blanco, ya sea con respecto al hombre (Génesis 20:9), o a Dios (Lamentaciones 5:7). El sustantivo se usa frecuentemente para una ofrenda por el pecado (por ejemplo, Levítico 4:20,24,29,33), pero su significado básico es el de desviación de la ley o la voluntad de Dios (Oseas 13:2).

> Y Moisés respondió al pueblo: No temáis; porque para probaros vino Dios, y para que su temor esté delante de vosotros, para que no pequéis. (Éxodo 20:20).

ii. El término *pesha* indica que el pecado implica una ruptura de la relación, 'rebelión'. Indica que el pecado es una rebelión contra Dios, un desafío a su santo gobierno.

> Pero los rebeldes y pecadores a una serán quebrantados, y los que dejan a Jehová serán consumidos. (Isaías 1:28; ver también 1 Reyes 8:50)

iii. El verbo *awah* se utiliza para describir el pecado como una mala acción deliberada, mientras que el sustantivo relacionado *awon* enfatiza la idea de la culpa que se deriva de la mala acción deliberada.

> hemos pecado, hemos cometido iniquidad, hemos hecho impíamente, y hemos sido rebeldes, y nos hemos apartado de tus mandamientos y de tus ordenanzas. (Daniel 9:5).
> Y dijo Caín a Jehová: Grande es mi castigo [iniquiad, *awon]* para ser soportado (Génesis 4:13).

iv. Ser malvado, actuar malvadamente, se indica con el verbo rasa.

> Porque yo he guardado los caminos de Jehová, y no me aparté impíamente de mi Dios. (2 Samuel 22:22).
> Porque rectamente has hecho, mas nosotros hemos hecho lo malo. (Nehemías 9:33).

Está claro que en el Antiguo Testamento el pecado es multifacético en su significado. Es fallar en el blanco (como la define Dios); la ruptura de nuestra relación con Dios; la maldad deliberada así como el descarriamiento involuntario (Levítico 4:13) y el comportamiento malvado.

En el Nuevo Testamento se usan las siguientes palabras para describir el pecado:

i. *Harmartia* es equivalente en significado a *chata.* Es el término general para el pecado como la violación de la ley de Dios.

> ¿Quién de vosotros me redarguye de pecado? [dice Jesús] (Juan 8:46).

Entonces la concupiscencia, después que ha concebido, da a luz el pecado; y el pecado, siendo consumado, da a luz la muerte. (Santiago 1:15).

ii. El *paraptoma* expresa el pecado como intrusión ilegal en el dominio de Dios.

> Y él os dio vida a vosotros, cuando estabais muertos en vuestros delitos y pecados, (Efesios 2:1; ver también el versículo 5).

iii. Un término estrechamente relacionado es parábasis, "ir más allá de la norma".

> Y Adán no fue engañado, sino que la mujer, siendo engañada, incurrió en transgresión (1 Timoteo 2:14).

iv. *Asebeia* es quizás el término más profundo del Nuevo Testamento para el pecado. Implica una activa impiedad o imitación que se manifiesta en un estilo de vida completamente impío.

> Porque la ira de Dios se revela desde el cielo contra toda impiedad e injusticia de los hombres, que con injusticia restringen la verdad (Romanos 1:18).

(El estilo de vida impío se describe en los versículos 24-32).

v. *Anomia*, la anarquía, tiene en vista el desprecio por la ley de Dios.

> Apártense de Mí, los que practican la iniquidad (Mateo 7:23). Ver también 2 Corintios 6:14.

vi. Tanto *kakia* como *ponēria* son términos generales que expresan la depravación moral y espiritual. Un ejemplo de la primera palabra es 1 Pedro 2:16:

> Anden como libres, pero no usen la libertad como pretexto para la maldad [depravación], sino empléenla como siervos de Dios.

Un ejemplo de la segunda palabra es Hechos 8:22:

> Por tanto, arrepiéntete de esta tu maldad, y ruega al Señor que si es posible se te perdone el intento de tu corazón. (Hechos 8:22).

vii. *Adikia* indica el mal hecho a nuestros compañeros humanos. Se traduce de varias maneras en la NBLA.

> ¿Qué diremos entonces? ¿Qué hay injusticia en Dios? ¡De ningún modo! (Romanos 9:14).
> Evita las palabrerías vacías y profanas, porque los dados a ellas, conducirán más y más a la impiedad (2 Timoteo 2:16).

La característica fundamental del pecado en todos sus aspectos es que siempre está en contra de Dios (ver Salmo 51:4; Romanos 8:7). No es adecuado hablar de él como egoísmo, porque eso es restarle importancia a su gravedad. El pecado es contrario a la gloria de Dios, una contradicción de Dios mismo.

5. Los efectos del pecado

a. Cinco consecuencias del pecado:

i. El pecado es universal y afecta a todos los hombres en todo momento y en todo lugar.

> Por cuanto todos pecaron y no alcanzan la gloria de Dios (Romanos 3:23).

ii. El pecado afecta a toda la personalidad: mente, corazón y voluntad.

La mente:

> Pues ya que en la sabiduría de Dios, el mundo no conoció a Dios por medio de su propia sabiduría, agradó a Dios mediante la necedad de la predicación salvar a los que creen (1 Corintios 1:21).
> Esto digo, pues, y afirmo juntamente con el Señor: que ustedes ya no anden así como andan también los gentiles, en la vanidad[a] de su mente. Ellos tienen entenebrecido su entendimiento, están excluidos de la vida de Dios por causa de la ignorancia que hay[b] en ellos, por la dureza de su corazón (Efesios 4:17-18).

El corazón:

> Por lo cual Dios los entregó a la impureza en la lujuria de sus corazones, de modo que deshonraron entre sí sus propios cuerpos (Romanos 1:24).
> Porque la raíz de todos los males es el amor al dinero, por el cual, codiciándolo algunos, se extraviaron de la fe y se torturaron con muchos dolores (1 Timoteo 6:10).

La voluntad:

> Jesús les respondió: "En verdad les digo que todo el que comete pecado es esclavo del pecado" (Juan 8:34).
> Pues no hago el bien que deseo, sino el mal que no quiero, eso practico. Y si lo que no quiero hacer, eso hago, ya no soy yo el que lo hace, sino el pecado que habita en mí (Romanos 7:19-20).

iii. Debido a que el pecado afecta a nuestras mentes, corazones y voluntad, la condición del hombre se describe como una de "depravación total".

Esto no significa que:

- El hombre no tiene conciencia.
- El hombre no admira la virtud y no puede ser virtuoso.
- El hombre es tan malvado como puede serlo.
- El hombre ama satisfacer todo tipo de pecado.

Pero sí significa:

- El pecado ha afectado toda la naturaleza del hombre.
- El pecado ha hecho al hombre impuro ante los ojos de Dios.

> La mente puesta en la carne es enemiga de Dios, porque no se sujeta a la ley de Dios, pues ni siquiera puede hacerlo, y los que están en la carne no pueden agradar a Dios (Romanos 8:7-8).
> Todas las cosas son puras para los puros, pero para los corrompidos e incrédulos nada es puro, sino que tanto su mente como su conciencia están corrompidas (Tito 1:15; véase también Romanos 1:28-32; 3:19; Efesios 2:1-3; 4:18).

iv. Si aceptamos que la Biblia enseña la depravación total, se deduce que el hombre abandonado a sí mismo es impotente para salvarse. No puede complacer a Dios y por lo tanto depende totalmente de la gracia de Dios.

El dilema del pecador es que no puede guardar la ley de Dios, ni puede cambiar su actitud rebelde hacia Dios, o su preferencia por el pecado ni su voluntad propia; depende totalmente de la gracia de Dios. Sólo el poder liberador de Cristo puede liberarlo.

> Jesús les respondió: "En verdad les digo que todo el que comete pecado es esclavo del pecado... Así que, si el Hijo los hace libres, ustedes serán realmente libres (Juan 8:34, 36).
>
> Pero Dios, que es rico en misericordia, por causa del gran amor con que nos amó, aun cuando estábamos muertos en nuestros delitos, nos dio vida juntamente con Cristo (por gracia ustedes han sido salvados) (Efesios 2:4-5).
>
> Todo lo que el Padre me da, vendrá a Mí; y al que viene a Mí, de ningún modo lo echaré fuera... Nadie puede venir a Mí si no lo trae el Padre que me envió, y Yo lo resucitaré en el día final. (Juan 6:37, 44).

Ver también Romanos 7:18, 24; 8:7-8; 1 Corintios 2:14; Efesios 2:8-10.

v. El pecado del hombre ha traído el juicio, no sólo sobre sí mismo sino también sobre su entorno. Incluso la naturaleza y los animales están sujetos a la destrucción y la muerte.

> Entonces el Señor dijo a Adán: "Por cuanto has escuchado la voz de tu mujer y has comido del árbol del cual te ordené, diciendo: "No comerás de él", Maldita será la tierra por tu causa; con trabajo comerás de ella todos los días de tu vida. Espinos y cardos te producirá, y comerás de las plantas del campo. Con el sudor de tu rostro comerás el pan hasta que vuelvas a la tierra, porque de ella fuiste tomado; pues polvo eres, y al polvo volverás" (Génesis 3:17-19).
>
> De que la creación misma será también liberada de la esclavitud de la corrupción a la libertad de la gloria de los hijos de Dios. Pues sabemos que la creación entera gime y sufre hasta ahora dolores de parto (Romanos 8:21-22).

PREGUNTAS

1. ¿Dónde se originó el pecado?
2. ¿Cuáles fueron las principales consecuencias de la caída para el hombre?

3. ¿El pecado ha afectado a todas las partes de la naturaleza del hombre?
4. ¿Qué quieren decir los teólogos con "depravación total"?

CAPÍTULO 5: LA PERSONA DE CRISTO

1. **Doce ejemplos de cómo cumple las profecías del Antiguo Testamento**
2. **Su encarnación**
3. **Su nacimiento virginal**
4. **Su deidad**
    a. **Quince nombres que atribuyen la deidad a Jesucristo**
    b. **Sus atributos divinos**
    c. **Los poderes divinos atribuidos a Dios y a Jesucristo**
    d. **Las referencias a Dios en el Antiguo Testamento atribuidas a Cristo en el Nuevo Testamento**
    e. **Los nombres de Dios y de Jesucristo están unidos**
    f. **Cristo acepta la adoración de los hombres**
    g. **Cristo era consciente de su propia deidad**
5. **La humanidad de Cristo**
    a. **Diez evidencias**
6. **Dos naturalezas en una persona:**
    a. **Su hombría es esencial**
        i. **Para que pueda cargar con nuestros pecados**
        ii. **Para que sea un Sumo Sacerdote comprensivo**
        iii. **Que él sea nuestro referencia y ejemplo,**
    b. **Su divinidad es esencial**

1. Cristo cumple las siguientes profecías del Antiguo Testamento

i. Como la simiente de la mujer

Cuando Satanás provocó la caída del hombre en el Jardín del Edén, Dios prometió enviar un libertador que aplastaría a Satanás:

> Pondré enemistad entre tú y la mujer, y entre tu simiente y su simiente; él te herirá en[a] la cabeza, y tú lo herirás en el talón" (Génesis 3:15).

El Nuevo Testamento habla de Cristo como la Descendencia prometida:

> Ahora bien, las promesas fueron hechas a Abraham y a su descendencia. No dice: "y a las descendencias", como refiriéndose a muchas, sino más bien a una: "y a tu descendencia", es decir, Cristo (Gálatas 3:16).

Cristo vino al mundo para derrotar a Satán y salvar a los hombres de su poder y dominio:

> El que practica el pecado es del diablo, porque el diablo ha pecado desde el principio. El Hijo de Dios se manifestó con este propósito: para destruir las obras del diablo (1 Juan 3:8; ver también Hebreos 2:14).

ii. Como la Simiente de Abraham

Dios le prometió a Abraham que la bendición llegaría a todo el mundo a través de sus descendientes:

> En tu simiente serán bendecidas todas las naciones de la tierra… (Génesis 22:18; ver también 12:3).

Pablo dice que esta Descendencia era Cristo (Gálatas 3:16) y que traería la bendición de la salvación a todos los pueblos del mundo.

iii. Nacer en Belén, Judá

Dios le reveló esto al profeta Miqueas más de 700 años antes de que Cristo naciera en este pequeño pueblo de Judá:

> Pero tú, Belén Efrata, aunque eres pequeña entre las familias de Judá, de ti me saldrá el que ha de ser gobernante en Israel. Y sus orígenes son desde tiempos antiguos, desde los días de la eternidad (Miqueas 5:2).

Los sabios del este vinieron a Jerusalén para encontrar al recién nacido Rey de los Judíos;

> Y [Heródes] enviándolos a Belén, dijo: "Vayan y busquen con diligencia al Niño... Entrando en la casa, vieron al Niño con Su madre María, y postrándose lo adoraron... (Mateo 2:8,11; ver también Lucas 12:11-12; Hebreos 1:6)

iv. Como el Hijo de David

El Mesías se refiere en la profecía como un descendiente directo o una rama del árbol de David,

> "Vienen días", declara el Señor, "En que levantaré a David un Renuevo justo; y Él reinará como rey, actuará sabiamente, y practicará el derecho y la justicia en la tierra. En sus días Judá será salvada, e Israel morará seguro; y este es Su nombre por el cual será llamado: "El Señor, justicia nuestra"." (Jeremías 23:5-6; ver también 33:16).

Ver también Isaías 11:1-10; una rama crecerá de la raíz de Isaí (el padre de David).

Mateo al principio de su evangelio utiliza una genealogía para mostrar la descendencia de José, el esposo de María, a través de David, "Libro de la genealogía de Jesucristo, hijo de David, hijo de Abraham (Mateo 1:1)."

Lucas registra lo mismo en su Evangelio:

> También José subió de Galilea, de la ciudad de Nazaret, a Judea, a la ciudad de David que se llama Belén, por ser él de la casa y de la familia de David (Lucas 2:4).

Véase también Hechos 13:22-23.

v. El trono del Rey David continuaría para siempre

Parecía que con la caída de Jerusalén en el 587 a.C. y el exilio de los judíos a Babilonia, el rey Sedequías era el último rey de Judá, y que con su muerte en Babilonia la línea real de la casa de David había llegado a su fin. Pero Dios, a través de sus profetas, había prometido que el trono del Rey David sería duradero y que su línea real nunca terminaría. El profeta Natán le había dicho a David, alrededor del año 1000 AC:

> Cuando tus días se cumplan y reposes con tus padres, levantaré a tu descendiente después de ti, el cual saldrá de tus entrañas, y estableceré su reino. Él edificará casa a Mi nombre, y Yo estableceré el trono de su reino para siempre (2 Samuel 7:12-13).
>
> Una vez he jurado por Mi santidad; no mentiré a David. Su descendencia será para siempre, y su trono como el sol delante de Mí (Salmo 89:35-36).

Véase también el Salmo 72:17; Isaías 9:6-7; Amós 9:11; Hechos 15:16.

Estas profecías se cumplen en el Señor Jesucristo. Cuando el ángel Gabriel fue enviado por Dios para decirle a María que tendría el mayor de los honores al ser la madre de Cristo, también le dijo que su hijo sería el hijo real del Rey David. De esta manera el trono de David sería eterno porque Cristo es el eterno Hijo de Dios. Jesús es, por lo tanto, el Rey prometido de acuerdo con el nombramiento de Dios:

> Este será grande y será llamado Hijo del Altísimo, y el Señor Dios le dará el trono de Su padre David; (Lucas 1:32).
> Hermanos, del patriarca David les puedo decir con franqueza que murió y fue sepultado, y su sepulcro está entre nosotros hasta el día de hoy. Pero siendo profeta, y sabiendo que Dios le había jurado sentar a uno de sus descendientes en su trono... habló de la resurrección de Cristo (Hechos 2:29-31).

Ver también Juan 12:13-15; 18:33-39.

vi. Como el elegido por Dios para llevar la luz del evangelio a los gentiles

Isaías había profetizado que en un día venidero la bendición de Dios caería no solo sobre los judíos sino también sobre las naciones gentiles. Estas profecías se llaman "mesiánicas" porque se entiende que se cumplirán solo con la aparición en la Tierra del Mesías de Dios, Jesucristo:

> Galilea de los gentiles. El pueblo que andaba en tinieblas ha visto gran luz; a los que habitaban en tierra de sombra de muerte, la luz ha resplandecido sobre ellos (Isaías 9:1-2).
> Acontecerá en aquel día que las naciones acudirán a la raíz de Isaí, que estará puesta como señal[a] para los pueblos, y será gloriosa Su morada (Isaías 11:10).
> Este es Mi Siervo, a quien Yo sostengo, mi escogido, en quien Mi alma se complace. He puesto Mi Espíritu sobre Él; Él traerá justicia a las naciones (Isaías 42:1).

Ver también Isaías 9:1-6; 11:1-10; 42:1-6; Oseas 1:10; 2:23). En su Evangelio Mateo (Capítulo 12:15-21) dice que la Persona de Cristo y su ministerio son un cumplimiento directo de la profecía de Isaías (42:1-6). Cristo, al referirse a sí mismo como el Buen Pastor, dijo que había venido a dar su vida por las ovejas:

> Al igual que el Padre me conoce y Yo conozco al Padre, y doy Mi vida por las ovejas. Tengo otras ovejas que no son de este redil; a esas también Yo debo traerlas, y oirán Mi voz, y serán un rebaño con un solo pastor (Juan 10:15-16).

Jesús se refiere a dos grupos de ovejas que pronto se unirán como uno solo; estos son los judíos y los gentiles que se convertirán juntos en miembros de la Iglesia de Cristo. Caifás, el sumo sacerdote, también profetizó sobre el propósito de la muerte de Cristo:

> Ahora bien, no dijo esto de su propia iniciativa, sino que siendo el sumo sacerdote ese año, profetizó que Jesús iba a morir por la nación; y no solo por la nación, sino también para reunir en uno a los hijos de Dios que están esparcidos (Juan 11:51-52).

Pablo en sus escritos se regocija en el hecho de que Cristo lo envió para ser el apóstol de los gentiles, y dice que Cristo vino a cumplir las promesas de Dios para salvar a los gentiles:

> Cristo se hizo servidor de la circuncisión para demostrar la verdad de Dios, para confirmar las promesas dadas a los padres, y para que los gentiles glorifiquen a Dios por Su misericordia… (Romanos 15:8-9).

Cuando Simeón se encontró con los padres de Jesús en el templo, reconoció a Jesús, aunque todavía era un niño, como el Mesías prometido de Dios y dijo:

> "Ahora, Señor, permite que Tu siervo se vaya en paz, conforme a Tu palabra; porque mis ojos han visto Tu salvación la cual has preparado en

presencia de todos los pueblos; luz de revelación a los gentiles, y gloria de Tu pueblo Israel" (Lucas 2: 29-32).

vii. Por su nacimiento

Isaías había profetizado ochocientos años antes de la llegada de Cristo que el libertador prometido por Dios aparecería por primera vez como un niño. En otras palabras, que el libertador, el Mesías, sería una persona tanto humana como divina:

> Porque un Niño nos ha nacido, un Hijo nos ha sido dado,Y la soberanía reposará sobre Sus hombros. Y se llamará Su nombre Admirable Consejero, Dios Poderoso, Padre Eterno, Príncipe de Paz (Isaías 9:6).
> El Señor mismo les dará esta señal: Una virgen concebirá y dará a luz un hijo, y le pondrá por nombre Emmanuel (Isaías 7:14).

Mateo cita este versículo al describir los eventos que llevaron al nacimiento de Jesús (Mateo 1:23); Jesús es el Emanuel de Dios. Como ya hemos visto en el párrafo (iii) el nacimiento del Mesías prometido tendría lugar en la ciudad de Belén (Miqueas 5:2). Los escritores del Nuevo Testamento ven el nacimiento de Jesús y los eventos que lo acompañaron como el cumplimiento de antiguas profecías que apuntaban a la llegada del Mesías de Dios:

> Y el ángel le dijo: "No temas, María, porque has hallado gracia delante de Dios. Concebirás en tu seno y darás a luz un Hijo, y le pondrás por nombre Jesús. Este será grande y será llamado Hijo del Altísimo, y el Señor Dios le dará el trono de Su padre David (Lucas 1:30-32).
> Pero el ángel les dijo: "No teman, porque les traigo buenas nuevas de gran gozo que serán para todo el pueblo; 11 porque les ha nacido hoy, en la ciudad de David, un Salvador, que es Cristo[a] el Señor (Lucas 2:10-11).

viii. Por su entrada triunfal en Jerusalén

La espontánea aclamación popular con la que las multitudes acogieron a Jesús en Jerusalén (Mateo 21:1-11) iba a ser el cumplimiento de la profecía, aunque sus discípulos no se dieron cuenta en ese momento:

> ¡Regocíjate sobremanera, hija de Sión! ¡Da voces de júbilo, hija de Jerusalén! Tu Rey viene a ti, justo y dotado de salvación, humilde, montado en un asno, en un pollino, hijo de asna (Zacarías 9:9).

La noticia de que Jesús había resucitado a Lázaro de entre los muertos en Betania, una aldea muy cercana a Jerusalén, se había extendido a la ciudad para que la gente creyera que un gran profeta había surgido en Israel. De la misma manera, algún tiempo antes, se había producido una tremenda impresión en toda la región de Judea al resucitar a un joven de entre los muertos cuando Jesús visitó la ciudad de Naín. Éste y muchos otros milagros que Jesús había hecho por todo el país al curar a cientos de enfermos le dieron la reputación de ser un gran profeta y un hombre de Dios.

No era de extrañar, por lo tanto, que las multitudes le dieran una bienvenida tan entusiasta y una aclamación que normalmente sólo se da a los reyes y príncipes. También lo saludaron con palabras del Salmo 118:25-26 que le atribuyen un estatus real y por lo tanto alguien digno de recibir honor y gloria. La importancia de usar este salmo pudo no ser comprendida por las multitudes porque los versos anteriores también hablan de la muerte y la exaltación de Cristo:

> La piedra que desecharon los edificadores ha venido a ser la piedra principal del ángulo. Obra del Señor es esto; admirable a nuestros ojos (Salmo 118, 22-23).

Parece cierto que Jesús era muy consciente de la importancia de su entrada en Jerusalén y que sería un cumplimiento de la profecía de Zacarías. Esto es confirmado por Mateo (21:4) cuando escribió sobre este importante evento en su evangelio:

> Y las multitudes que iban delante de Él y las que iban detrás, gritaban: "¡Hosanna al Hijo de David! ¡Bendito Aquel que viene en el nombre del Señor! ¡Hosanna en las alturas!" (Mateo 21:9).

ix. El precio de su traición

Las Escrituras no sólo predijeron que el Mesías sería traicionado por un amigo cercano, sino también el precio de esa traición:

> Aun mi íntimo amigo en quien yo confiaba, El que de mi pan comía, Contra mí ha levantado su talón. (Salmo 41:9).
> Y pesaron como mi salario treinta monedas de plata. Entonces el Señor me dijo: "Arrójalo al alfarero (ese magnífico precio con que me valoraron)". Tomé pues, las treinta monedas de plata y las arrojé al alfarero en la casa del Señor. (Zacarías 11:12-13).

Judas Iscariote fue uno de los doce apóstoles; también fue el que mantuvo sus finanzas comunes y así ocupó una posición especial de confianza. Traicionó a Jesús con un beso:

> Entonces uno de los doce, llamado Judas Iscariote, fue a los principales sacerdotes, y les dijo: "¿Qué están dispuestos a darme para que yo les entregue a Jesús?". Y ellos le pesaron treinta monedas de plata (Mateo 26:14-15).

x. Su muerte sustitutoria en la cruz

Los profetas predijeron que el Mesías, el Siervo del Señor, sufriría y moriría para expiar los pecados del pueblo:

> Ciertamente Él llevó nuestras enfermedades, y cargó con nuestros dolores. Con todo, nosotros lo tuvimos por azotado, por herido de Dios y afligido. Pero Él fue herido[b] por nuestras transgresiones, molido por nuestras iniquidades. El castigo, por nuestra paz, cayó sobre Él, y por Sus heridas hemos sido sanados. Todos nosotros nos descarriamos como ovejas, nos

> apartamos cada cual por su camino; pero el Señor hizo que cayera sobre Él la iniquidad de todos nosotros. (Isaías 53:4-6).

También se predijo una serie de detalles importantes en relación con su muerte en la cruz:

Su costado sería traspasado	Zacarías 12:10; Juan 19:34
Sus manos y pies perforados	Salmo 22:6-8; Juan 20:25
Sus ropas se repartieron por sorteo	Salmo 22:18; Mateo 27:35
Se le dio vinagre para beber	Salmo 69:21; Mateo 27:48
Abandonado por Dios	Salmo 22:1; Mateo 27:46
Murió con los pecadores	Isaías 53:12; Mateo 27:38
Burlado por la gente	Salmo 22:7-9; Mateo 27:39-44
Oró por sus enemigos	Isaías 53:12; Lucas 23:34 Enterrado
en la tumba de un rico	Isaías 53:9; Mateo 27:57-60

xi. El Mesías tendría un triple ministerio (como Profeta, Sacerdote y Rey)

- Como Profeta revela la voluntad de Dios a su pueblo para su salvación y edificación:

> Dios, habiendo hablado hace mucho tiempo, en muchas ocasiones y de muchas maneras a los padres por los profetas, en estos últimos días nos ha hablado por Su Hijo, a quien constituyó heredero de todas las cosas, por medio de quien hizo también el universo (Hebreos 1:1-2).

Ver también Deuteronomio 18:18, donde Dios promete a Israel un profeta como Moisés.

- Como Sacerdote se ofreció a sí mismo de una vez por todas como sacrificio por el pecado para reconciliar a su pueblo:

> Pero cuando Cristo apareció como Sumo Sacerdote de los bienes futuros... no por medio de la sangre de machos cabríos y de becerros, sino por medio de Su propia sangre, obteniendo redención eterna (Hebreos 9:11-12).

- Como Rey, gobierna sobre el mundo y su iglesia, recompensando la obediencia de su pueblo y corrigiendo sus pecados:

> Jesús le respondió: "Mi reino no es de este mundo. Si Mi reino fuera de este mundo, entonces Mis servidores pelearían para que Yo no fuera entregado a los judíos. Pero ahora Mi reino no es de aquí". "¿Así que Tú eres rey?", le dijo Pilato. "Tú dices que soy rey", respondió Jesús. "Para esto Yo he nacido y para esto he venido al mundo, para dar testimonio de la verdad. Todo el que es de la verdad escucha Mi voz (Juan 18:36-37).

xii. Resucitando de entre los muertos

El Antiguo Testamento predijo que el Mesías se levantaría de entre los muertos. Cuando Pedro predica en Pentecostés le dice a los judíos que la resurrección de Cristo fue predicha por David:

> Porque Tú no abandonarás mi alma en el Seol, ni permitirás que Tu Santo sufra corrupción (Salmo 16:10; Hechos 2:27).

2. Su encarnación

En su Evangelio Juan nos dice: "En el principio ya existía el Verbo, y el Verbo estaba con Dios, y el Verbo era Dios... El Verbo se hizo carne, y habitó entre nosotros, y vimos Su gloria, gloria como del unigénito del Padre, lleno de gracia y de verdad" (Juan 1:1,14). Juan dice que en cierto sentido Dios, sin dejar de ser Dios, se hizo hombre.

Parece significar que el Creador Divino se convirtió en una de sus propias criaturas ¿Cómo surgió en la Iglesia primitiva una creencia tan asombrosa y aparentemente contradictoria de que Jesús de Nazaret era

Dios encarnado? La única explicación que explica los hechos es que el impacto de la propia vida, ministerio, muerte y resurrección de Jesús convenció a sus discípulos de su deidad personal incluso antes de que ascendiera al cielo. Todo esto muestra que, aunque la deidad de Jesús no fue en un principio claramente expresada con palabras (y el Libro de los Hechos no da ninguna pista sobre esto), sin embargo, una parte importante fue la fe que los primeros cristianos vivieron, trabajaron y oraron. La formulación teológica completa de la fe cristiana vino más tarde en Calcedonia en el 451 D.C., pero la fe estuvo en la Iglesia desde el principio.

Los escritores del Nuevo Testamento no explican los problemas metafísicos y psicológicos de la doctrina de la encarnación. Su interés en la persona de Cristo no es filosófico o especulativo sino religioso y evangelístico. Hablan de Cristo no como un problema metafísico, sino como un Salvador divino. Fueron impulsados a hacerlo por su deseo de declarar su salvación y proclamar la importancia de su obra redentora en los propósitos de Dios. Para ellos era al mismo tiempo Dios y hombre perfecto, dos naturalezas en una persona sin mezcla o confusión, verdaderamente Dios y verdaderamente hombre pero sin pecado:

> Pero cuando vino la plenitud del tiempo, Dios envió a Su Hijo, nacido de mujer, nacido bajo la ley, a fin de que redimiera a los que estaban bajo la ley, para que recibiéramos la adopción de hijos. (Gálatas 4:4-5).
>
> Él estaba en el mundo, y el mundo fue hecho por medio de Él, y el mundo no lo conoció. A lo Suyo vino, y los Suyos no lo recibieron. (Juan 1:10-11).
>
> De quienes son los patriarcas, y de quienes, según la carne, procede el Cristo, el cual está sobre todas las cosas, Dios bendito por los siglos. Amén. (Romanos 9:5).

3. Su nacimiento virginal

Según las profecías ya referidas, Cristo iba a ser la 'Simiente de la mujer' (Génesis 3:15) que derrotaría a Satanás. También era el niño que según Isaías 9:6 sería llamado "el Dios Poderoso". Claramente el que venía no iba a ser un simple hombre.

> Por tanto, el Señor mismo les dará esta señal: Una virgen concebirá y dará a luz un hijo, y le pondrá por nombre Emmanuel (Isaías 7:14; ver también Mateo 1:21-23).

Como tenía que estar sin pecado, si iba a tomar los pecados del mundo sobre él y morir en nuestro lugar, Cristo no podía heredar una naturaleza humana pecaminosa y nacer de un parentesco humano natural. Dios tendría que sacar "algo pura de algo inmundo". En otras palabras, tendría que hacer un milagro de reproducción:

> Entonces María dijo al ángel: "¿Cómo será esto, puesto que soy virgen[a]?". El ángel le respondió: "El Espíritu Santo vendrá sobre ti, y el poder del Altísimo te cubrirá con su sombra; por eso el Niño que nacerá será llamado Hijo de Dios" (Lucas 1:34-35).

Algunos se burlan de la milagrosa doctrina del nacimiento virginal, pero los que creen tanto en Dios como en su poderosa obra estarán de acuerdo con el ángel cuando le dijo a María, "Porque ninguna cosa será imposible para Dios" (Lucas 1:37).

4. Su deidad

a. Los siguientes quince nombres se atribuyen a la deidad de Jesucristo:

i. Hijo de Dios: Mateo 14:33; 16:16; Marcos 1:1, 14:61-62; 15:39; Lucas 1: 32-35; Juan 1: 34 y 49; 5:25-26; 10:36; 11:4, 27; 19:7; 20:31; Hechos 8:37; 9:20; Romanos 1:4; 2 Corintios 1:19; Gálatas

2:20; Efesios 4:13; Hebreos 4:14; 6:6; 7:3; 10:29; 1 Juan 3:8; 4:15; 5:5, 10, 12, 13, 20; 2 Juan 3; Apocalipsis 2:18.

ii. Mi hijo amado: Mateo 3:17; 17:5; Marcos 1:11; 9:7; Lucas 3:22; 9:35; 2 Pedro 1:17.

iii. El Hijo Unigénito: Juan 1:18; 3:16 y 18; Hechos 13:33 (citando el Salmo 2:7); 1 Juan 4:9.

iv. El Hijo: Mateo 11:27; 22:42, 45; 28:19; Juan 3:35-36; 5:20- 23, 26; 6:40; 8:35-36; 14:13; 17:1; 1 Corintios 5:28; Hebreos 1:8; 7:28; 1 Juan 2: 22-23; 5:12; 2 Juan 9.

v. Su hijo: Juan 3:17; Romanos 1:3,9; 5:10; 8:3, 29,32; 1 Corintios 1:9; Gálatas 1:16; 4:4-6; Colosenses 1:13; 1 Tesalonicenses 1:10; Hebreos 1:2; 1 Juan 1:3, 7; 3:23; 4:10; 5:9-11, 20.

vi. Tu Santo Siervo Jesús: Hechos 4:27, 30.

vii. El Santo y Justo: Hechos 3:14.

viii. El Señor: Mateo 24:42; Marcos 16:20; Lucas 2:11; 6:5; 20:44; 24:34; Juan 9:38; 20:28; Hechos 2:36; 7:59-60; 9:5; 10-17; 10:36; Romanos 1:4; 1 Corintios 1:9; 2:8; 4:5; 6:14; 12:3; Filipenses 2:11; Apocalipsis 19:16.

ix. Señor Jesucristo: Este título aparece 130 veces desde los Hechos hasta el Apocalipsis.

x. El Señor de la gloria: 1 Corintios 2:8.

xi. Emmanuel, Dios con nosotros: Mateo 1:23.

xii. Nuestro gran Dios y Salvador Cristo Jesús: Tito 2:13.

xiii. Dios bendito por los siglos: Romanos 9:5.

xiv. Rey de Reyes y Señor de Señores: Apocalipsis 19:16.

xv. El primero y el último: Apocalipsis 1:17.

b. Sus atributos divinos muestran que es más que un hombre

Omnipotencia	Hebreos 1:3
Omnisciencia	Juan 2:23-25; Mateo 11:27
Omnipresencia	Mateo 18:20; 28:20
Eternidad	Juan 1:1; 8:58

Inmutable Hebreos 13:8
Pre-existencia Juan 17:5; Filipenses 2:6; Colosenses 1:17; 2:9

c. Los poderes divinos atribuidos a Dios también se atribuyen a Jesucristo

Creando el mundo Juan 1:10;Colosenses 1:16 Preservando
el mundo Hebreos 1:3; Colosenses 1:17 Perdonando los
pecados Marcos 2:5-10
Resucitar a los muertos Juan 6:39-40; 11:38-44
Cambiar nuestros cuerpos Filipenses 3:21
Juzgando al mundo 2 Timoteo 4:1; Mateo 25:31-32 Dando
vida eterna Juan 17:2

d. Las referencias a Dios en el Antiguo Testamento atribuidas a Cristo en el Nuevo Testamento

Salmo 102:25-28	Hebreos 1:10-12
Isaías 40:3-4	Mateo 3:3; Lucas 1:68-69
Isaías 61:1-2	Lucas 4:17-19
Isaías 8:13-14	1 Pedro 2:7-8
Isaías 45:23	Filipenses 2:9-11

e. Los nombres de Dios y de Jesucristo están unidos

> Vayan, pues, y hagan discípulos de todas las naciones, bautizándolos en el nombre del Padre y del Hijo y del Espíritu Santo (Mateo 28:19).
> La gracia del Señor Jesucristo, el amor de Dios y la comunión del Espíritu Santo sean con todos ustedes (2 Corintios 13:14).
> A fin de que Él afirme sus corazones irreprensibles en santidad delante de nuestro Dios y Padre, en la venida[a] de nuestro Señor Jesús con todos Sus santos (1 Tesalonicenses 3:13).

Ver también Romanos 1:7 y Santiago 1:1.

f. El segundo mandamiento prohíbe la adoración de cualquier cosa o persona excepto Dios, pero Jesús aceptó la adoración de los hombres

> [Jesús dijo] '¿Crees tú en el Hijo del Hombre?'... Él entonces dijo: "Creo, Señor". Y lo adoró (Juan 9:35-38).
> Cuando ellos subieron a la barca, el viento se calmó. Entonces los que estaban en la barca lo adoraron, diciendo: "En verdad eres Hijo de Dios". (Mateo 14:32-33).

Ver también Mateo 2:11; 8:2; 9:18; 28:9, 17; Juan 5: 22-23; Filipenses 2:10.

g. Cristo era consciente de su propia deidad

i. Cuando era niño en el templo

> Cuando Sus padres lo vieron, se quedaron maravillados; y Su madre le dijo: "Hijo, ¿por qué nos has tratado de esta manera? Mira, Tu padre y yo te hemos estado buscando llenos de angustia". Entonces Él les dijo: "¿Por qué me buscaban? ¿Acaso no sabían que me era necesario estar en la casa de Mi Padre?" (Lucas 2:48-49).

ii. Cuando Juan lo bautizó

> Después de ser bautizado, Jesús salió del agua inmediatamente; y los cielos se abrieron en ese momento y él vio al Espíritu de Dios que descendía como una paloma y venía sobre Él. Y se oyó una voz de los cielos que decía: "Este es Mi Hijo amado en quien me he complacido" (Mateo 3:16-17).

iii. Cuando fue tentado en el desierto

> Entonces Jesús le dijo: "¡Vete, Satanás! Porque escrito está: "Al Señor tu Dios adorarás, y solo a Él servirás"". El diablo entonces lo dejó; y al instante, unos ángeles vinieron y le servían (Mateo 4:10-11).

iv. Cuando enseñó con autoridad

> Cuando Jesús terminó estas palabras, las multitudes se admiraban de Su enseñanza; porque les enseñaba como uno que tiene autoridad, y no como sus escribas (Mateo 7:28-29).

v. Cuando dio poder a sus discípulos para sanar y expulsar demonios

Miren, les he dado autoridad para pisotear sobre serpientes y escorpiones, y sobre todo el poder del enemigo, y nada les hará daño. Sin embargo, no se regocijen en esto, de que los espíritus se les sometan, sino regocíjense de que sus nombres están escritos en los cielos (Lucas 10:19-20).

vi. Cuando salvó a la humanidad

Todas las cosas me han sido entregadas por Mi Padre; y nadie conoce al Hijo, sino el Padre, ni nadie conoce al Padre, sino el Hijo, y aquel a quien el Hijo se lo quiera revelar. Vengan a Mí, todos los que están cansados y cargados, y Yo los haré descansar (Mateo 11:27-28).

vii. Cuando curó y perdonó el pecado

Pues para que sepan que el Hijo del Hombre tiene autoridad en la tierra para perdonar pecados", dijo al paralítico: "A ti te digo: levántate, toma tu camilla y vete a tu casa"... El asombro se apoderó de todos y glorificaban a Dios; y se llenaron de temor, diciendo: "Hoy hemos visto cosas extraordinarias" (Lucas 5:24, 26).

5. La humanidad de Cristo - diez evidencias

i. El nacimiento virginal

Como se describe en el párrafo 3, el Espíritu Santo permitió sobrenaturalmente que María conciba un niño varón (Lucas 1:34-35), libre del pecado heredado de Adán (Romanos 5:12). Por lo tanto, Cristo nació como un ser humano sin pecado (Hebreos 7:26-27).

ii. El Hijo del Hombre

Jesús usó sobre todo este título más que los otros (76 veces) para referirse a sí mismo y a su propósito. Aunque tiene fuertes conexiones mesiánicas en el Antiguo Testamento (Daniel 7:13-14) Jesús lo usó frecuentemente en estrecha asociación con su sufrimiento y muerte:

> Porque ni aun el Hijo del Hombre vino para ser servido, sino para servir, y para dar Su vida[a] en rescate por muchos (Marcos 10:45).

Esto se debió a que se identificaba con la culpa de la humanidad, tomando la forma de un sirviente (Lucas 22:27; Filipenses 2:6-8). Ver también Marcos 8:31; 9:31; 10:33; 14:21-41.

iii. Un hombre de verdad

El Nuevo Testamento a veces se refiere a Cristo simplemente como un hombre sin más precisión. Por ejemplo, el apóstol Juan dijo de Cristo que era una persona, "...lo que hemos oído, lo que hemos visto con nuestros propios ojos, lo que hemos contemplado y lo que han tocado nuestras manos..." 1 Juan 1:1. Está enfatizando que Jesús no era una especie de ángel o espíritu, sino un hombre real al quien conoció como amigo personal.

> El hombre que se llama Jesús hizo barro, lo untó sobre mis ojos y me dijo: "Ve al estanque de Siloé y lávate" (Juan 9:11).

Ver también Hechos 2:22 y 1 Timoteo 2:5.

iv. Crecía como un humano

Su desarrollo físico y mental parece haber sido el mismo que el de cualquier ser humano normal:

> Y el Niño crecía y se fortalecía, llenándose de sabiduría; y la gracia de Dios estaba sobre Él (Lucas 2:40)
> Y Jesús crecía en sabiduría, en estatura y en gracia para con Dios y los hombres. (Lucas 2:52).
> Aunque era Hijo, aprendió obediencia por lo que padeció (Hebreos 5:8).

v. Ciertas limitaciones en el conocimiento

Aunque Jesús a menudo tenía una visión sobrenatural de las vidas de las personas que conocía (Juan 1:48; 4:18; Mateo 9:4), además de ser consciente de los acontecimientos futuros (Lucas 22:10-13; Mateo 24:1-31), había algunas cosas que no conocía (Lucas 7:9; Marcos 11:13).

> Pero de aquel día o de aquella hora nadie sabe, ni siquiera los ángeles en el cielo, ni el Hijo, sino solo el Padre (Marcos 13:32).

vi. Tenía Limitaciones Físicas

Como hombre, Cristo conocía las mismas limitaciones que nosotros, aunque a veces era capaz de superarlas por el poder del Espíritu Santo.
- ayunando durante cuarenta días en el desierto (Mateo 4:1-2), y caminando sobre el agua (Mateo 14:25). En otras ocasiones estaba cansado (Juan 4:6), necesitaba comida (Marcos 11:12), bebida (Juan 4:7),

sueño (Mateo 8:24), pedía apoyo en oración (Mateo 26:38-40), experimentó agonía (Lucas 22:44) y duelo (Juan 11:33-35).

vii. Fue tentado

El diablo lo atacaba constantemente e intentaba desanimarlo y hacerlo adoptar conceptos terrenales. (Mateo 4:3-11; 16:23; Lucas 22:31; Juan 13:2). La presencia del mal, personificada por el diablo, era una carga para él:

> Pues por cuanto Él mismo fue tentado en el sufrimiento, es poderoso para socorrer a los que son tentados. (Hebreos 2:18; ver también 4:15).

viii. Dependía de la oración

En la mayor crisis de su vida, antes del Calvario en el Getsemaní, oró (Mateo 26:36-44), "con gran clamor y lágrimas", (Hebreos 5:7). Se retiraba al desierto para orar (Lucas 5:16); antes de elegir a los doce oró toda la noche (Lucas 6:12); oró en su bautismo (Lucas 3:21); oró en su soledad (Lucas 9:18); oró con sus discípulos (Lucas 9:28) y oró por ellos (Juan 17:6-19). Podemos decir que su vida de oración mostraba que dependía de su Padre celestial para los recursos espirituales de su ministerio terrenal.

ix. Se le dio el poder del Espíritu Santo

En su bautismo el Espíritu Santo vino sobre él en forma de paloma (Juan 1:32-33) y fue en ese día que comenzó su ministerio público, un ministerio guiado por el Espíritu Santo. Pedro dijo eso:

> Cómo Dios ungió a Jesús de Nazaret con el Espíritu Santo y con poder, el cual anduvo haciendo bien y sanando a todos los oprimidos por el diablo;

porque Dios estaba con Él (Hechos 10:38). Ver también Juan 3:34; Lucas 4:1.

x. Fue enteramente humano pero sin pecado

Jesús no heredó una naturaleza pecaminosa de Adán ya que fue concebido por el Espíritu Santo (Lucas 1:35). Sus enemigos no pudieron encontrar ningún pecado en él (Juan 8 : 46). Dijo que siempre agradó a su Padre (Juan 8:29). Satanás no tenía ningún poder sobre él (Juan 14:30) porque siempre guardaba los mandamientos de su Padre (Juan 15:10). Pudo decir: "Yo y el Padre somos uno" (Juan 10:30). Cristo tenía que estar sin pecado para ser el sacrificio por nuestros pecados, como un cordero sin defecto y sin mancha (1 Pedro 1:19). Como dijo Pablo:

> Al que no conoció pecado, por nosotros lo hizo pecado, para que nosotros fuésemos hechos justicia de Dios en Él (2 Corintios 5:21).

Ver también Hebreos 4:15; 7:26; 1 Pedro 2:22; 1 Juan 3:5.

6. Las dos naturalezas en una persona

Juan describe a Jesús como el Verbo hecho carne:

> En el principio ya existía el Verbo, y el Verbo estaba con Dios, y el Verbo era Dios... El Verbo se hizo carne, y habitó entre nosotros, y vimos Su gloria, gloria como del unigénito del Padre, lleno de gracia y de verdad. (Juan 1:1,14).

La naturaleza divina y la humana de Cristo no se mezclaron. Existían sin confusión en una persona en completa armonía con la otra. Su deidad no fue disminuida (Juan 1:14; Filipenses 2:6-7) y tampoco su humanidad. Su naturaleza humana era completa - cuerpo, alma y el espíritu - que derivó de la Virgen María. Por lo tanto, es verdaderamente la descendencia prometida de Abraham y David (Mateo 1:1) y verdaderamente Dios.

Dijo que estaba subordinado al Padre por la obra que le había sido encomendada por el Padre: "Yo te glorifiqué en la tierra, habiendo terminado la obra que me diste que hiciera' (Juan 17:4). Jesús dijo: 'Yo vivo por el Padre' (Juan 6:57); 'Mi Padre es mayor que yo' (Juan 14:28); 'el Padre hace las obras' (Juan 14:10).

a. Su humanidad es esencial

i. Para que pueda cargar con nuestros pecados

Si Jesús no hubiera sido verdaderamente hombre no podría haber muerto en nuestro lugar y pagado la pena que nos corresponde por haber roto la ley de Dios:

> Por tanto, tenía que ser hecho semejante a Sus hermanos en todo, a fin de que llegara a ser un sumo sacerdote misericordioso y fiel... (Hebreos 2:17).

Además, como estábamos alejados de Dios por el pecado, necesitábamos que alguien se interpusiera entre Dios y nosotros para devolvernos a Él. El hombre perfecto, Jesucristo, era la única persona calificada para hacer esto. No sólo es nuestro mediador, sino que también es quien lleva nuestros pecados, el que puede tomar nuestros pecados sobre sí mismo como si fueran suyos:

> Ahí está el Cordero de Dios que quita el pecado del mundo (Juan 1:29).
> Pero vemos a Aquel que fue hecho un poco inferior a los ángeles, es decir, a Jesús, coronado de gloria y honor a causa del padecimiento de la muerte, para que por la gracia de Dios probara la muerte por todos (Hebreos 2:9).
> Así que, por cuanto los hijos participan de carne y sangre[a], también Jesús participó de lo mismo, para anular mediante la muerte el poder de aquel que tenía el poder de la muerte, es decir, el diablo (Hebreos 2:14).

ii. Para que sea un Sumo Sacerdote comprensivo

Si Jesús no hubiera sido un hombre de verdad, nunca hubiera podido saber por experiencia personal lo que es sentir el poder de las tentaciones de Satanás, estar cansado, hambriento, sin hogar, incomprendido por la familia y los amigos, perseguido, burlado, golpeado y abandonado por todos. Sólo compartiendo nuestra vida pudo conocer todas estas cosas como las conocemos:

> Por tanto, tenía que ser hecho semejante a Sus hermanos en todo, a fin de que llegara a ser un sumo sacerdote misericordioso y fiel en las cosas que a Dios atañen, para hacer propiciación por los pecados del pueblo. Pues por cuanto Él mismo fue tentado en el sufrimiento, es poderoso para socorrer a los que son tentados (Hebreos 2:17-18).

iii. Para que sea nuestro modelo y ejemplo

Pablo nos dice que nosotros, que somos hijos de Dios, nos "predestinó a ser hechos conforme a la imagen de Su Hijo, para que Él sea el primogénito entre muchos hermanos" (Romanos 8:29). Es la voluntad de Dios que, como seguidores de Cristo, nuestros pensamientos, palabras y comportamiento se asemejen en todo sentido al de nuestro Salvador. Juan dice que la meta de cada cristiano es ser como Cristo. "El que dice que permanece en Él, debe andar como Él anduvo" (1 Juan 2:6). Pedro dice que especialmente en el sufrimiento por Cristo debemos recordar su ejemplo, "...pues también Cristo sufrió por ustedes, dejándoles ejemplo para que sigan Sus pasos" (1 Pedro 2:21).

> Tomen Mi yugo sobre ustedes y aprendan de Mí, que Yo soy manso y humilde de corazón, y hallarán descanso para sus almas (Mateo 11:29).
> Porque les he dado ejemplo, para que como Yo les he hecho, también ustedes lo hagan... Un mandamiento nuevo les doy: "que se amen los unos a los otros"; que como Yo los he amado, así también se amen los unos a los otros. (Juan 13:15,34).

b. Su divinidad es esencial

> Aunque era Hijo, aprendió obediencia por lo que padeció; y habiendo sido hecho perfecto, vino a ser fuente de eterna salvación para todos los que le obedecen, siendo constituido por Dios como sumo sacerdote según el orden de Melquisedec (Hebreos 5:8-10).
> Él fue manifestado en la carne (1 Timoteo 3:16).

PREGUNTAS

1. ¿Qué revelan las profecías del Antiguo Testamento sobre la persona de Cristo?
2. ¿Qué significa la palabra "encarnación"?
3. ¿Cuáles son las principales razones bíblicas para creer que Jesús es Dios?
4. ¿Cuáles son las principales razones bíblicas para creer que Jesús fue también un hombre de verdad?
5. ¿Por qué es esencial que Jesús sea a la vez Dios y hombre?

CAPÍTULO 6: LA OBRA DE CRISTO

1. **Cristo como profeta.**
    a. **La función del profeta.**
    b. **Antes de su encarnación.**
    c. **Después de su encarnación.**
2. **Cristo como sacerdote.**
    a. **El Sumo Sacerdote en el Antiguo Testamento.**
    b. **Para ser nuestro Gran Sumo Sacerdote, Cristo cumplió siete condiciones.**
    c. **¿Por qué necesitamos que Cristo sea nuestro Gran Sumo Sacerdote?: Cuatro razones.**
3. **Cristo como Rey**
    a. **¿Por qué Cristo es el Rey?**
    b. **¿Cuándo comenzó Cristo su reinado mediador?**
    c. **¿Qué es el reino de Dios?**
    d. **¿Cuándo Cristo tomó su trono?**
    e. **Las dos características del reino de Cristo - presente y futuro.**
    f. **¿Cómo ejerce Cristo su reinado?**

Cristo vino al mundo como Profeta, Sacerdote y Rey.

i. Profeta

Como profeta, Cristo es el mensajero de Dios para los hombres. Él representa a Dios ante los hombres siendo su vocero. Nos libera de la ignorancia sobre Dios que el pecado ha traído a nuestras vidas.

ii. Sacerdote

Como sacerdote, Cristo es el único mediador entre Dios y los hombres. Él representa a los hombres ante Dios. Él nos libera de la culpa de nuestro pecado a través del sacrificio de sí mismo.

iii. Rey

Como rey, Cristo gobierna a los hombres y los guía. Nos libera del dominio del pecado y de Satanás en nuestras vidas. Él es la cabeza de la nueva humanidad que Dios está formando de todas las naciones, tribus y lenguas.

1. Cristo como profeta

a. La función del Profeta

¿Qué es un Profeta? Un profeta tiene dos funciones: proclama la Palabra de Dios para hoy y predica el plan y propósito de Dios para el futuro.

> *Proclamación:* Decir a los hombres lo que Dios quiere que escuchen hoy.
> *Predicción:* Decir a los hombres lo que Dios quiere que sepan sobre el futuro.

Moisés prometió a Israel que un día Dios les enviaría otro líder y profeta como él. Dios dijo a través de Moisés:

> Un profeta como tú levantaré de entre sus hermanos, y pondré Mis palabras en su boca, y él les hablará todo lo que Yo le mande. (Deuteronomio 18:18).

Cuando Cristo resucitó, Pedro dijo a las multitudes en el templo de Jerusalén que Jesucristo era este Profeta, el cumplimiento de la profecía de Moisés. Ver Hechos 3:22-23; Lucas 24:19. Jesús dijo a los hombres muy claramente que era un profeta y que Dios mismo le había dado su mensaje para proclamar:

> Tengo mucho que decir y juzgar de ustedes, pero Aquel que me envió es veraz; y Yo, las cosas que oí de Él, estas digo al mundo (Juan 8:26).

Ver también Lucas 13:33; Juan 12:49-50. ¿Cómo ejerce Cristo su función profética?

b. Cristo como profeta antes de su encarnación

Él era la verdadera luz de la moral y el conocimiento (el Verbo) que ha influido en el mundo desde su creación (Juan 1:4, 5, 9). Actúo en el Antiguo Testamento en muchas ocasiones como el ángel del Señor: "El ángel del Señor la encontró [Agar] junto a una fuente de agua en el desierto..." (Génesis 16:7; ver también los versículos 9,13; 32:24-30)

Como el Mesías, una de sus funciones era ser "Consejero" (Isaías 9:6), y esto es parte de su ministerio profético.

c. Cristo como profeta después de su Encarnacion

i. En la tierra

Cristo vino a revelar al Padre predicando y enseñando el amor de Dios, el verdadero significado de la ley de Dios y el camino de la salvación. Afirmó que la salvación que traía era el cumplimiento de todas las promesas y profecías registradas en el Antiguo Testamento sobre el Mesías.

> Nadie ha visto jamás a Dios; el unigénito Dios[a], que está en el seno del Padre, Él lo ha dado a conocer (Juan 1:18).
> Pero los he llamado amigos, porque les he dado a conocer todo lo que he oído de Mi Padre (Juan 15:15).

No sólo por su enseñanza sino también por su persona, su ejemplo y su vida la gente podía ver la verdad era real. Jesús predicó a la gente en todas partes, en casas, en sinagogas y al aire libre. Su ministerio académico no se limitaba a los intelectuales y maestros de la ley, sino que era para todos los hombres en todo lugar. Jesús podía decir con razón a los judíos:

> El que me ha visto a Mí, ha visto al Padre (Juan 14:9).
> Yo soy la Luz del mundo (Juan 8:12).
> Y se acercó un leproso y se postró ante Él, diciendo: "Señor, si quieres, puedes limpiarme". Extendiendo Jesús la mano, lo tocó, diciendo: "Quiero; sé limpio". Y al instante quedó limpio de su lepra (Mateo 8:2-3).

ii. En el cielo

Después de su ascensión, Cristo ejerció su ministerio profético en la tierra a través del Espíritu Santo. Cristo prometió enviar al Consolador, el Espíritu de la verdad, que guiaría a sus discípulos a toda la verdad. El Espíritu Santo les revelaría las cosas que vendrían y les permitiría dar testimonio de Cristo en el mundo:

> Pero el Consolador, el Espíritu Santo, a quien el Padre enviará en Mi nombre, Él les enseñará todas las cosas, y les recordará todo lo que les he dicho (Juan 14:26)

Ver también 15:26-27; 16:13-15. El Espíritu Santo fue un instrumento para guiar a los apóstoles y a otros a escribir las escrituras del Nuevo

Testamento para que la enseñanza de Cristo fuera preservada para las futuras generaciones (Juan 14:26; 2 Pedro 3:15-16). El Espíritu Santo está trabajando en la Iglesia (Hechos 13:2) y en las vidas de los creyentes individuales para dar a conocer a Cristo y su verdad (Romanos 8:15-16).

2. Cristo como sacerdote

a. El Sumo Sacerdote en el Antiguo Testamento

¿Qué es un sacerdote? Un sacerdote representa a los hombres ante Dios; actúa como un intermediario entre ellos. Ofrece sacrificios a Dios en su nombre e intercede por ellos. En tiempos del Antiguo Testamento, el sumo sacerdote tenía un rol muy importante. El capítulo 16 del Levítico describe cómo, en el Día de la Expiación anual, era su solemne deber ir solo al Lugar Santísimo para oficiar la expiación de toda la nación de Israel. Antes de entrar tenía que lavar todo su cuerpo y luego ponerse las túnicas especiales para la ocasión (v.4).

Primero tenía que sacrificar un toro por sus propios pecados y recoger su sangre en un recipiente. Luego, con un incensario ardiente en una mano y el recipiente de sangre en la otra, atravesaba el velo del Tabernáculo y entraba en el Lugar Santísimo. Con el incensario hacía una nube de incienso para cubrir el propiciatorio donde residía la presencia de Dios, para protegerlo de la muerte en ese impresionante lugar (v.13). Luego rociaría sangre sobre el propiciatorio y delante de él (v.14). Volviendo al tabernáculo, el sumo sacerdote sacrificaba un macho cabrío por los pecados del pueblo y para limpiar el tabernáculo y todos sus servicios.

Luego llevaba la sangre de este al Lugar Santísimo y la rociaba de la misma manera. Después de esto, el Sumo Sacerdote tomaba un segundo macho cabrío, ponía su mano sobre su cabeza y confesaba los pecados de la nación de Israel sobre él (v.21). El macho cabrío fue entonces conducido lejos al desierto y desterrado para siempre de la nación de Israel. De esta manera los pecados de la nación eran cubiertos por otro año. Sólo al sumo sacerdote se le permitía llevar a cabo todas estas tareas en nombre del pueblo de Israel.

En la epístola a los Hebreos (5:1-5) se resumen las principales características del ministerio del sumo sacerdote:

- Presentaba ofrendas y sacrificios por los pecados del pueblo
- Era empático con los pecadores como él.
- Debía ofrecer sacrificios por sus propios pecados.
- Sólo podía ser nombrado por Dios

b. Para ser nuestro Gran Sumo Sacerdote, Cristo tenía que ser:

i. Hecho como sus hermanos

> Así que, por cuanto los hijos participan de carne y sangre, también Jesús participó de lo mismo, para anular mediante la muerte el poder de aquel que tenía el poder de la muerte, es decir, el diablo (Hebreos 2:14).

ii. La propiciación por nuestros pecados

> Por tanto, tenía que ser hecho semejante a Sus hermanos en todo, a fin de que llegara a ser un sumo sacerdote misericordioso y fiel en las cosas que a Dios atañen, para hacer propiciación por los pecados del pueblo (Hebreos 2:17).

iii. Nombrado sacerdote como Melquisedec

> De la misma manera, Cristo no se glorificó a Él mismo para hacerse Sumo Sacerdote, sino que lo glorificó el que le dijo: "Hijo Mío eres Tú, Yo te he engendrado hoy"; como también dice en otro pasaje: "Tú eres sacerdote para siempre según el orden de Melquisedec (Hebreos 5:5-6).

iv. Un eterno sacerdote

Pero Jesús conserva Su sacerdocio inmutable puesto que permanece para siempre. Por lo cual Él también es poderoso para salvar para siempre a los que por medio de Él se acercan a Dios, puesto que vive perpetuamente para interceder por ellos (Hebreos 7:24-25).

v. Santo y sin pecado

Porque convenía que tuviéramos tal Sumo Sacerdote: santo, inocente, inmaculado, apartado de los pecadores, y exaltado más allá de los cielos, que no necesita, como aquellos sumos sacerdotes, ofrecer sacrificios diariamente, primero por sus propios pecados y después por los pecados del pueblo. Porque esto Jesús lo hizo una vez para siempre, cuando Él mismo se ofreció (Hebreos 7:26-27).

vi. Un sacerdote continuamente en el cielo

Pero cuando Cristo apareció como Sumo Sacerdote de los bienes futuros, a través de un mayor y más perfecto tabernáculo, no hecho con manos, es decir, no de esta creación, entró al Lugar Santísimo una vez para siempre, no por medio de la sangre de machos cabríos y de becerros, sino por medio de Su propia sangre, obteniendo redención eterna (Hebreos 9:11-12).

vii. El sacrificio perfecto por nuestros pecados

Pero Cristo, habiendo ofrecido un solo sacrificio por los pecados para siempre, se sentó a la diestra de Dios, esperando de ahí en adelante hasta que Sus enemigos sean puestos por estrado de Sus pies. Porque por una ofrenda Él ha hecho perfectos para siempre a los que son santificados (Hebreos 10:12-14).

c. ¿Por qué necesitamos que Cristo sea nuestro Gran Sumo Sacerdote?: Cuatro Razones

i. Para satisfacer a un Dios ofendido

Pablo dice que "Porque la ira de Dios se revela desde el cielo contra toda impiedad e injusticia de los hombres" (Romanos 1;18; 5:9). La ira de Dios es su reacción natural contra toda maldad. El pecado contra Dios tiene que ser propiciado. Para propiciar a alguien debemos apartar su ira ofreciendo una restitución. La Biblia dice que Cristo es la propiciación para nosotros ofreciéndose a sí mismo como sustituto de nuestros pecados.

> Y si alguien peca, tenemos un Abogado con el Padre, Jesucristo el justo. Y Él mismo es la propiciación por nuestros pecados, y no sólo por los nuestros, sino también por los de todo el mundo (1 Juan 2:1-2)

Ver también Romanos 3:25; Hebreos 2:17 y 1 Juan 4:10.

ii. Para ofrecerse a sí mismo por nuestros pecados

En tiempos del Antiguo Testamento quienes buscaban el perdón de sus pecados debían ofrecer un animal en sacrificio para que muriera en su lugar; porque Dios dijo: " El alma que peque, esa morirá" (Ezequiel 18:20) El que traía el sacrificio debía poner sus manos sobre la cabeza del animal antes de matarlo en la puerta del tabernáculo en presencia del sacerdote. La culpa del pecador penitente se transfería simbólicamente al animal que moría como sustituto en su lugar.

> Traerá el novillo a la puerta de la tienda de reunión delante del Señor, pondrá su mano sobre la cabeza del novillo y lo degollará delante del Señor (Levítico 4:4).

Cuando Juan el Bautista vio que Jesús se acercaba a él para recibir el bautismo, dijo:

> Ahí está el Cordero de Dios que quita el pecado del mundo. (Juan 1:29).

Cuando Isaías profetizó que Cristo sería el que cargaría con los pecados del pueblo de Dios, dijo:

> Fue oprimido y afligido, pero no abrió Su boca. Como cordero que es llevado al matadero, y como oveja que ante sus trasquiladores permanece muda, Él no abrió Su boca. (Isaías 53:7; véase también Hechos 8:31-35).

Cuando Pedro habló del precio de redención que Cristo pagó por nosotros, dijo:

> Ustedes saben que no fueron redimidos de su vana manera de vivir heredada de sus padres con cosas perecederas como oro o plata, sino con sangre preciosa, como de un cordero sin tacha y sin mancha: la sangre de Cristo (1 Pedro 1:18-19).

Así como en el Antiguo Testamento, la culpa del pecador se transfería al animal sacrificado, en el Nuevo Testamento, la culpa del pecador arrepentido es puesta sobre Cristo, el Cordero de Dios:

> Porque también Cristo murió por los pecados una sola vez, el justo por los injustos, para llevarnos a Dios, muerto en la carne pero vivificado en el espíritu (1 Pedro 3:18).
> Al que no conoció pecado, lo hizo pecado por nosotros, para que fuéramos hechos justicia de Dios en Él (2 Corintios 5:21).

Por lo tanto, Cristo combina en sí mismo el rol de ofrenda de sacrificio y de Sumo Sacerdote. En lugar de ofrecer a Dios la sangre de toros y machos cabríos en un tabernáculo terrenal, ofreció su propia sangre en el tabernáculo celestial:

> Pero cuando Cristo apareció como Sumo Sacerdote de los bienes futuros, a través de un mayor y más perfecto tabernáculo, no hecho con manos, es decir, no de esta creación, entró al Lugar Santísimo una vez para siempre, no por medio de la sangre de machos cabríos y de becerros, sino por medio de Su propia sangre, obteniendo redención eterna (Hebreos 9:11-12).

Esta ofrenda de sí mismo en la cruz es una ofrenda suficiente. Nunca puede ser repetida o recreada, porque ha presentado su sacrificio a Dios en el cielo donde ha sido aceptado:

> Porque Cristo no entró en un lugar santo hecho por manos, una representación del verdadero, sino en el cielo mismo, para presentarse ahora en la presencia de Dios por nosotros, y no para ofrecerse a sí mismo muchas veces, como el sumo sacerdote entra al Lugar Santísimo cada año con sangre ajena. De otra manera, a Cristo le hubiera sido necesario sufrir muchas veces desde la fundación del mundo; pero ahora, una sola vez en la consumación de los siglos, se ha manifestado para destruir el pecado por el sacrificio de sí mismo (Hebreos 9:24-26).

iii. Para reconciliar a Dios con el hombre

En el Jardín del Edén, el hombre vivía en completa armonía con Dios. Al asumir la culpa del pecado del hombre, Cristo quita la ira de Dios para que el hombre pueda restaurar su comunión con Dios:

> Por tanto, tenía que ser hecho semejante a Sus hermanos en todo, a fin de que llegara a ser un sumo sacerdote misericordioso y fiel en las cosas que a Dios atañen, para hacer propiciación por los pecados del pueblo (Hebreos 2:17).

iv. Para interceder continuamente por nosotros

Cristo ha entrado en el Lugar Santísimo con su propia sangre, para aparecer ahora en la presencia de Dios en nuestra representación

(Hebreos 9:12, 24; ver también 7:25)). Es el Cordero de Dios (Apocalipsis 5:6), en la presencia de su Padre, en el mérito de su obediencia y sacrificio, declarando que su voluntad es que su obra salvadora se aplique a todos los creyentes:

> Porque Cristo no entró en un lugar santo hecho por manos, una representación del verdadero, sino en el cielo mismo, para presentarse ahora en la presencia de Dios por nosotros (Hebreos 9:24).
> Pero Jesús conserva Su sacerdocio inmutable puesto que permanece para siempre. Por lo cual Él también es poderoso para salvar para siempre a los que por medio de Él se acercan a Dios, puesto que vive perpetuamente para interceder por ellos. (Hebreos 7:24-25).
> Porque si cuando éramos enemigos fuimos reconciliados con Dios por la muerte de Su Hijo, mucho más, habiendo sido reconciliados, seremos salvos por Su vida (Romanos 5:10).

3. Cristo como Rey

Tal vez no nos resulte fácil pensar en nuestro Señor Jesucristo como un Rey. Cuando vino al mundo y vivió entre los hombres no poseía ninguna de las características habituales de la realeza. No tenía palacio, ni trono, ni corona, ni riquezas, ni cortesanos, ni ejército, en resumen, nada que normalmente asociamos con el poder terrenal. Esto se debía a que no vino a ser servido sino a servir (Lucas 22:27). Un día gobernaría, pero esto todavía ocurriría en el futuro.

a. ¿Por qué Cristo es un rey?

El ángel Gabriel le había dicho a María que su Hijo heredaría el trono de David (Lucas 1:32). Pero primero tendría que morir en la cruz. La Biblia nos dice que la muerte expiatoria de Cristo fue planeada antes de la fundación del mundo, porque él es el "Cordero que fue inmolado desde el principio del mundo" (Apocalipsis 13:8 RVR1960).

El Padre, el Hijo y el Espíritu Santo, sabiendo de antemano la caída del hombre, se unieron para salvar a la humanidad. Cristo aceptó ser quien redimiera a los perdidos muriendo por ellos, y convirtiéndose en la cabeza y el Rey de una nueva humanidad - la Iglesia. Por lo tanto, Cristo no sólo es nuestro Mediador, Salvador y Redentor, sino también nuestro Rey. Esto fue profetizado en el Antiguo Testamento:

> Pero yo he puesto mi rey sobre Sion, mi santo monte. Yo publicaré el decreto; Jehová me ha dicho: Mi hijo eres tú; Yo te engendré hoy. Pídeme, y te daré por herencia las naciones, Y como posesión tuya los confines de la tierra.... (Salmo 2:6-8)

Ver también Hechos 4:25-27; Lucas 1:31-33; Juan 18:37-39; 19:15.

b. ¿Cuándo comenzó Cristo su reinado como mediador?

Tan pronto como el hombre cayó en el pecado, el plan de Dios entró en acción (Génesis 3:15). Desde ese momento, Cristo comenzó su trabajo mediador como Profeta, Sacerdote y Rey, Aquel a través del cual todos los planes de redención de Dios se pondrían en marcha. A lo largo del período del Antiguo Testamento, bajo la forma del Ángel del Señor y otras teofanías, Cristo estaba en control de los propósitos de Dios. Pablo confirma esto cuando dice que Cristo estuvo con los judíos en su liberación de Egipto y su viaje por el desierto:

> En Moisés todos fueron bautizados en la nube y en el mar. Todos comieron el mismo alimento espiritual, y todos bebieron la misma bebida espiritual, porque bebían de una roca espiritual que los seguía. La roca era Cristo (1 Corintios 10:2-4).

c. ¿Cómo es el reino de Dios?

Cuando Cristo comenzó a predicar su evangelio siempre lo hizo en el contexto de 'El reino', como el reino de Dios o el reino de los cielos:

> Arrepiéntanse, porque el reino de los cielos se ha acercado... Y Jesús iba por toda Galilea, enseñando en sus sinagogas, proclamando el evangelio del reino, y sanando toda enfermedad y toda dolencia en el pueblo (Mateo 4:17,23).

El reino de Dios es aquel reino que tiene a Dios como su rey y su voluntad como su regla. La predicación de Cristo fue para persuadir a los hombres a confesar su pecado y reconocerlo como el rey ungido del nuevo reino de Dios. Isaías había predicho la venida de Cristo como el Hijo que ocupará el trono de David, cuyo reino durará para siempre (Isaías 9, 6-7). Daniel profetizó de un reino aún por venir que superaría y duraría más que todos los reinos terrenales. Este era el reino que el mismo Cristo establecería y que durará para siempre:

> En los días de estos reyes, el Dios del cielo levantará un reino que jamás será destruido, y este reino no será entregado a otro pueblo. Desmenuzará y pondrá fin a todos aquellos reinos, y él permanecerá para siempre (Daniel 2:44-45).

En tiempos modernos tanto Hitler como Stalin buscaron construir reinos anti-cristianos, pero sus reinos han sido destruidos mientras el reino de Cristo continúa creciendo y prosperando.

d. ¿Cuándo tomó Cristo su trono?

Aunque su reinado y gobierno mediador había comenzado con la caída del hombre, la Biblia dice que no fue hasta que completó su sacrificio expiatorio en el Calvario y ascendió al cielo que tomó su trono. Pedro dijo que David había profetizado que Dios levantaría a Cristo para que se sentara en su trono (Hechos 2:29-33):

> Pero vemos a Aquel que fue hecho un poco inferior a los ángeles, es decir, a Jesús, coronado de gloria y honor a causa del padecimiento de la muerte, para que por la gracia de Dios probara la muerte por todos. (Hebreos 2:9)

Ver también Mateo 16:28; Hechos 5:31; Efesios 1:20-21; Filipenses 2:9-11.

e. Los dos aspectos del reino de Cristo - presente y futuro

i. En la actualidad: invisible - un reino interior y espiritual

Jesús habló a la gente personalmente diciendo que debían arrepentirse, creer en su evangelio y recibirlo como su Salvador y su Rey (Mateo 21:28-32). Por ejemplo, le dijo a Nicodemo que a menos que naciera de nuevo no podría recibir o entender el reino de Dios (Juan 3:3-6). Le dijo a un escriba que respondió sabiamente que no estaba lejos del reino de Dios (Marcos 12:34). En la actualidad, el reino de Cristo no es un reino terrenal y visible, sino que está establecido por Dios en los corazones de los que lo aceptan y lo reciben por la fe (Juan 1:12):

> Jesús le respondió: "Mi reino no es de este mundo. Si Mi reino fuera de este mundo, entonces Mis servidores pelearían para que Yo no fuera entregado a los judíos. Pero ahora Mi reino no es de aquí" (Juan 18:36).
> Habiendo preguntado los fariseos a Jesús cuándo vendría el reino de Dios, Él les respondió: "El reino de Dios no viene con señales visibles, ni dirán: "¡Miren, aquí está!" o: "¡Allí está!". Porque, el reino de Dios está entre ustedes"" (Lucas 17:20-21.)
> Porque el reino de Dios no es comida ni bebida, sino justicia y paz y gozo en el Espíritu Santo (Romanos 14:17)

Ver también Lucas 16:16; Colosenses 1:3-13.

ii. En el futuro: revelado - un reino visible y universal

La segunda venida de Cristo revelará al mundo de los hombres y los ángeles que Cristo es el Rey de Reyes y Señor de los Señores. Será el más grande evento internacional que el mundo haya visto jamás, porque todo ojo lo verá. Entonces Cristo entregará el reino a Dios Padre y destruirá a todos sus enemigos bajo sus pies (1 Corintios 15:24-28). Entonces el Rey y el reino serán victoriosos, visibles, universales y eternos:

> Pero cuando el Hijo del Hombre venga en Su gloria, y todos los ángeles con Él, entonces Él se sentará en el trono de Su gloria... Entonces el Rey dirá a los de Su derecha: Vengan, benditos de Mi Padre, hereden el reino preparado para ustedes desde la fundación del mundo (Mateo 25:31, 34).
> En la presencia de Dios y de Cristo Jesús, que ha de juzgar a los vivos y a los muertos, por Su manifestación y por Su reino te encargo solemnemente (2 Timoteo 4:1)

Ver también 2 Tesalonicenses 1:5-10; 2 Pedro 3:10-13; Apocalipsis 1:5-8.

f. ¿Cómo ejerce Cristo su reinado?

Dondequiera que estén quienes lo hayan aceptado como Rey y sometan sus vidas a su reinado, allí está el reino de Cristo. Cristo administra su reino a través del Espíritu Santo, a quien envió a ocupar su lugar en la vida de los creyentes después de su resurrección. Dios le ha dado a su Hijo el control sobre toda la creación. Él la gobierna en interés de su Iglesia y su reino.

> Y todo lo sometió bajo Sus pies, y a Él lo dio por cabeza sobre todas las cosas a la iglesia (Efesios 1:22).

> Toda autoridad me ha sido dada en el cielo y en la tierra. Vayan, pues, y hagan discípulos de todas las naciones… Yo estoy con ustedes todos los días, hasta el fin del mundo (Mateo 28:18-20).

Según Pablo, Cristo está ahora sentado a la derecha de Dios en los lugares celestiales muy por encima de toda autoridad espiritual o humana. Él está allí para siempre gobernando sobre todo en los intereses de su Iglesia (Efesios 1:20-23). Debido a su dominio sobre Satanás, el mundo, e incluso la creación misma, es capaz de controlarlos a todos en nombre de su Iglesia. Por esta razón Pablo es capaz de decir,

> Y sabemos que para los que aman a Dios, todas las cosas cooperan para bien, esto es, para los que son llamados conforme a Su propósito (Romanos 8:28).

Cuando los cristianos sufren por Cristo, y a veces dan su vida por él, no es que Cristo no tenga poder para impedirlo sino porque, como sus seguidores, estamos llamados a sufrir por su nombre:

> No temas lo que estás por sufrir. Yo te digo que el diablo echará a algunos de ustedes en la cárcel para que sean probados, y tendrán tribulación por diez días. Sé fiel hasta la muerte, y Yo te daré la corona de la vida (Apocalipsis 2:10).
>
> Por lo cual nosotros mismos hablamos con orgullo de ustedes entre las iglesias de Dios, por su perseverancia y fe en medio de todas las[a] persecuciones y aflicciones que soportan. (2 Tesalonicenses 1:4).

Sin embargo, debemos recordar que Cristo también puede librarnos del sufrimiento e incluso de la muerte si se ajusta a su plan y propósito. Él tiene todo el poder en el cielo y en la tierra, incluso el diablo está sujeto a él.

Pero el Señor estuvo conmigo y me fortaleció, a fin de que por mí se cumpliera cabalmente la proclamación del mensaje y que todos los gentiles oyeran. Y fui librado de la boca del león (2 Timoteo 4:17).

PREGUNTAS

1. La obra de Cristo puede ser vista desde tres perspectivas: ¿cuáles son?
2. Explique cómo cada uno de estos tres roles es esencial para nuestra salvación
3. ¿Qué aspecto de la obra de Cristo aún no se ha cumplido?

CAPÍTULO 7: LA EXPIACIÓN

1. **La necesidad de la Expiación.**
2. **Diferencia de conceptos.**
    a. **Expiación.**
    b. **Propiciación.**
    c. **Reconciliación.**
    d. **El rescate y la redención.**
3. **Cristo nos salva con su muerte.**
4. **Cristo murió para sustituirnos.**
    a. **Siete declaraciones en cuanto a la cruz.**
5. **¿Qué motivó a Dios a planear la Expiación?**
    a. **Su deseo de salvar a los perdidos.**
    b. **Su amor por los perdidos.**
    c. **Su justicia que exigía que la ley se cumpliera.**
6. **Dos razones por las que la Expiación era necesaria.**
    a. **Porque el hombre ha roto la ley de Dios y las demandas de la ley deben ser honradas.**
    b. **Porque la muerte es la pena por el pecado.**
7. **Siete frutos de la expiación de Cristo.**

Porque si cuando éramos enemigos fuimos reconciliados con Dios por la muerte de Su Hijo, mucho más, habiendo sido reconciliados, seremos salvos por Su vida. Y no solo esto, sino que también nos gloriamos en Dios por medio de nuestro Señor Jesucristo, por quien ahora hemos recibido la reconciliación (Romanos 5:10-11).

1. La necesidad de la Expiación

Dios y el hombre necesitan reconciliarse. Se han distanciado el uno del otro debido al pecado y la rebelión del hombre. Del lado del hombre no hay camino de regreso hacia Dios, pero en su gracia Dios provee el camino de la reconciliación. En el Antiguo Testamento, la expiación era proporcionada por los sacrificios de animales. No había ningún valor inherente en estos sacrificios; lo importante era la muerte de la víctima. ¿Por qué? Porque el pecado a los ojos de Dios es tan grave que no sólo necesita el arrepentimiento sino también la expiación. La vida del animal a cambio de la vida del pecador proporcionaba el camino de la reconciliación:

> Porque la vida de la carne está en la sangre, y Yo se la he dado a ustedes sobre el altar para hacer expiación por sus almas. Porque es la sangre, por razón de la vida, la que hace expiación (Levítico 17:11).

El sacrificio era la forma divinamente designada para asegurar la expiación; lo importante era la muerte de la víctima.

Hay referencias a la expiación en el Antiguo Testamento donde no se ofrecen sacrificios de animales. Por ejemplo, Moisés busca expiar el pecado del pueblo pidiéndole a Dios que lo castigue en su lugar y borre su nombre del libro de la vida (Éxodo 32:30-32). Finees expía a Israel matando a los dirigentes de una rebelión idolátrica (Números 25:6-8,13). Está claro que en el Antiguo Testamento la muerte era el castigo por el pecado (Ezequiel 18:20), pero Dios en su gracia, permitió los sacrificios de animales para sustituir la muerte del pecador.

El Nuevo Testamento dice que los sacrificios de animales no eran realmente suficientes. Sólo antecedían la muerte de Cristo, cuyo sacrificio redimiría las transgresiones no sólo en el Nuevo Testamento, sino también en el Antiguo:

> Por eso Cristo es el mediador de un nuevo pacto, a fin de que habiendo tenido lugar una muerte para la redención de las transgresiones que se cometieron bajo el primer pacto... (Hebreos 9:15).
> Porque es imposible que la sangre de toros y de machos cabríos quite los pecados (Hebreos 10:4).

Por lo tanto, la cruz es vital no sólo para el Nuevo Testamento, sino también para el Antiguo: todo lo que sucedió antes de la cruz era un anticipo, y todo lo que sucedió después de la cruz lo procede. La necesidad de la muerte de Cristo, como expiación del pecado del hombre, fue planeada por Dios antes de la fundación del mundo:

> Ustedes saben que no fueron redimidos de su vana manera de vivir heredada de sus padres con cosas perecederas como oro o plata, sino con sangre preciosa, como de un cordero sin tacha y sin mancha: la sangre de Cristo. Porque Él estaba preparado desde antes de la fundación del mundo, pero se ha manifestado en estos últimos tiempos por amor a ustedes (1 Pedro 1:18-20).

Ver también Apocalipsis 13:8.

2. Diferencia de conceptos

a. Expiación

En el Antiguo Testamento, la palabra expiación significa reconciliación porque cubre el pecado. El pecado debe ser enterrado fuera de la vista. Este es el pensamiento del Salmo 32:

> ¡Cuán bienaventurado es aquel cuya transgresión es perdonada, cuyo pecado es cubierto! ¡Cuán bienaventurado es el hombre a quien el Señor no culpa de iniquidad, y en cuyo espíritu no hay engaño! (Salmo 32:1-2).

¿Por qué el pecado debe cubrirse de la vista de Dios? Porque Él abomina toda la maldad, el pecado estropea y desfigura su creación y tiene que reaccionar contra ella. Aunque es "lento para la ira" (Nehemías 9:17), hay abundante evidencia en el Antiguo Testamento de la ira de Dios y de su enojo por el pecado de su pueblo:

> Pero Él, siendo compasivo, perdonaba sus iniquidades y no los destruía; muchas veces contuvo Su ira, y no despertó todo Su furor (Salmo 78:38).

Evitar la ira de Dios no es algo que el hombre pueda lograr, sólo Dios puede hacerlo. La ira de Dios es, por lo tanto, un acto solemne que se debe reverenciar.

b. Propiciación

En la versión griega del Antiguo Testamento, llamada la Septuaginta, la palabra hebrea para expiación es traducida por la palabra griega *hilasterion* que aparece en los siguientes citas del Nuevo Testamento: Lucas 18:13 (literalmente, "Dios, ten piedad de mí, pecador"); Romanos 3:25; Hebreos 2:17; 9:5 ('el propiciatorio' es el lugar de la propiciación [*hilasterion*]); 1 Juan 2:2; 4:10. Esta palabra se traduce como propiciación en la versiones en las mejores traducciones, la eliminación de la ira mediante el ofrecimiento de un sacrificio.

> En esto consiste el amor: no en que nosotros hayamos amado a Dios, sino en que Él nos amó a nosotros y envió a Su Hijo como propiciación por nuestros pecados (1 Juan 4:10).

Pablo escribió que " Porque la ira de Dios se revela desde el cielo contra toda impiedad e injusticia de los hombres". (Romanos 1:18). En los dos capítulos siguientes, Pablo muestra que Judío y gentil son igualmente pecadores ante Dios. Sólo el sacrificio de Cristo puede satisfacer la santidad de Dios y salvar a los hombres de la ira de Dios contra el pecado:

> Todos son justificados gratuitamente por Su gracia por medio de la redención que es en Cristo Jesús, a quien Dios exhibió públicamente como propiciación por Su sangre a través de la fe, como demostración de Su justicia... (Romanos 3:24-25).

Por nuestro pecado necesitamos que Cristo sea nuestro abogado ante el Padre y que sea la propiciación de nuestros pecados:

> Hijitos míos, les escribo estas cosas para que no pequen. Y si alguien peca, tenemos Abogado para con el Padre, a Jesucristo el Justo. Él mismo es la propiciación por nuestros pecados, y no solo por los nuestros, sino también por los del mundo entero (1 Juan 2:1-2).

Ya que sólo Cristo puede hacer esto por nosotros, muestra cuán crítica es nuestra situación. También muestra que la ira de Dios contra el pecado es una realidad que debemos considerar. La muerte de Cristo como "el Cordero de Dios que quita el pecado del mundo" nos recuerda aquellos corderos y sacrificios de animales en el Antiguo Testamento que se ofrecían como expiación por el pecado. También es una prueba de la coherencia que existe entre el Antiguo y el Nuevo Testamento.

c. La reconciliación

En el Nuevo Testamento la palabra reconciliación significa el efecto de una acción que transforma una relación hostil en una de amistad. Por ejemplo, una persona debe corregir el mal que le ha hecho a su amigo antes de poder reconciliarse:

> Por tanto, si estás presentando tu ofrenda en el altar, y allí te acuerdas que tu hermano tiene algo contra ti, deja tu ofrenda allí delante del altar, y ve, reconcíliate primero con tu hermano, y entonces ven y presenta tu ofrenda (Mateo 5:23-24).

Dios, en su gracia, toma la iniciativa de reconciliar al hombre consigo mismo dando a su propio Hijo como el medio por el cual el pecado puede ser juzgado y perdonado:

> Porque si cuando éramos enemigos fuimos reconciliados con Dios por la muerte de Su Hijo, mucho más, habiendo sido reconciliados, seremos salvos por Su vida. Y no solo esto, sino que también nos gloriamos en Dios por medio de nuestro Señor Jesucristo, por quien ahora hemos recibido la reconciliación (Romanos 5:10-11).

Ver también Romanos 11:15; 2 Corintios 5:18-21; Efesios 2:16; Colosenses 1:20-21. De estos versos podemos ver que Dios nos ha reconciliado con él:

- A través de la muerte de Cristo.
- Cuando éramos su enemigo
- Como regalo sin nada a cambio

d. Rescate y redención

La Biblia habla a menudo de “la redención que es en Cristo Jesús” (Romanos 3:24), y también de aquellos que creen en Cristo como “redimidos por su preciosa sangre” (1 Pedro 1:18-19). Cristo también habló de su venida al mundo “para dar su vida en rescate por muchos” (Mateo 20:28), y los apóstoles continuaron la misma idea diciendo que los creyentes han sido “comprados por un precio” (1 Corintios 6:20).

Estas palabras, “redención, redimido, rescate, comprado”, transmiten la idea de la liberación lograda por el pago de un precio. En el tiempo que se escribieron, era una práctica común que los prisioneros de guerra fueran liberados pagando un precio de rescate. Los esclavos también podían comprar su libertad mediante el pago de una suma de dinero a sus amos. El nombre dado a este proceso era redención - libertad asegurada por el pago de un precio. Esto plantea dos preguntas:

i. ¿Por qué es necesario que los creyentes sean comprados con un precio?

Es necesario porque la Biblia habla del pecado como la esclavitud. Jesús dijo: " el que comete pecado es esclavo del pecado" (Juan 8:34). También dijo que Satanás es como un hombre fuerte que gobierna su reino de manera tan efectiva que ninguno de sus cautivos puede escapar a menos que Dios mismo los rescate (Lucas 11:14-22). Pablo dice que en un tiempo todos éramos esclavos del pecado (Romanos 6:17), bajo el poder controlador de Satanás (Efesios 2:1-3), de cuyo oscuro reino sólo Cristo podía liberarnos (Colosenses 1:12-14).

Esto significa que éramos cautivos y necesitábamos ser rescatados. Este no fue un asunto sencillo, porque costó la muerte del propio Hijo de Dios para liberarnos, cargando con nuestros pecados y el juicio que merecíamos.

ii. ¿Cuál es el precio del rescate?

La Biblia dice que Cristo es el precio del rescate. Dijo que había venido a dar su vida como rescate por muchos (Marcos 10:45) y Pablo dice que los creyentes son, " Todos son justificados gratuitamente por Su gracia por medio de la redención que es en Cristo Jesús" (Romanos 3:24). Cristo compró nuestra salvación poniendo su vida en nuestro lugar. Porque era tanto Dios como un hombre sin pecado, era el único que podía tomar sobre sí mismo el castigo que nuestros pecados merecían.

El punto de usar la palabra rescate es para mostrar que la salvación es un asunto costoso para Dios. ¿Cómo puede ser Dios justo y justificador de quien cree en Jesús? Sólo a través de Cristo pagando la pena por nuestro pecado derramando su preciosa sangre por nosotros. Ese fue el gran precio que la santidad de Dios y su ley requirió para nuestra liberación.

Sin embargo, debemos tener cuidado de usar el término más de la cuenta. El rescate enfatiza el costo de nuestra salvación, y nuestra incapacidad de liberarnos de la esclavitud del pecado. No significa que se haya pagado un precio a Satanás, cuyos esclavos somos por naturaleza, o a Dios, cuyos esclavos no somos hasta que nos salve. Por lo tanto, no es útil preguntar a quién se pagó el rescate. (Vea también 1 Corintios 1:30; 7:23; Gálatas 3:13; 4:5; Efesios 1:7, 14; 4:30; 1 Timoteo 2:6; Tito 2:14; 2 Pedro 2:1; Apocalipsis 5:9; 14:3-4). Por lo tanto, podemos decir que:

- Cristo es la propiciación por nuestros pecados
- Cristo es la reconciliación de nuestros pecados
- Cristo es el rescate de nuestros pecados

3. Cristo nos salva con su muerte

Ya hemos visto que Cristo dijo que había venido al mundo para dar su vida en rescate por muchos (Marcos 10:45), y que la redención sólo podía ser asegurada por Cristo derramando su sangre por nosotros (Romanos 3:24). En la última semana de su vida terrenal algunos griegos, que habían venido a Jerusalén para la Pascua, pidieron verlo. Jesús consideró esto como una especie de señal divina porque dijo:

> "Ha llegado la hora para que el Hijo del Hombre sea glorificado... "Ahora Mi alma se ha angustiado; y ¿qué diré: "Padre, sálvame de esta hora"? Pero para esto he llegado a esta hora... Ya está aquí el juicio de este mundo; ahora el príncipe de este mundo será echado fuera. Pero Yo, si soy levantado de la tierra, atraeré a todos a Mí mismo". Pero Él decía esto para indicar la clase de muerte que iba a morir. (Juan 12:23,27,31-33).

De esta escritura se deduce claramente que Jesús sabía de antemano sobre su crucifixión, y que su misión de salvar al mundo debía cumplirse sufriendo esta terrible muerte. Como el Buen Pastor también dijo que moriría por sus ovejas:

> Y doy Mi vida por las ovejas... Nadie me la quita, sino que Yo la doy de Mi propia voluntad. Tengo autoridad para darla, y tengo autoridad para tomarla de nuevo. Este mandamiento recibí de Mi Padre (Juan 10:15,18).

En el Monte de la Transfiguración, Moisés y Elías, representando a la Ley y a los Profetas, vinieron especialmente desde el cielo para hablar con Cristo. ¿Sobre qué? " hablaban de la partida de Jesús [literal, de su éxodo] que Él estaba a punto de cumplir en Jerusalén." (Lucas 9:31). Su muerte fue el centro para su misión y esta vívida experiencia enseñó mucho a los discípulos. Ver también Romanos 5:6-10; 1 Corintios 5:7; Gálatas 1:4; Efesios 2:13; Hebreos 9:11-14; 10:10-14; 1 Pedro 1:18-19; 3:18.

4. Cristo murió como nuestro sustituto

El corazón del evangelio es que "Cristo murió por nuestros pecados según las Escrituras" (1 Corintios 15:3). En otras palabras, murió por nosotros y en nuestro lugar, asumiendo el castigo que nos corresponde. En términos teológicos esto se conoce como sustitución penal. Como nuestro Sumo Sacerdote, Cristo no ofreció sacrificios de animales a Dios por nuestros pecados, sino que se ofreció a sí mismo y presentó su preciosa sangre a Dios en el Lugar Santísimo (Hebreos 9:11-14). Por lo tanto, en Él convergen Sacerdote y sacrificio.

Es en el cumplimiento de estos roles, tan claramente descrito en el culto sacrificial mosaico, que tenemos la evidencia más poderosa para la muerte penal y sustitutiva de Cristo. Otra evidencia del Antiguo Testamento viene del profeta Isaías, que habló de que el Siervo de Dios carga con nuestros pecados:

> Todos nosotros nos descarriamos como ovejas, nos apartamos cada cual por su camino; pero el Señor hizo que cayera sobre Él la iniquidad de todos nosotros... Pero quiso el Señor quebrantarlo, sometiéndolo a padecimiento. Cuando Él se entregue a Sí mismo como ofrenda de expiación, verá a Su

> descendencia, prolongará Sus días, y la voluntad del Señor en Su mano prosperará. (Isaías 53:6,10).

Además del carácter sustitutivo de Cristo como nuestro rescate y redención, en el que pagó el precio para rescatarnos, Pablo dice que Dios hizo a Cristo responsable de nuestros pecados como si fueran suyos:

> Al que no conoció pecado, lo hizo pecado por nosotros, para que fuéramos hechos justicia de Dios en Él. (2 Corintios 5:21).

Pablo también dice que Cristo tomó sobre sí mismo el castigo y la maldición que merecíamos por haber roto la ley de Dios:

> Porque todos los que son de las obras de la ley están bajo maldición, pues escrito está: "Maldito todo el que no permanece en todas las cosas escritas en el libro de la ley, para hacerlas" (Gálatas 3:10).
> Cristo nos redimió de la maldición de la ley, habiéndose hecho maldición por nosotros, porque escrito está: "Maldito todo el que cuelga de un madero (Gálatas 3:13).

Ver también Juan 11:50-52; Romanos 5:8; Hebreos 9:28; 1 Pedro 2:24; 1 Juan 2:2. La cruz fue el camino designado por el cual Cristo se convirtió en nuestro sustituto:

i. Cristo predijo que moriría en una cruz

> "Ya está aquí el juicio de este mundo; ahora el príncipe de este mundo será echado fuera. Pero Yo, si soy levantado de la tierra, atraeré a todos a Mí mismo". Pero Él decía esto para indicar la clase de muerte que iba a morir (Juan 12:31-33).
> Y como Moisés levantó la serpiente en el desierto, así es necesario que sea levantado el Hijo del Hombre, para que todo aquel que cree, tenga en Él vida eterna (Juan 3:14-15).

ii. Cristo dijo a sus discípulos que moriría crucificado

Ahora subimos a Jerusalén, y el Hijo del Hombre será entregado a los principales sacerdotes y escribas, y lo condenarán a muerte; y lo entregarán a los gentiles para burlarse de Él, lo azotarán y crucificarán, pero al tercer día resucitará (Mateo 20:18-19).
Entonces Jesús dijo a Sus discípulos: "Si alguien quiere venir en pos de Mí, niéguese a sí mismo, tome su cruz y que me siga. Porque el que quiera salvar su vida, la perderá; pero el que pierda su vida por causa de Mí, la hallará. (Mateo 16:24-25).

iii. Cristo oró pidiendo fuerza para soportar la cruz

Entonces les dijo: "Mi alma está muy afligida, hasta el punto de la muerte; quédense aquí y velen junto a Mí". Y adelantándose un poco, cayó sobre Su rostro, orando y diciendo: "Padre Mío, si es posible, que pase de Mí esta copa; pero no sea como Yo quiero, sino como Tú quieras". (Mateo 26:38-39).

iv. La cruz era necesaria para nuestra salvación

Pues Cristo no me envió a bautizar, sino a predicar el evangelio, no con palabras elocuentes, para que no se haga vana la cruz de Cristo. Porque la palabra de la cruz es necedad para los que se pierden, pero para nosotros los salvos es poder de Dios. (1 Corintios 1:17-18).
[Cristo] Doy gracias a Dios que no bauticé a ninguno de ustedes, excepto a Crispo y a Gayo, para que nadie diga que fueron bautizados en mi nombre (Colosenses 2:14-15).

v. Cristo llevó la maldición de la ley en la cruz

Cristo nos redimió de la maldición de la ley, habiéndose hecho maldición por nosotros, porque escrito está: Maldito todo el que cuelga de un madero (Gálatas 3:13).

> Porque todos los que son de las obras de la ley están bajo maldición, pues escrito está: "Maldito todo el que no permanece en todas las cosas escritas en el libro de la ley, para hacerlas". (Gálatas 3:10).

vi. La cruz y el derramamiento de la sangre de Cristo son inseparables

> En Él tenemos redención mediante Su sangre, el perdón de nuestros pecados según las riquezas de Su gracia (Efesios 1:7).
> Y por medio de Él reconciliar todas las cosas consigo, habiendo hecho la paz por medio de la sangre de Su cruz, por medio de Él, repito, ya sean las que están en la tierra o las que están en los cielos (Colosenses 1:20).

vii. El llanto de abandono cuando Cristo estaba en la cruz aparece en el salmo que predice su muerte por crucifixión

> Dios mío, Dios mío, ¿por qué me has abandonado? ¿Por qué estás tan lejos de mi salvación y de las palabras de mi clamor? (Salmo 22:1).
> Porque perros me han rodeado; Me ha cercado cuadrilla de malhechores; Me horadaron las manos y los pies. Puedo contar todos mis huesos; Ellos me miran, me observan. (Salmo 22:16-17).

5. ¿Qué motivó a Dios a planear la Expiación?

a. Su deseo de salvar a los perdidos

> Todos nosotros nos descarriamos como ovejas, nos apartamos cada cual por su camino; pero el Señor hizo que cayera sobre Él la iniquidad de todos nosotros (Isaías 53:6).
> Gracia y paz a ustedes de parte de Dios nuestro Padre y del Señor Jesucristo, que Él mismo se dio por nuestros pecados para librarnos de este presente siglo malo, conforme a la voluntad de nuestro Dios y Padre (Gálatas 1:3-4).

b. Su amor por los perdidos

En esto se manifestó el amor de Dios en nosotros: en que Dios ha enviado a Su Hijo unigénito al mundo para que vivamos por medio de Él. En esto consiste el amor: no en que nosotros hayamos amado a Dios, sino en que Él nos amó a nosotros y envió a Su Hijo como propiciación por nuestros pecados. (1 Juan 4:9-10).
Pero Dios, que es rico en misericordia, por causa del gran amor con que nos amó, aun cuando estábamos muertos en nuestros delitos, nos dio vida juntamente con Cristo (por gracia ustedes han sido salvados) (Efesios 2:4-5).

c. La justicia de Dios exige que la ley se cumpla

Todos son justificados gratuitamente por Su gracia por medio de la redención que es en Cristo Jesús, a quien Dios exhibió públicamente como propiciación[o] por Su sangre a través de la fe, como demostración de Su justicia, porque en Su tolerancia, Dios pasó por alto los pecados cometidos anteriormente, para demostrar en este tiempo Su justicia, a fin de que Él sea justo y sea el que justifica al que tiene fe en Jesús (Romanos 3:24-26).

6. Dos razones por las que la expiación era necesaria.

a. Porque el hombre ha roto la ley de Dios y las demandas de la ley deben ser honradas

i. Las Escrituras dicen que Dios no pasará por alto el pecado

El Señor es lento para la ira y abundante en misericordia, y perdona la iniquidad y la transgresión; pero de ninguna manera tendrá por inocente al culpable; sino que castigará la iniquidad de los padres sobre los hijos hasta la tercera y la cuarta generación (Números 14:18). (Ver también Éxodo 34:7 y Nahúm 1:2-3).

ii. La santidad de Dios se ofende con el pecado, y lo condena

> Porque Tú no eres un Dios que se complace en la maldad; el mal no mora en Ti. Los que se ensalzan no estarán delante de Tus ojos; Aborreces a todos los que hacen iniquidad. Destruyes a los que hablan falsedad; el Señor aborrece al hombre sanguinario y engañador. (Salmo 5:4-6).
> Porque la ira de Dios se revela desde el cielo contra toda impiedad e injusticia de los hombres, que con[l] injusticia restringen la verdad. (Romanos 1:18).

iii. Dios tiene que ser justo en la forma en que justifica a los impíos

> A quien Dios exhibió públicamente como propiciación por Su sangre a través de la fe, como demostración de Su justicia, porque en Su tolerancia, Dios pasó por alto los pecados cometidos anteriormente, para demostrar en este tiempo Su justicia, a fin de que Él sea justo y sea el que justifica al que tiene fe en Jesús (Romanos 3:25-26).

b. Porque la muerte es la pena por el pecado

> Porque la vida de la carne está en la sangre, y Yo se la he dado a ustedes sobre el altar para hacer expiación por sus almas. Porque es la sangre, por razón de la vida, la que hace expiación (Levítico 17:11).
> Porque la paga del pecado es muerte, pero la dádiva de Dios es vida eterna en Cristo Jesús Señor nuestro (Romanos 6:23).

Así que la muerte de Cristo en la cruz prueba la necesidad de expiación:

> Entonces Jesús les dijo: "¡Oh insensatos y tardos de corazón para creer todo lo que los profetas han dicho! ¿No era necesario que el Cristo padeciera todas estas cosas y entrara en Su gloria?". Comenzando por Moisés y continuando con todos los profetas, les explicó lo referente a Él en todas las Escrituras. (Lucas 24:25-27).
> Ahora Mi alma se ha angustiado; y ¿qué diré: "Padre, sálvame de esta hora"?... Pero Yo, si soy levantado de la tierra, atraeré a todos a Mí mismo".

> Pero Él decía esto para indicar la clase de muerte que iba a morir. (Juan 12:27, 32-33).

7. Siete frutos de la expiación de Cristo

i. El Diablo está derrotado

Su poder sobre la humanidad se ha quebrado. Cristo dijo que cuando muriera en la cruz el diablo sería echado fuera (Juan 12:31). Los creyentes son liberados de la esclavitud del reino de Satanás y trasladados al reino de Cristo (Colosenses 1:13).

> El que practica el pecado es del diablo, porque el diablo ha pecado desde el principio. El Hijo de Dios se manifestó con este propósito: para destruir las obras del diablo (1 Juan 3:8).

ii. La muerte pierde su poder

El pecado y la ley dan a la muerte un terrible poder sobre la humanidad (1 Corintios 15:56). Cristo le da a cada creyente la promesa de un lugar con él en el cielo cuando mueren. La muerte, por lo tanto, ya no causa ningún terror en el cristiano. El propósito de la gracia de Dios es claro:

> Y que ahora ha sido manifestada por la aparición de nuestro Salvador Cristo Jesús, quien puso fin a la muerte y sacó a la luz la vida y la inmortalidad por medio del evangelio (2 Timoteo 1:10).

iii. El dominio del pecado está quebrado

Como resultado de la caída, la humanidad quedó bajo el dominio del pecado (Romanos 1:21-32; 3:10-18). Cristo, a través del Espíritu Santo, no sólo le da al hombre una nueva naturaleza, sino también un nuevo poder para vivir una vida de santidad:

> Ni presenten los miembros de su cuerpo al pecado como instrumentos de iniquidad, sino preséntense ustedes mismos a Dios como vivos de entre los muertos, y sus miembros a Dios como instrumentos de justicia. Porque el pecado no tendrá dominio sobre ustedes, pues no están bajo la ley sino bajo la gracia (Romanos 6:13-14).

iv. Dios es propiciado

La ira de Dios, revelada desde el cielo contra toda impiedad e injusticia de los hombres (Romanos 1:18), ha sido aplacada por la muerte vicaria del Cordero de Dios que quita el pecado del mundo. Es decir, que porque Cristo sufrió en nuestro lugar (vicariamente) la justa ira de Dios es propiciada (porque Jesús la llevó en la cruz).

> Porque Cristo no entró en un lugar santo hecho por manos, una representación del verdadero, sino en el cielo mismo, para presentarse ahora en la presencia de Dios por nosotros... pero ahora, una sola vez en la consumación de los siglos, se ha manifestado para destruir el pecado por el sacrificio de sí mismo (Hebreos 9:24, 26).

v. Ha habido un cambio en el cielo

El pecado de Satanás y su desafío a Dios ocurrió en el cielo antes de que se hiciera el mundo. Su caída del cielo y la de sus ángeles confederados dejó alguna mancha de pecado incluso en el cielo. El sacrificio de Cristo y su aparición en el cielo con su propia sangre como Sumo Sacerdote purificó esta mancha:

> Por tanto, fue necesario que las representaciones de las cosas en los cielos fueran purificadas de esta manera, pero las cosas celestiales mismas, con mejores sacrificios que estos (Hebreos 9:23).

vi. Inicia el nuevo pacto en la sangre de Cristo

En la última cena Cristo dijo que la copa de vino que dio a sus discípulos simbolizaba "el nuevo pacto en mi sangre" (Lucas 22:20). Esta sangre estaba a punto de ser derramada en la cruz. Para que un pacto del Antiguo Testamento fuera ratificado, la sangre debía ser derramada (Éxodo 24:5-8). Lo mismo ocurre con el Nuevo Testamento (Hebreos 9:14-24).

> ¿Cuánto más la sangre de Cristo, quien por el Espíritu eterno Él mismo se ofreció sin mancha a Dios, purificará nuestra conciencia de obras muertas para servir al Dios vivo? Por eso Cristo es el mediador de un nuevo pacto, a fin de que habiendo tenido lugar una muerte para la redención de las transgresiones que se cometieron bajo el primer pacto, los que han sido llamados reciban la promesa de la herencia eterna (Hebreos 9:14-15).

vii. ¿Cuáles son las bendiciones del Nuevo Pacto?

Dios le da al creyente las siguientes bendiciones del pacto a través del Espíritu Santo: santidad, adopción, seguridad y perdón. Estas fueron predichas por Jeremías (31:31-34) y se confirman en todos los detalles en Hebreos 8:7-13.

- Santidad: "Pondré Mis leyes en la mente de ellos, y las escribiré sobre sus corazones (Hebreos 8:10a)."
- Adopción: "Yo seré su Dios, y ellos serán Mi pueblo (Hebreos 8:10b)".
- Seguridad: "Porque todos me conocerán, desde el menor hasta el mayor de ellos (versículo 11)."
- El perdón: "Pues tendré misericordia de sus iniquidades, y nunca más me acordaré de sus pecados (versículo 12)."

> Pero por obra Suya están ustedes en Cristo Jesús, el cual se hizo para nosotros sabiduría de Dios, y justificación, santificación y redención (1 Corintios 1:30).

PREGUNTAS

1. ¿Cuál es el significado de la propiciación, la reconciliación y el rescate?
2. ¿Cuáles son los elementos negativos y positivos de la justificación?

CAPÍTULO 8: JUSTIFICACIÓN POR LA FE

1. **Su significado en el Nuevo Testamento.**
2. **Los dos elementos de la justificación - negativo y positivo.**
    a. **El elemento negativo - la remisión de los pecados.**
    b. **El elemento positivo - la imputación de la justicia de Cristo.**
3. **Las diferencias entre la justificación y la santificación.**
    a. **Cuatro comparaciones.**
4. **La relación de la fe con la justificación.**
5. **Justificación y buenas obras - ¿Santiago está de acuerdo con Pablo?**
6. **Lecciones del pasado.**

La justificación por la fe es una declaración judicial de Dios de que el pecador penitente, mediante la unión por la fe con Cristo, es justo y libre de la culpa del pecado por la perfecta obediencia y muerte de Cristo en su lugar.

> Ahora bien, al que trabaja, el salario no se le cuenta como favor, sino como deuda; pero al que no trabaja, pero cree en Aquel que justifica al impío, su fe se le cuenta por justicia (Romanos 4:4-5).
> Por tanto, habiendo sido justificados por la fe, tenemos paz para con Dios por medio de nuestro Señor Jesucristo, por medio de quien también hemos obtenido entrada por la fe a esta gracia en la cual estamos firmes, y nos gloriamos en la esperanza de la gloria de Dios (Romanos 5:1-2).

En el Antiguo Testamento y en el Nuevo, Dios es a menudo retratado como "el Juez de toda la tierra" (Génesis 18:25). Un juez absuelve al inocente o condena al culpable. El trato de Dios con los hombres se describe a menudo en este sentido legal - somos responsables ante él como nuestro Juez por nuestro comportamiento en este mundo. En el Antiguo Testamento, la Ley de Dios se considera especialmente como el fundamento de su relación con su pueblo; justicia significa obediencia a su ley, conforme a sus normas. Por lo tanto, es muy válido en términos bíblicos decir que hay un aspecto judicial en nuestra relación con Dios y que "justificar" es la prerrogativa de Dios, el juez eterno.

1. Su significado en el Nuevo Testamento

El verbo griego dikaioō significa pronunciar justo, absolver. Pablo lo usa en un sentido legal diciendo que si una persona acusada en un tribunal de un crimen es encontrada inocente el juez la declara "no culpable". Por ejemplo:

> Sin embargo, sabiendo que el hombre no es justificado por las obras de la ley, sino mediante la fe en Cristo Jesús, también nosotros hemos creído en Cristo Jesús, para que seamos justificados por la fe en Cristo, y no por las obras de la ley. Puesto que por las obras de la ley nadie será justificado (Gálatas 2:16).
>
> Por tanto, hermanos, sepan que por medio de Él les es anunciado el perdón de los pecados; y que de todas las cosas de que no pudieron ser justificados por la ley de Moisés, por medio de Él, todo aquel que cree es justificado (Hechos 13:38-39).
>
> Todos son justificados gratuitamente por Su gracia por medio de la redención que es en Cristo Jesús, a quien Dios exhibió públicamente como propiciación[o] por Su sangre a través de la fe, como demostración de Su justicia, porque en Su tolerancia, Dios pasó por alto los pecados cometidos anteriormente, para demostrar en este tiempo Su justicia, a fin de que Él sea justo y sea el que justifica al que tiene fe en Jesús... Porque concluimos

> que el hombre es justificado por la fe aparte de las obras de la ley (Romanos 3:23-26, 28).

Ver también Romanos 4:5-8; 5:1,9; 8:30-34; 1 Corintios 6:11; Filipenses 3:9. Pablo está diciendo que Dios nos declara justos no en base a nada de lo que hemos hecho (cumplimiento de la ley o buenas acciones), sino simple y únicamente en base a la fe en Cristo Jesús. ¿Cómo es que la fe en Él nos hace justos ante Dios? ¿Cómo puede Dios justificar a los impíos? (Romanos 4:5) La respuesta es que la justificación es un acto puramente judicial de Dios que sólo afecta la condición moral del hombre ante Dios. Dios no dice que la persona impía sea ahora repentinamente santa; simplemente declara que mediante la muerte sacrificial de Cristo en nombre del pecador, las demandas de la justicia han sido satisfechas. Nuestra relación con la ley y sus justas demandas han sido satisfechos sobre la base de que Cristo cumplió la ley por nosotros, y murió en nuestro lugar.

> Él mismo llevó nuestros pecados en Su cuerpo sobre la cruz, a fin de que muramos al pecado y vivamos a la justicia, porque por Sus heridas fueron ustedes sanados (1 Pedro 2:24).
> Al que no conoció pecado, lo hizo pecado por nosotros, para que fuéramos hechos justicia de Dios en Él (2 Corintios 5:21).

Nuestro propio carácter moral no es la base de la declaración de que estamos justificados, y tampoco la afecta. La justificación es objetiva y sólo cambia nuestra relación moral con Dios y su ley; no nos cambia a nosotros mismos. El cambio moral se produce a través de la obra de santificación de Dios mediante el don del Espíritu Santo que nos renueva interiormente. La santificación está, sin embargo, indisolublemente vinculada a la justificación y nunca puede ser separada de ella. Esto se detallará más adelante en el capítulo.

2. Los dos elementos de la justificación - negativo y positivo

a. El elemento negativo - la remisión de los pecados

Tenemos el perdón, la cancelación de nuestros pecados, sobre la base de la obra expiatoria de Cristo. Este elemento de la justificación, la eliminación de nuestros pecados, se enfatiza en el Antiguo Testamento:

> Por Su conocimiento, el Justo, Mi Siervo, justificará a muchos, Y cargará las iniquidades de ellos (Isaías 53:11).
> ¡Cuán bienaventurado es aquel cuya transgresión es perdonada, cuyo pecado es cubierto! ¡Cuán bienaventurado es el hombre a quien el Señor no culpa de iniquidad, y en cuyo espíritu no hay engaño! (Salmo 32:1-2).
> Yo, Yo soy el que borro tus transgresiones por amor a Mí mismo, y no recordaré tus pecados (Isaías 43:25).

Ver también Isaías 44:22; Jeremías 31:34. La remisión de los pecados también se enfatiza en el Nuevo Testamento. La justificación nos asegura el perdón de todos nuestros pecados, pasados, presentes y futuros, y la eliminación de toda culpa y condena.

> Sin embargo, sabiendo que el hombre no es justificado por las obras de la ley, sino mediante la fe en Cristo Jesús, también nosotros hemos creído en Cristo Jesús, para que seamos justificados por la fe en Cristo, y no por las obras de la ley. Puesto que por las obras de la ley nadie será justificado (Gálatas 2:16).

Ver también Romanos 4:5-8; 5:18-19.

b. El elemento positivo - la imputación de la justicia de Cristo

Cristo murió no sólo para obtener el perdón de los pecados, sino también para imputar, para poner en nuestra cuenta, su propia justicia positiva e inmaculada. Por lo tanto, hay una transacción de doble sentido que tiene lugar cuando creemos: nuestros pecados se imputan a Cristo, quien carga el pecado, y en el mismo momento se nos imputa su justicia, ambos tienen lugar juntos y constituyen el método de justificación de Dios.

Esto debe ser visto como algo puramente objetivo. Nuestros pecados no hacen a Cristo moralmente pecador, ni su justicia nos hace moralmente perfectos. Nuestros pecados fueron el fundamento jurídico de su sufrimiento, y su justicia el fundamento jurídico de nuestra justificación y aceptación con Dios. Así es como Dios puede ser visto como justo y justificador de aquel que cree en Jesús (Romanos 3:26). El aspecto negativo (el perdón de los pecados) y el positivo (su justicia imputada) aseguran nuestra justa posición ante Dios.

> Pero ahora, aparte de la ley, la justicia de Dios ha sido manifestada, confirmada por la ley y los profetas. Esta justicia de Dios por medio de la fe en Jesucristo es para todos los que creen. Porque no hay distinción (Romanos 3:21-22).
>
> pero al que no trabaja, pero cree en Aquel que justifica al impío, su fe se le cuenta por justicia. Como también David habla de la bendición que viene sobre el hombre a quien Dios atribuye justicia aparte de las obras (Romanos 4:5-6).
>
> Al que no conoció pecado, lo hizo pecado por nosotros, para que fuéramos hechos justicia de Dios en Él. (2 Corintios 5:21).

Otros aspectos positivos de la justificación son: "una herencia entre los santificados" (Hechos 26:18), "paz con Dios" (Romanos 5:1), "acceso por la fe" a la presencia de Dios y "esperanza de la gloria de Dios" (Romanos 5:2). " están ustedes en Cristo Jesús, el cual se hizo para nosotros sabiduría de Dios, y justificación, santificación y redención" (1 Corintios 1:30).

3. Las diferencias entre la justificación y la santificación

Hemos visto que la justificación es la declaración de absolución de Dios, que declara al creyente libre de toda culpa porque Cristo ha muerto en su lugar. ¿Qué significa santificación? En el Antiguo Testamento los vasos sagrados del Templo se apartaban exclusivamente para los sacrificios y las ofrendas. No sólo se apartaban para Dios, sino que también eran usados por Dios. Por lo tanto, hay un doble aspecto de la santificación, uno estático y otro dinámico. Somos apartados para Dios, y somos usados por Dios. A través de su Espíritu morando en nosotros y el don de una nueva naturaleza nos hacemos progresivamente santos.

a. Cuatro comparaciones

- i. En la justificación se nos imputa la justicia de Cristo. En la santificación, la justicia de Cristo nos es impartida.
- ii. La justificación elimina la culpa del pecado. La santificación elimina la contaminación de nuestra naturaleza por el pecado.
- iii. La justificación es objetiva, tiene lugar fuera de nosotros. La santificación es subjetiva, tiene lugar dentro de nosotros.
- iv. La justificación es de una vez por todas - nunca necesita ser repetida. La santificación es un proceso - crecemos en la gracia y en el conocimiento de Dios.

4. La relación de la fe con la justificación

Hemos visto que la justificación es algo que Dios hace por nosotros. En muchos lugares del Nuevo Testamento Pablo se opone vigorosa y consistentemente a la idea de que la justificación es por obras:

> Porque si Abraham fue justificado por las obras, tiene de qué jactarse, pero no para con Dios. Porque ¿qué dice la Escritura? "Y creyó Abraham a Dios, y le fue contado por justicia". Ahora bien, al que trabaja, el salario no se le cuenta como favor, sino como deuda; pero al que no trabaja, pero cree en Aquel que justifica al impío, su fe se le cuenta por justicia. (Romanos 4:2-5).

Ver también Romanos 3:20-28; Gálatas 2:16-21; 3:11; Efesios 2:8-10. Si, por lo tanto, la justificación es enteramente la acción de Dios, ¿cuál es el valor de la fe? ¿Podemos decir que estamos salvados por nuestra fe? Si esto fuera cierto, contradiría lo que Pablo está diciendo sobre la imposibilidad de salvarnos por nuestras propias obras. La justificación no se basa en nuestra fe sino en la justicia y la obra de Cristo. No es nuestra fe sino Cristo quien nos salva. ¿Cuál es entonces el papel de la fe en nuestra salvación? La fe es el canal a través del cual la salvación de Dios nos llega. Es la habilidad dada por Dios para creer y recibir la salvación que se nos ofrece en el evangelio. La fe es la mano vacía que se extiende para recibir el regalo gratuito de la salvación de Dios:

> Porque por gracia ustedes han sido salvados por medio de la fe, y esto no procede de ustedes, sino que es don de Dios; no por obras, para que nadie se gloríe (Efesios 2:8-9).

¿Qué significa que la fe de Abraham le sea imputada por justicia?

> ¿Qué dice la Escritura? "Y creyó Abraham a Dios, y le fue contado por justicia" (Romanos 4:3).

Abraham fue justificado por Dios exactamente de la misma manera que nosotros hoy en día. Dios se le apareció a Abraham e hizo un pacto de gracia con él a través del cual la bendición llegaría a todo el mundo. (Génesis 12:1-3) Dios le que el Mesías venidero sería un descendiente directo de Isaac, el hijo de la promesa, dado por Dios a Abraham y Sara. De la manera en que Dios probó a Abraham, para sacrificar a Isaac su único hijo en el Monte Moriah, Dios le estaba dando una visión del Calvario y la redención del mundo por Cristo.

Sabemos que Abraham comprendió el camino de la salvación por las palabras de Cristo: " Abraham, el padre de ustedes, se regocijó esperando ver Mi día; y lo vio y se alegró". (Juan 8:56) Por lo tanto, cuando dice, "Abraham creyó a Dios", significa que a Abraham se le dio a entender que el camino de la salvación de Dios no es por las obras, sino por la fe y la confianza en el Dios vivo. Por lo tanto, Dios contó la justicia (la rectitud ante Dios) a Abraham sobre la base de la fe en Dios. Este es el camino de la salvación en Cristo.

5. Justificación y buenas obras - ¿Santiago está de acuerdo con Pablo?

Santiago hace la pregunta:

> ¿De qué sirve, hermanos míos, si alguien dice que tiene fe, pero no tiene obras? ¿Acaso puede esa fe salvarlo? Si un hermano o una hermana no tienen ropa y carecen del sustento diario, y uno de ustedes les dice: "Vayan en paz, caliéntense y sáciense", pero no les dan lo necesario para su cuerpo, ¿de qué sirve? Así también la fe por sí misma, si no tiene obras, está muerta. (Santiago 2:14-17).

Continúa diciendo que cuando Abraham fue probado por Dios para sacrificar a su único hijo Isaac, su fe fue justificada por sus obras porque obedeció a Dios:

> Ya ves que la fe actuaba juntamente con sus obras, y como resultado de las obras, la fe fue perfeccionada (Santiago 2:22)

¿Parece haber una contradicción entre Santiago y Pablo? Sin embargo, cuando examinamos los dos pasajes en cuestión, Santiago 2 y Romanos 3 y 4, podemos ver que Pablo y Santiago están realmente hablando de "fe" y "obras" de maneras muy diferentes. Claramente se dirigen a diferentes tipos de errores en las iglesias a las que escribían.

Santiago escribe a los creyentes judíos que tenían un tipo de "fe", que profesaban creer en Dios y en Cristo, pero no producía ningún fruto, ni buenas obras. Su "fe" estaba muerta, como la "fe" de los demonios, que creen en Dios pero siguen siendo demonios.

Pablo, por otro lado, se dirige a aquellos judíos que pensaban que podían ganar la salvación por sus propias obras. Dice que la ley no fue dada para ayudarnos a ganar la salvación. "Pues por medio de la ley viene el conocimiento del pecado" (Romanos 3:20).

La obediencia a la ley y la realización de buenas obras nunca sustituyó a la fe en la misericordia y el perdón de Dios. La salvación no viene por los esfuerzos del hombre en cumplir la ley, sino sólo por la fe y la gracia de Dios.

Santiago usa la palabra "fe" para referirse a un entendimiento intelectual muerto y vacío; usa la palabra "obras" para referirse a la evidencia de una fe viva, obediente y activa. Pablo, por otro lado, usa la palabra "fe" para destacar la confianza pura y activa en Dios y en la promesa de salvación de Dios; usa la palabra "obras" para señalar que el método del hombre a fin de merecer la salvación es guardando la ley. Santiago critica una fe muerta que no produce buenas obras. Pablo está proclamando una fe viva en Cristo que produce buenas obras, pero no confía en ellas para ser salvado.

6. Lecciones del pasado

El redescubrimiento de la doctrina de la justificación por la fe fue la razón principal de la Reforma Protestante en el siglo XVI. La Reforma fue una reacción contra las falsas doctrinas y las prácticas corruptas que se habían desarrollado durante un extenso período de tiempo en la Iglesia Católica Romana. Esa Iglesia enseñaba que una persona podía ser salva por sus propias obras a través de los sacramentos de la Iglesia. La fe era tan necesaria como también los actos de obediencia. Uno podía salvarse por sus propios esfuerzos y por creer en Cristo. Era una mezcla de fe y obras.

El catolicismo romano aún enseña que todo pecado cometido antes del bautismo es perdonado en el bautismo, a través del cual recibimos la vida espiritual. Los pecados cometidos después del bautismo son perdonados por la confesión al sacerdote, haciendo penitencia y sufriendo en el purgatorio.

Los reformadores no estaban de acuerdo con el punto de vista católico romano por cuatro razones:

i. El bautismo no imparte una nueva vida espiritual; no permite a una persona justificarse. Somos justificados por la fe en Cristo, no por la fe en el bautismo.
ii. La vida espiritual no se recibe en el bautismo y por lo tanto no puede ser la razón para que Dios acepte al pecador.
iii. El pecador no es justificado por las acciones santas o por los sacramentos, sino por la obra de Cristo en la cruz.
iv. La justificación viene por la fe en la muerte expiatoria de Cristo en la cruz. La cruz de Cristo es una obra perfecta de la gracia de Dios; las penitencias y el purgatorio no son necesarios para completarla.

El Concilio Católico Romano de Trento (6) (vii) dice:

> La justificación en sí misma, que no es sólo la remisión de los pecados, sino también la santificación y la renovación del hombre interior mediante la recepción voluntaria de la Gracia y de los dones por los que el hombre injusto se convierte en justo y el enemigo en amigo... La causa instrumental es el Bautismo, que es el sacramento de la fe sin el cual ningún hombre fue jamás justificado.

Aquí vemos cómo el catolicismo romano confunde justificación y santificación, diciendo que estamos justificados al convertirnos en justos.

El enfoque ya no es la justicia de Cristo, sino nuestra propia justicia, recibida a través del bautismo y evidenciada por la renovación del hombre interior.

El gran erudito Erasmo trató de reconciliar estas perspectivas tan opuestas en una reunión de teólogos protestantes y católicos romanos. Sorprendentemente, estos últimos estuvieron de acuerdo en que la justificación es por la fe, "sólo por los méritos de Jesucristo". Sin embargo, se descubrió que las dos partes tenían una idea completamente diferente del significado de "fe". Los protestantes decían que significaba un simple acto de completa confianza en Cristo que es la única esperanza de justicia para los pecadores. Los católicos romanos entendían que la fe trabajaba a través de la influencia del Espíritu Santo en los creyentes, produciendo justicia en ellos y haciéndolos aceptables para Dios.

Los teólogos católicos romanos sostenían que la fe es una aceptación mental de las enseñanzas de la Iglesia, mientras que Lutero decía que era una respuesta del corazón que mostraba la humilde confianza en Cristo para la salvación. Aquí están entonces las dos opiniones tan opuestas. Roma dice que la justificación es, "ser hecho justo", pero Pablo (y Lutero después de él) dicen que es, "ser declarado justo" por la muerte de Cristo por nuestros pecados. El primero pone su énfasis en las obras del hombre mientras que el segundo pone su énfasis en la obra de Cristo. Después de casi 500 años, la brecha entre estos puntos de vista sigue siendo tan grande como siempre.

PREGUNTAS

1. ¿Cómo afecta la muerte de Cristo en la cruz la condición moral de un creyente delante de Dios?
2. ¿Cuáles son los elementos negativos y positivos de la justificación?
3. ¿Cuáles son las diferencias entre la justificación y la santificación?

CAPÍTULO 9: REGENERACIÓN

1. **Las palabras usadas en el Nuevo Testamento.**
    a. **Cinco palabras diferentes.**
2. **¿Qué es la regeneración?**
    a. **Negativamente: lo que no es - cuatro puntos.**
    b. **Positivamente: lo que sí es - cuatro puntos.**
3. **La necesidad de la regeneración - debemos nacer de nuevo.**
4. **¿Quién hace esta regeneración?**
    a. **¿Es el bautismo la causa de la regeneración?**
    b. **Cuatro objeciones hechas contra la opinión de que el bautismo por un sacerdote regenera el alma.**
5. **Las señales que indican que la regeneración ha tenido lugar en nuestras almas.**
    a. **Ocho señales de la realidad de la regeneración.**

¿A qué se refiere la Biblia cuando dice que para ser salvados debemos "nacer de nuevo"? "Jesús le contestó: "En verdad te digo que el que no nace de nuevo[b] no puede ver el reino de Dios" (Juan 3:3)."

1. Las palabras usadas en el Nuevo Testamento

La regeneración es la obra de Dios, por la cual Él planta la semilla de la nueva vida dentro de nosotros, para que la disposición gobernante del alma se haga santa. Hay una diferencia entre almacenar las semillas en un granero y plantarlas en el campo, donde brotan a la vida y salen de la tierra como plantas. La regeneración es la semilla de la vida espiritual que Dios siembra en nuestras almas que brotan a la vida. La conversión, por otro lado, es un cambio de dirección y es la consecuencia de la regeneración. Ocurre conscientemente en el hombre haciendo que se convierta del pecado y de sí mismo a Dios. La conversión es el resultado de la regeneración. Los siguientes términos bíblicos se usan para describir el cambio en nuestras almas cuando nacemos de nuevo por el Espíritu Santo.

a. Cinco palabras diferentes

i. Engendrar, nacer, *gennaō*. Esta es la palabra más usada en el Nuevo Testamento para el nuevo nacimiento.

> En verdad te digo que el que no nace de nuevo no puede ver el reino de Dios... Lo que es nacido de la carne, carne es, y lo que es nacido del Espíritu, espíritu es. No te asombres de que te haya dicho: "Tienen que nacer de nuevo". El viento sopla por donde quiere, y oyes su sonido, pero no sabes de dónde viene ni adónde va; así es todo aquel que es nacido del Espíritu'" (Juan 3:3, 6-8).
>
> Si saben que Él es justo, saben también que todo el que hace justicia es nacido de Él (1 Juan 2:29).

Ver también 1 Pedro 1:3,23 (anagennaō en ambos casos); 1 Juan 3:9; 4:7; 5:1, 4,18.

ii. *Paliggenesia*. Se usa sólo dos veces en el Nuevo Testamento (Mateo 19:28; Tito 3:5). Significa renacimiento, regeneración. En el primer texto se refiere a la renovación del mundo al final de la era; en el segundo al renacimiento de una persona redimida.

> Él nos salvó, no por las obras de justicia que nosotros hubiéramos hecho, sino conforme a Su misericordia, por medio del lavamiento de la regeneración y la renovación por el Espíritu Santo (Tito 3:5).

iii. Para dar a luz, *apokueō.*

> En el ejercicio de Su voluntad, Él nos hizo nacer por la palabra de verdad, para que fuéramos las primicias de sus criaturas (Santiago 1:18).

iv. Lo que es creado, *ktisis.*

> De modo que si alguno está en Cristo, nueva criatura es; las cosas viejas pasaron, ahora han sido hechas nuevas (2 Corintios 5:17).
> Porque ni la circuncisión es nada, ni la incircuncisión, sino una nueva creación (Gálatas 6:15).

Ver Efesios 2:10; 4:24. En ambos versículos se utiliza el verbo crear (ktizō).

v. Para dar vida, *zōopoieō.*

> Porque así como el Padre levanta a los muertos y les da vida, asimismo el Hijo también da vida a los que Él quiere (Juan 5:21).
> Aun cuando estábamos muertos en nuestros delitos, nos dio vida juntamente con Cristo (por gracia ustedes han sido salvados) (Efesios 2:5).
> Ver también Colosenses 2:13.

2. ¿Qué es la regeneración?

a. Negativamente: lo que no es - cuatro puntos.

i. La regeneración no es algo emocional o físico; no se añaden nuevas facultades al alma.
ii. Nuestra naturaleza humana fundamental no cambia. Una persona tranquila e introspectiva no se convierte en un ruidoso extrovertido.
iii. La regeneración no nos hace perfectos e incapaces de pecar.

iv. La regeneración no es sólo un acto de nuestra voluntad que produce una reforma moral.

b. Positivamente: lo que sí es - cuatro puntos.

La regeneración es la plantación de un nuevo principio de vida espiritual que Dios hace dentro de nosotros; la santidad se convierte ahora en la disposición gobernante de nuestras almas. ¿Qué es una disposición? Es algo que gobierna la forma en que nos comportamos porque lo creemos. Dos gemelos pueden tener facultades, habilidades y poderes casi idénticos, pero su comportamiento y la calidad de sus vidas pueden ser completamente diferentes. ¿Por qué? Uno tiene una buena disposición y el otro una mala disposición. Uno está controlado por buenos motivos y el otro, por el mal.

Lo que sucede en la regeneración es que Dios opera sobre nosotros por el Espíritu Santo de tal manera que hay un cambio fundamental en nuestras disposiciones; esto determina cómo usamos nuestras facultades. Por ejemplo, vemos a Saulo de Tarso, un hombre de intelecto y habilidad persiguiendo a la iglesia con celo y determinación. Luego lo vemos como el gran apóstol Pablo predicando a Cristo a toda criatura con humildad y amor. ¿Qué ha cambiado? Sus facultades y poderes son los mismos, pero ahora tiene una nueva disposición que controla y da una nueva dirección a sus grandes habilidades. Por lo tanto, podemos señalar cuatro características importantes de la verdadera regeneración:

i. La regeneración afecta a todo el hombre: mente, corazón y voluntad. Todos nuestros poderes están ahora bajo una nueva administración.
ii. La regeneración es instantánea. No tiene estados intermedios y no es gradual. Sin embargo, puede que nuestra conciencia y el conocimiento de ello no ocurran todos a la vez.

iii. Tiene lugar en el inconsciente. Su origen es un misterio y Jesús dijo que no podemos entenderlo completamente.

> No te asombres de que te haya dicho: "Tienen que nacer de nuevo". El viento sopla por donde quiere, y oyes su sonido, pero no sabes de dónde viene ni adónde va; así es todo aquel que es nacido del Espíritu" (Juan 3:7-8).

iv. Es efectuado por Dios. Así como no tuvimos parte en nuestro nacimiento físico, tampoco la tenemos en el espiritual. De acuerdo con Juan 3:8 nuestro nuevo nacimiento es enteramente obra de Dios el Espíritu Santo sobre nosotros. El nuevo nacimiento es el resultado de una intervención sobrenatural en nuestras vidas:

> Que no nacieron de sangre, ni de la voluntad de la carne, ni de la voluntad del hombre, sino de Dios (Juan 1:13).

3. La necesidad de la regeneración - debemos nacer de nuevo

Como vimos en el capítulo cuatro, "La caída del hombre", la condición espiritual del hombre según la Biblia es de muerte y oscuridad. Está muerto espiritualmente, un rebelde contra Dios y en la esclavitud tanto del pecado como de Satanás. Sólo hay un remedio para esta terrible condición, un poder totalmente nuevo y vivificante como Cristo resucitado de entre los muertos.

El problema del hombre no es la falta de información y consejo; el mundo está lleno de enseñanzas morales que nos dicen cómo debemos vivir. El hombre carece del poder que surge de poseer una vida relación con Dios. Jesús lo dejó perfectamente claro a un líder religioso de los judíos llamado Nicodemo. Le dijo que lo que necesitaba no era más información; necesitaba una nueva naturaleza:

> "En verdad te digo que el que no nace de nuevo no puede ver el reino de Dios" (Juan 3:3).

Pablo dice lo mismo:

> De modo que si alguno está en Cristo, nueva criatura es; las cosas viejas pasaron, ahora han sido hechas nuevas (2 Corintios 5:17).
> Porque ni la circuncisión es nada, ni la incircuncisión, sino una nueva creación (Gálatas 6:15).
> Porque por gracia ustedes han sido salvados por medio de la fe, y esto no procede de ustedes, sino que es don de Dios; no por obras, para que nadie se gloríe. Porque somos hechura Suya, creados en Cristo Jesús para hacer buenas obras, las cuales Dios preparó de antemano para que anduviéramos en ellas (Efesios 2:8-10).

El propósito de Dios al salvarnos no es sólo adoptarnos en su familia, sino también transformarnos a la imagen y semejanza de su Hijo. En el plan de Dios, Cristo va a ser el primogénito entre muchos hermanos:

> Porque a los que de antemano conoció, también los predestinó a ser hechos conforme a la imagen de Su Hijo, para que Él sea el primogénito entre muchos hermanos (Romanos 8:29).
> Pero todos nosotros, con el rostro descubierto, contemplando como en un espejo la gloria del Señor, estamos siendo transformados en la misma imagen de gloria en gloria, como por el Señor, el Espíritu (2 Corintios 3:18).

Así como los hijos terrenales se parecen a sus padres físicamente, los hijos de Dios se parecen espiritualmente. Para que nos transformemos a la imagen de Cristo necesitamos nacer del Espíritu Santo y vivir en él. Es a través del Espíritu que llegamos a compartir la semejanza de la familia:

> No por las obras de justicia que nosotros hubiéramos hecho, sino conforme a Su misericordia, por medio del lavamiento de la regeneración y la renovación por el Espíritu Santo (Tito 3:5).

4. ¿Quién es el autor de la regeneración?

Debido a su naturaleza radical, la regeneración no es obviamente obra del hombre, sino del Espíritu Santo. La regeneración es nada menos que llevar una nueva vida espiritual a los muertos. El Espíritu Santo trabaja directamente en el corazón del hombre y cambia su condición espiritual. En este trabajo interno y espiritual no hay ninguna cooperación humana en absoluto. Las escrituras ya citadas lo demuestran de manera concluyente (Juan 1:13; 3:3-8; 5:21; Efesios 2:8-10; Tito 3:5)

¿Escuchar la palabra de Dios es un medio de regeneración como sugiere Santiago 1:18 y 1 Pedro 1:23? Es más probable que estos versículos se refieran al elemento consciente de nuestra salvación, cuando realmente escuchamos el mensaje del evangelio y lo creemos, que a la operación inconsciente y misteriosa cuando Dios pone vida eterna en nuestras almas. Así como en el reino físico, el momento de la concepción es distinto y aparte del momento real del nacimiento, así parece que también lo es en el reino espiritual. Lo mismo se aplica a la parábola del sembrador. La palabra de Dios sólo puede ser efectiva si el suelo en el que cae es bueno, es decir, Dios lo ha preparado para recibir la semilla. Hay un trabajo preparatorio que hace Dios antes de que lleguemos a Cristo. Dios Padre inclina nuestros corazones no dispuestos para que queramos venir a Cristo:

> Nadie puede venir a mí si no lo trae el Padre que me envió, y yo lo resucitaré en el día final. (Juan 6:44).

a. ¿Es el bautismo la causa de la regeneración?

Esta es la enseñanza de la Iglesia Católica Romana y de la Iglesia Ortodoxa Rusa también. Ambas iglesias enseñan que todos los que son bautizados por un sacerdote nacen de nuevo e inmediatamente se convierten en verdaderos cristianos.

En 1994, el Papa autorizó la publicación de El Catecismo de la Iglesia Católica, la más moderna y completa (700 páginas) explicación de la doctrina de la Iglesia Católica Romana que tardó casi treinta años en completarse. Los siguientes párrafos del Catecismo han sido seleccionados para mostrar lo que la Iglesia Católica Romana enseña sobre la importancia del bautismo y su efecto en la doctrina de la regeneración.

- 1113 - Toda la vida litúrgica de la Iglesia (Católica Romana) gira en torno a la Misa y los siete sacramentos: Bautismo, Confirmación, Misa, Penitencia, Unción de los enfermos, Ordenación y Matrimonio.
- 1120 - El Sacerdocio ordenado garantiza que realmente es Cristo quien actúa en los sacramentos a través del Espíritu Santo para la Iglesia.
- 1128 - Este es el significado de la afirmación de la Iglesia de que los sacramentos actúan *"ex opere operato"* en virtud de la obra salvadora de Cristo realizada de una vez por todas. *('Ex opere operato'* significa que los sacramentos actúan efectiva y automáticamente en quien los recibe).
- 1213 - El Santo Bautismo es la base de toda la vida cristiana, la puerta de entrada a la vida en el Espíritu y la puerta a los demás sacramentos. A través del bautismo somos liberados del pecado y renacemos como hijos de Dios; nos convertimos en miembros de Cristo, somos incorporados a la Iglesia y compartimos su misión. El bautismo es el sacramento de la regeneración a través del agua en la palabra.
- 1227 - Los bautizados se han "vestido de Cristo". A través del Espíritu Santo, el bautismo es un baño que purifica, justifica y santifica.
- 1250 - El bautismo de los niños. Nacidos con una naturaleza humana caída y manchada por el pecado original, los niños también tienen necesidad del nuevo nacimiento en el bautismo

para ser liberados de los poderes de las tinieblas y llevados al reino de la libertad de los hijos de Dios a la que todos los hombres están llamados. La pura libertad de la gracia de la salvación se manifiesta particularmente en el bautismo infantil. La Iglesia y los padres estarían negando a un niño la invaluable gracia de convertirse en un hijo de Dios si no dieran el bautismo poco después del nacimiento.

- 1265 - El bautismo no sólo purifica de todos los pecados sino que también hace del convertido una nueva criatura, un hijo adoptivo de Dios, que se ha convertido en "participante de la Naturaleza Divina", un miembro de Cristo y coheredero con él y un templo del Espíritu Santo.

El lector no tiene dudas de que el catolicismo romano enseña que las almas nacen de nuevo, regeneradas por el Espíritu Santo, cuando son bautizadas por un sacerdote.

b. Cuatro objeciones hechas contra la opinión de que el bautismo por un sacerdote regenera el alma.

i. El apóstol Pablo en todos sus escritos dice que la salvación se recibe en arrepentimiento y fe. ¿Cómo puede una persona ser salvada? Pablo dice:

> Mas, ¿qué dice? Cerca de ti está la palabra, en tu boca y en tu corazón, es decir, la palabra de fe que predicamos: que si confiesas con tu boca a Jesús por Señor, y crees en tu corazón que Dios le resucitó de entre los muertos, serás salvo; (Romanos 10:8-9).

Hacia el final de su vida Pablo resumió el mensaje básico del evangelio como:

> Testificando solemnemente, tanto a judíos como a griegos, del arrepentimiento para con Dios y de la fe en nuestro Señor Jesucristo (Hechos 20:21).

Pero si fue el bautismo lo que realmente salvó y regeneró a la gente, ¿cómo podría Pablo decir:

> Pues Cristo no me envió a bautizar, sino a predicar el evangelio, no con palabras elocuentes, para que no se haga vana la cruz de Cristo. (1 Corintios 1:17).

Si el bautismo es esencial para la salvación, como cree la Iglesia Católica Romana, ¿cómo podría Pablo decir que no era lo que Cristo le había enviado a hacer? ¿Qué es lo que salva a los hombres? Pablo dice que es la predicación de la cruz de Cristo, no el rito del bautismo. Esta fue la razón por la que Pablo dio prioridad a la predicación en lugar del bautismo.

ii. La Iglesia Católica Romana cree que Juan 3:5 se refiere al bautismo. Pero debemos entender que el bautismo en agua no obliga al Espíritu Santo a regenerar a una persona. Si miramos el contexto que rodea el versículo que leímos que Jesús dijo:

> No te asombres de que te haya dicho: "Os es necesario nacer de nuevo". El viento sopla donde quiere, y oyes su sonido, pero no sabes de dónde viene ni adónde va; así es todo aquel que es nacido del Espíritu (Juan 3:7-8).

¿Podemos predecir lo que el viento hará y en qué dirección irá? ¿Podemos controlar el viento y hacer que obedezca nuestras órdenes? Así como no podemos controlar el viento, tampoco podemos controlar el Espíritu Santo. Aunque usemos el sacramento del bautismo no podemos controlar a Dios Espíritu Santo y ordenarle que regenere a quien nosotros queramos. Juan dijo:

> Pero a todos los que le recibieron, les dio el derecho de llegar a ser hijos de Dios, es decir, a los que creen en su nombre, que no nacieron de sangre, ni de la voluntad de la carne, ni de la voluntad del hombre, sino de Dios (Juan 1:12-13).

Es Dios quien soberanamente da la vida espiritual a quien quiere, no es el hombre, ni la Iglesia ni el sacerdote. Y noten que este derecho es dado a aquellos que creen en su nombre. La idea de que un bebé que no puede ejercer ni el arrepentimiento ni la fe puede ser regenerado automáticamente por el bautismo en agua es bastante lejana al Nuevo Testamento. Ninguna acción de la Iglesia puede dar la regeneración de un alma - esa es prerrogativa únicamente de Dios. La Iglesia puede pedirle a Dios que bendiga sus ministerios pero nunca puede ordenarle que lo haga.

iii. ¿Qué pasa entonces con la prueba de experiencia práctica? De los cientos de miles de bebés bautizados, ¿cuántos en la vida adulta se unen a la Iglesia, siguen a Cristo y muestran en sus vidas los frutos de la santidad y la vida en el Espíritu Santo? Sólo una pequeña minoría.

La gran mayoría de los bebés bautizados nunca se convierten en verdaderos creyentes o seguidores de Cristo cuando crecen. La experiencia demuestra que aquellos que se unen a la Iglesia como adultos en profesión de fe tienen más probabilidades de ser verdaderos seguidores de Cristo que aquellos que son bautizados de niños. El bautismo no regenera el alma. Esta es obra del Espíritu Santo, cuando obran la fe y el arrepentimiento en nuestros corazones, somos llevados a un renacimiento espiritual.

iv. Algunas denominaciones cristianas afirman que como los niños varones en la era del Antiguo Testamento fueron circuncidados, es correcto que todos los niños de las familias cristianas en la era del Nuevo Testamento sean bautizados. Pero el bautismo en el Nuevo Testamento, a diferencia de la circuncisión en el Antiguo Testamento es siempre la consecuencia del arrepentimiento y la fe, nunca al revés. Pedro dice en el día de Pentecostés a aquellos que creyeron en su mensaje:

> Y Pedro les dijo: Arrepentíos y sed bautizados cada uno de vosotros en el nombre de Jesucristo para perdón de vuestros pecados, y recibiréis el don del Espíritu Santo. (Hechos 2:38).

El mismo orden se sigue en todos los ejemplos de bautismo del Libro de los Hechos, de los cuales hay no menos de nueve - Hechos 8:12,36; 9:18; 10:47; 16:15-39; 18:8; 19:5 y 22:16. En los tiempos del Antiguo Testamento, la circuncisión sólo admitía uno de los beneficios externos del antiguo pacto; no era una garantía de salvación. Pablo lo muestra claramente en Romanos 2:25-29:

> Pues ciertamente la circuncisión es de valor si tú practicas la ley, pero si eres transgresor de la ley, tu circuncisión se ha vuelto incircuncisión. Por tanto, si el incircunciso cumple los requisitos de la ley, ¿no se considerará su incircuncisión como circuncisión? Y si el que es físicamente incircunciso guarda la ley, ¿no te juzgará a ti, que aunque tienes la letra de la ley y eres circuncidado, eres transgresor de la ley? Porque no es judío el que lo es exteriormente, ni la circuncisión es la externa, en la carne; sino que es judío el que lo es interiormente, y la circuncisión es la del corazón, por el Espíritu, no por la letra; la alabanza del cual no procede de los hombres, sino de Dios.

Si el signo externo de la circuncisión no regeneró a la gente en el Antiguo Testamento, ¿por qué el bautismo en el Nuevo? Pedro apoya esta visión del bautismo cuando dice:

> [El bautismo ahora os salva] (no quitando la suciedad de la carne, sino como una petición a Dios de una buena conciencia) mediante la resurrección de Jesucristo (1 Pedro 3:21).

Pedro dice que el agua usada para lavar nuestros cuerpos en el bautismo no tiene ningún poder mágico para salvarnos. La persona que es bautizada debe tener los ingredientes de la fe y la santidad para que el bautismo tenga algún valor. No hay una garantía automática de regeneración en el rito mismo, como no la hubo en la circuncisión.

5. Señales de que la regeneración ha tenido lugar en nuestras almas

¿Cómo podemos saber que nos hemos regenerado, que hemos experimentado el nuevo nacimiento? Si decimos que somos verdaderos cristianos y que hemos recibido nueva vida de Dios, ¿cómo podemos estar seguros de que no nos estamos engañando? Las siguientes señales evidencian la realidad de la regeneración:

i. Fe. Creemos que Jesucristo es el Hijo de Dios.

> Todo aquel que cree que Jesús es el Cristo, es nacido de Dios; (1 Juan 5:1). Estas cosas os he escrito a vosotros que creéis en el nombre del Hijo de Dios, para que sepáis que tenéis vida eterna... (1 Juan 5:13). Ver también 1 Juan 4:15; 5:5.

ii. Justicia. Guardamos los mandamientos de Dios.

> Jesús respondió, y le dijo: Si alguno me ama, guardará mi palabra... (Juan 14:23).
> Y en esto sabemos que hemos llegado a conocerle: si guardamos sus mandamientos (1 Juan 2:3). Ver también 1 Juan 1:6-7; 5:2-3.

iii. El Espíritu. Hemos recibido el Espíritu Santo y somos conscientes de su presencia. El Espíritu Santo es como el viento; no podemos verlo pero podemos ver sus efectos. El Espíritu Santo nos hace conscientes de que Dios es nuestro Padre y nosotros somos sus hijos:

> Pues no habéis recibido un espíritu de esclavitud para volver otra vez al temor, sino que habéis recibido un espíritu de adopción como hijos, por el

> cual clamamos: ¡Abba, Padre! El Espíritu mismo da testimonio a nuestro espíritu de que somos hijos de Dios (Romanos 8:15-16).
> Y en esto sabemos que Él permanece en nosotros: por el Espíritu que nos ha dado (1 Juan 3:24).

Ver también Gálatas 4:6; 1 Juan 2:20, 27; 4:13.

iv. Amor. Amamos a nuestros hermanos y hermanas cristianos.

> Nosotros sabemos que hemos pasado de muerte a vida porque amamos a los hermanos. El que no ama permanece en muerte. (1 Juan 3:14).
> Todo aquel que cree que Jesús es el Cristo, es nacido de Dios; y todo aquel que ama al Padre, ama al que ha nacido de Él. (1 Juan 5:1)

Ver también 1 Juan 2:9-11.

v. La lucha. Somos conscientes del conflicto de dos naturalezas dentro de nosotros. Esto es más que una lucha entre el bien y el mal; es una lucha entre el Espíritu Santo y Satanás. Hay una guerra en nuestro interior mientras el Espíritu Santo intenta hacer crecer al cristiano en santidad y el diablo lo tienta a pecar. Pablo reconoce esto:

> Digo, pues: Andad por el Espíritu, y no cumpliréis el deseo de la carne. Porque el deseo de la carne es contra el Espíritu, y el del Espíritu es contra la carne, pues estos se oponen el uno al otro, de manera que no podéis hacer lo que deseáis. (Gálatas 5:16-17).

vi. Odio al pecado. Odiamos nuestros propios pecados. Un rasgo de la vida moderna de hoy es el odio que existe entre las naciones, las razas, los partidos políticos ¡e incluso los equipos de fútbol! Nos apresuramos a señalar las faltas de los demás y nos enojamos mucho con sus pecados. Esto es a menudo debido a la autojustificación y la ceguera ante nuestros propios pecados y fallas.

El verdadero cristiano se ve a sí mismo como un pecador culpable, merecedor del infierno, por lo que ha dejado de señalar con el dedo a otras personas. Conoce y reconoce sus propios pecados y debilidades y está de acuerdo de todo corazón con Pablo cuando dice:

> Pero veo otra ley en los miembros de mi cuerpo que hace guerra contra la ley de mi mente, y me hace prisionero de la ley del pecado que está en mis miembros. ¡Miserable de mí! ¿Quién me libertará de este cuerpo de muerte? (Romanos 7:23-24).

Pablo también está de acuerdo con David cuando dice:

> Ten piedad de mí, oh Dios, conforme a tu misericordia; conforme a lo inmenso de tu compasión, borra mis transgresiones. Lávame por completo de mi maldad, y límpiame de mi pecado. Porque yo reconozco mis transgresiones, y mi pecado está siempre delante de mí. Contra ti, contra ti solo he pecado, y he hecho lo malo delante de tus ojos, de manera que eres justo cuando hablas, y sin reproche cuando juzgas... (Salmo 51:1-4).

vii. Centrados en Dios. Deseamos conocer y amar a Dios más y más. Antes nos preocupábamos por complacernos y satisfacer los deseos de la carne y de la mente - estábamos completamente centrados en nosotros mismos. Uno de los primeros signos del nuevo nacimiento es que todo lo que comienza a cambiar y nuestro pensamiento se vuelve centrado en Dios.

> Pero todo lo que para mí era ganancia, lo he estimado como pérdida por amor de Cristo. Y aún más, yo estimo como pérdida todas las cosas en vista del incomparable valor de conocer a Cristo Jesús, mi Señor, por quien lo he perdido todo, y lo considero como basura a fin de ganar a Cristo… y conocerle a Él, el poder de su resurrección y la participación en sus padecimientos, llegando a ser como Él en su muerte
> (Filipenses 3:7-10).

> Como el ciervo anhela las corrientes de agua, así suspira por ti, oh Dios, el alma mía. Mi alma tiene sed de Dios, del Dios viviente; ¿cuándo vendré y me presentaré delante de Dios? (Salmo 42:1-2).

viii. Hambre espiritual. Tenemos hambre y sed de justicia. Cuando nacemos de nuevo, recibimos una nueva naturaleza y la vida en común de Dios Espíritu Santo. Esto altera radicalmente nuestros deseos. No sólo queremos ser libres del pecado, sino ser como Dios, y estar con Dios. Se ha dicho que las nueve bienaventuranzas (Mateo 5:3-12) son las características del nuevo hombre en Cristo. La cuarta bienaventuranza dice: "Bienaventurados los que tienen hambre y sed de justicia, pues ellos serán saciados (Mateo 5:6)."

Conclusión: Si experimentamos un poco de la realidad de cada una de estas ocho evidencias bíblicas, entonces sabemos que, por gracia, hemos nacido del Espíritu de Dios y somos, en efecto, herederos de Dios y coherederos con Cristo.

PREGUNTAS

1. ¿En qué se diferencia la regeneración de la conversión?
2. ¿Quién es el autor de la regeneración en el alma de una persona? ¿Por qué decimos que la regeneración es un misterio?
3. ¿Cuáles son las señales de que una persona ha vuelto a nacer?

CAPÍTULO 10: LA PERSONA Y LA OBRA DEL ESPÍRITU SANTO

1. **Otro ayudador.**
2. **Es una persona, no una fuerza.**
    a. **Tiene cualidades personales.**
    b. **Tiene un ministerio personal.**
    c. **Tiene un efecto personal sobre nosotros.**
    d. **Tiene una relación personal con nosotros.**
3. **Él es Dios, la tercera persona de la Trinidad.**
    a. **Es igual al Padre y al Hijo.**
    b. **Tiene cualidades divinas.**
    c. **Se refiere a él como Dios.**
4. **Su relación con otros miembros de la Trinidad.**
5. **Su obra en el Antiguo Testamento.**
6. **Su obra en el Nuevo Testamento.**
    a. **El ministerio del Espíritu Santo glorifica a Jesús.**
    b. **El plan misionero del Espíritu Santo.**
    c. **El plan misionero del Espíritu Santo en el libro de Hechos.**
    d. **El trabajo del Espíritu en el creyente.**
7. **Los dones del Espíritu.**
    a. **Desarrollos del siglo XX.**
    b. **El punto de vista tradicional protestante.**
    c. **Dones espirituales - conclusiones generales.**
    d. **Dones espirituales - guía y advertencias.**

La Biblia dice que la obra del Espíritu Santo es esencial y que nada de valor espiritual puede hacerse aparte de él. Sin su obra:

- Cristo no habría resucitado de la muerte - no hay resurrección
- Nadie podría nacer de nuevo - no habría cristianos
- Nadie podría ser testigo efectivo - no habría evangelismo
- Los apóstoles olvidarían la enseñanza de Cristo - no habría Biblia
- No habría dones espirituales - no habría poder.
- No habría frutos del Espíritu - no habría vida.

(Romanos 8:11; Juan 3:8; Juan 15:26,27; Juan 14:26; 1 Corintios 12:7; Gálatas 5:22-23).

1. Otro ayudador

Antes de ir al Calvario, Jesús se reunió por última vez con sus discípulos en una habitación más arriba donde también instituyó la comida que llamamos la Última Cena. Les habló de muchas cosas (Juan 13-16). Les dijo muy claramente que estaba a punto de dejarlos para volver a su Padre en el cielo (Juan 13:1) donde iba a preparar un lugar para ellos (Juan 14:2). Prometió no abandonarlos como a huérfanos (Juan 14:18), sino que les daría otro Ayudador, el Espíritu de la verdad, a quien Dios Padre enviaría para que tomara su lugar (Juan 14:16-18).

Los discípulos estaban llenos de alarma y presentimiento ante esta terrible noticia. ¿Cómo podrían continuar la obra de Jesús sin él? Pero Jesús se mantuvo firme y les sorprendió aún más al decir que les convenía que se fuera (Juan 16:7); sólo entonces vendría a ellos el Ayudador (el Espíritu Santo). Esta misteriosa Persona haría cosas maravillosas a través de ellos que convencería al mundo de la verdad de la vida y el ministerio de Jesús (Juan 16:8-11). También les enseñaría cosas que actualmente no pueden entender ni recibir:

> Pero cuando Él, el Espíritu de verdad venga, los guiará a toda la verdad, porque no hablará por Su propia cuenta, sino que hablará todo lo que oiga, y les hará saber lo que habrá de venir. Él me glorificará, porque tomará de lo Mío y se lo hará saber a ustedes. (Juan 16:13-14)

Veamos lo que la Biblia nos dice sobre el Ayudador, el Espíritu de la Verdad, que tomaría el lugar de Jesús después de su regreso al cielo.

2. Es una persona, no una fuerza

a. Tiene cualidades personales

i. Tiene conocimiento

> Pero Dios nos las reveló por medio del Espíritu, porque el Espíritu todo lo escudriña, aun las profundidades de Dios. Porque entre los hombres, ¿quién conoce los pensamientos de un hombre, sino el espíritu del hombre que está en él? Asimismo, nadie conoce los pensamientos de Dios, sino el Espíritu de Dios (1 Corintios 2:10-11).

ii. Tiene mente

> Y Aquel que escudriña los corazones sabe cuál es el sentir del Espíritu, porque Él intercede por los santos conforme a la voluntad de Dios. (Romanos 8:27).

iii. Tiene voluntad

> Pero todas estas cosas las hace uno y el mismo Espíritu, distribuyendo individualmente a cada uno según Su voluntad. (1 Corintios 12:11).

iv. Puede afligirse

Y no entristezcan al Espíritu Santo de Dios, por el cual fueron sellados para el día de la redención (Efesios 4:30).

v. Se le puede mentir

Pero Pedro dijo: "Ananías, ¿por qué ha llenado Satanás tu corazón para mentir al Espíritu Santo, y quedarte con parte del precio del terreno? (Hechos 5:3).

vi. Se le puede insultar

¿Cuánto mayor castigo piensan ustedes que merecerá el que ha pisoteado bajo sus pies al Hijo de Dios, y ha tenido por inmunda la sangre del pacto por la cual fue santificado, y ha ultrajado al Espíritu de gracia? (Hebreos 10:29).

vii. Intercede por nosotros

De la misma manera, también el Espíritu nos ayuda en nuestra debilidad. No sabemos orar como debiéramos, pero el Espíritu mismo intercede por nosotros con gemidos indecibles (Romanos 8:26).

viii. Nos enseña y guía

Pero cuando Él, el Espíritu de verdad venga, los guiará a toda la verdad, porque no hablará por Su propia cuenta, sino que hablará todo lo que oiga, y les hará saber lo que habrá de venir. (Juan 16:13).

ix. Nos guía

Porque todos los que son guiados por el Espíritu de Dios, los tales son hijos de Dios. (Romanos 8:14).

x. Nos impide hacer algo errado

> Pasaron por la región de Frigia y Galacia, habiendo sido impedidos por el Espíritu Santo de hablar la palabra en Asia (Hechos 16:6).

xi. Nos habla

> El que tiene oído, oiga lo que el Espíritu dice a las iglesias (Apocalipsis 2:7).

xii. Escudriña en nuestros corazones

> Pero Dios nos las reveló por medio del Espíritu, porque el Espíritu todo lo escudriña, aun las profundidades de Dios. (1 Corintios 2:10).

xiii. Da dones espirituales

> Pero todas estas cosas las hace uno y el mismo Espíritu, distribuyendo individualmente a cada uno según Su voluntad. (1 Corintios 12:11).

xiv. Nos muestra lo que quiere que hagamos

> Mientras ministraban al Señor y ayunaban, el Espíritu Santo dijo: "Aparten a Bernabé y a Saulo para la obra a la que los he llamado" (Hechos 13:2).

b. Tiene un ministerio personal

Jesús le dijo a sus seguidores que enviaba a alguien para cuidarlos que sería como un padre para ellos. Este ayudador estaría siempre con ellos (Juan 14:16), para enseñarles (Juan 14:26), guiarlos (Juan 16:13) y revelarles las cosas de Cristo (Juan 16:14). En los capítulos 13-16 de Juan, Jesús se refiere trece veces al ayudador como "Él", así que los discípulos se dieron cuenta de que era alguien, no algo, que venía a ayudarles. Pedro también dice que el Espíritu Santo se preocupa personalmente por el bienestar de los creyentes (Hechos 15:28).

c. Tiene un efecto personal sobre nosotros

Cuando alguien se convierte en creyente es por el poder del Espíritu Santo que se hace una nueva persona (2 Corintios 5:17). Nuevas cualidades empiezan a aparecer en su vida; estos se llaman "el fruto del Espíritu". Son el resultado directo de Dios Espíritu Santo que habita en el corazón de la persona recién nacida produciendo "amor, gozo, paz, paciencia, bondad, fidelidad, mansedumbre, dominio propio" (Gálatas 5:22-23).

Todos sabemos lo que sucede cuando los niños en la escuela tienen malas compañías - comienzan a aparecer el mal lenguaje y el mal comportamiento. La influencia personal del Espíritu Santo en nuestros corazones replica su propio carácter santo dentro de nosotros. Nos hace como él mismo (2 Corintios 3:18).

d. Tiene una relación personal con nosotros

Sabemos que tanto el Padre como el Hijo son personas y que tienen un profundo interés personal y preocupación por nosotros. La Biblia dice que lo mismo ocurre con el Espíritu Santo, porque tiene una relación personal con cada creyente. Esto es verdadero para el Espíritu Santo como para las otras personas de la Trinidad:

> La gracia del Señor Jesucristo, el amor de Dios y la comunión del Espíritu Santo sean con todos ustedes. (2 Corintios 13:14)

3. Él es Dios, la tercera persona de la Trinidad

a. Es igual al Padre y al Hijo

Justo antes de que Jesús fuera llevado al cielo, dio sus últimas órdenes a sus discípulos. Habla de que el Espíritu Santo es igual al Padre y al Hijo y por lo tanto es divino: "Vayan, pues, y hagan discípulos de todas las naciones, bautizándolos en el nombre del Padre y del Hijo y del Espíritu Santo" (Mateo 28:19).

b. Tiene cualidades divinas

i. Es eterno

> ¿Cuánto más la sangre de Cristo, quien por el Espíritu eterno Él mismo se ofreció sin mancha a Dios, purificará nuestra conciencia de obras muertas para servir al Dios vivo? (Hebreos 9:14).

ii. Es omnipresente

> ¿Adónde me iré de Tu Espíritu, o adónde huiré de Tu presencia? si subo a los cielos, allí estás Tú; si en el Seol preparo mi lecho, allí Tú estás. (Salmo 139:7-8).

iii. Es omnipotente

> El ángel le respondió: El Espíritu Santo vendrá sobre ti, y el poder del Altísimo te cubrirá con su sombra; por eso el Niño que nacerá será llamado Hijo de Dios (Lucas 1:35).

iv. Es omnisciente

> Porque entre los hombres, ¿quién conoce los pensamientos de un hombre, sino el espíritu del hombre que está en él? Asimismo, nadie conoce los pensamientos de Dios, sino el Espíritu de Dios (1 Corintios 2:11).

c. Se le llama Dios en los Hechos de los Apóstoles

Cuando Pedro habló con Ananías y Safira sobre las ofrendas que dijeron haber hecho, dijo: "¿por qué ha llenado Satanás tu corazón para mentir al Espíritu Santo… No has mentido a los hombres sino a Dios (Hechos 5:3-4)."

4. Su relación con otros miembros de la Trinidad

Cada miembro de la Trinidad trabaja en perfecta unidad y cooperación con los otros dos. Lo que sea que hagan, lo hacen juntos armoniosamente. Esto está bellamente ilustrado en Romanos 8: 26-27 donde el Espíritu Santo y el Padre trabajan juntos cooperativamente para ayudarnos en nuestras oraciones. El Padre escudriña nuestros corazones, mientras el Espíritu habla (intercede) al Padre sobre las necesidades que tenemos y las peticiones que hacemos. El Padre, el Hijo y el Espíritu Santo tienen cada uno su propia parte distintiva que cumplir para lograr nuestra salvación.

i. El Padre planeó la salvación enviando a su Hijo.

> Y nosotros hemos visto y damos testimonio de que el Padre envió al Hijo para ser el Salvador del mundo (1 Juan 4:14; ver también Gálatas 4:4).

ii. El Hijo logró la salvación muriendo en la cruz.

> Yo te glorifiqué en la tierra, habiendo terminado la obra que me diste que hiciera (Juan 17:4).

iii. El Espíritu Santo aplica la salvación a todos los que creen de verdad.

> Y nosotros hemos recibido, no el espíritu del mundo, sino el Espíritu que viene de Dios, para que conozcamos lo que Dios nos ha dado gratuitamente (1 Corintios 2:12).

> El Espíritu mismo da testimonio a nuestro espíritu de que somos hijos de Dios (Romanos 8:16).

iv. El Espíritu Santo procede del Padre y del Hijo. Para los propósitos de la salvación del hombre el Espíritu Santo se sujeta a ambos:

> Cuando venga el Consolador, a quien yo enviaré del Padre, es decir, el Espíritu de verdad que procede del Padre, Él dará testimonio de Mí (Juan 15:26).
> Pero Yo les digo la verdad: les conviene que Yo me vaya; porque si no me voy, el Consolador no vendrá a ustedes; pero si me voy, se lo enviaré (Juan 16:7).

v. El Padre es la plenitud de la Divinidad, invisible. El Hijo es la plenitud de la Divinidad, visible. El Espíritu es la plenitud de la Divinidad activa en la salvación.

5. Su obra en el Antiguo Testamento

Antes de Pentecostés, su trabajo se limitaba a ciertas tareas y no se extendía. Sin embargo, llegaría el día en que sería derramado sobre toda la carne (Joel 2:28), pero esto no podría suceder hasta los tiempos del Nuevo Testamento. Aunque estaba entre los verdaderos creyentes, como dice David (Salmo 51:11), la mayoría de las veces leemos que se acercó a los hombres para lograr las cosas que Dios quería que hicieran.

Venía sobre líderes, jueces y reyes.

i. Líderes: Moisés, Josué y setenta ancianos

> Entonces descenderé y hablaré contigo allí, y tomaré del Espíritu que está sobre ti y lo pondré sobre ellos, y llevarán contigo la carga del pueblo para que no la lleves tú solo (Números 11:17).

ii. Jueces: Otoniel, Gedeón, Jefté y Samuel

> Y vino sobre él [Othniel] el Espíritu del Señor, y juzgó a Israel (Jueces 3:10).
> Y el Espíritu del Señor vino sobre Gedeón, y este tocó la trompeta y los de Abiezer se juntaron para seguirlo. (Jueces 6:34). Ver también Jueces 11: 29; 13:25.

iii. El Rey David

> Entonces Samuel tomó el cuerno de aceite y lo ungió en medio de sus hermanos. Y el Espíritu del Señor vino poderosamente sobre David desde aquel día en adelante (1 Samuel 16:13).

Le fue dado a hábiles artesanos que trabajaban en el Tabernáculo.

> Y lo he llenado [Bezaleel] del Espíritu de Dios en sabiduría, en inteligencia, en conocimiento y en toda clase de arte (Éxodo 31:3).

Vino sobre los profetas de Israel y Judá.

> Sin embargo, Tú fuiste paciente con ellos por muchos años, y los amonestaste con Tu Espíritu por medio de Tus profetas, pero no prestaron oído (Nehemías 9:30).
> Pues ninguna profecía fue dada jamás por un acto de voluntad humana, sino que hombres inspirados por el Espíritu Santo hablaron de parte de Dios. (2 Pedro 1:21; ver también 1 Pedro 1:10-11).

Participó en la creación del mundo.

> En el principio Dios creó los cielos y la tierra. La tierra estaba sin orden y vacía, y las tinieblas cubrían la superficie del abismo, y el Espíritu de Dios se movía sobre la superficie de las aguas. (Génesis 1:1-2).

6. Su trabajo en el Nuevo Testamento

Jesús había prometido a sus discípulos que cuando los dejara, el Espíritu Santo, el Ayudador, vendría como su reemplazo y viviría entre ellos tan pronto como volviera al cielo. El Ayudador glorificaría al Cristo ausente de las siguientes maneras:

- Les enseñaría el verdadero significado de lo que Cristo había enseñado y haría que recuerden todo lo que Cristo dijo (Juan 14:26).
- Les ayudaría a proclamar a Cristo (Juan 15:27).
- Los guiaría a toda la verdad (Juan 16:13).
- Les revelaría las cosas que están por venir (Juan 16:13).
- Estaría con ellos para siempre y estaría en ellos (Juan 14:16-17).
- Les daría poder para testificar con valentía y eficacia (Hechos 1:8).

El Espíritu Santo es a veces llamado el miembro "oculto" de la Trinidad porque nunca habla de sí mismo sino sólo de Cristo. Su papel es enseñar a los hombres y mujeres sobre Jesucristo, para centrar sus mentes en él y en su gran salvación:

> Porque no hablará por Su propia cuenta, sino que hablará todo lo que oiga, y les hará saber lo que habrá de venir. Él me glorificará, porque tomará de lo Mío y se lo hará saber a ustedes. (Juan 16:13-14).

a. El ministerio del Espíritu Santo glorifica a Jesús

A veces vemos edificios históricos o grandes catedrales bellamente iluminados de noche por reflectores. Para los propósitos de la salvación, la función del Espíritu Santo con Jesucristo es similar a la de los reflectores. Jesús dijo del Espíritu: "Me glorificará". Así como los brillantes rayos de los reflectores cortan la oscuridad circundante para revelar las glorias de un hermoso edificio, así el Espíritu Santo quiere revelarnos las glorias de Cristo. Si los reflectores pudieran hablar, dirían, "¡No nos miren a nosotros, miren el edificio! Hay una peligrosa tendencia hoy en día entre algunos cristianos a estar tan preocupados con las manifestaciones y dones del Espíritu Santo que pierden de vista la importancia que siempre debe tener "Jesucristo y a Él crucificado".

Debemos recordar que la preeminencia siempre se le da a Cristo tanto por el Espíritu Santo como por las propias Escrituras. La iglesia de Corinto había caído en este error moderno, así que cuando Pablo los visitó para regular su vida tuvo que decir, "Me propuse no saber nada entre ustedes excepto a Jesucristo y a Él crucificado". (1 Corintios 2:2). El Espíritu Santo nos es dado para glorificar a Cristo, "para que en todo tenga la primacía" (Colosenses 1:18).

b. El plan misionero del Espíritu Santo

En el capítulo 24 de Mateo, Jesús les cuenta a sus discípulos los principales eventos que ocurrirán en Jerusalén y en el mundo antes de su Segunda Venida. Con respecto a la predicación del evangelio dice: "Y este evangelio del reino se predicará en todo el mundo como testimonio a todas las naciones, y entonces vendrá el fin" (v 14).

Para el momento de su Segunda Venida habrá creyentes en todas partes del mundo a quienes sus ángeles rescatarán del juicio inminente, "Y Él enviará a Sus ángeles con una gran trompeta y reunirán a Sus escogidos de los cuatro vientos, desde un extremo de los cielos hasta el otro" (v 31). De estos versículos y de otras partes de la Biblia aprendemos dos cosas sobre el plan misionero del Espíritu Santo:

- El evangelio será predicado a todas las naciones, antes del fin del mundo.
- En todas partes del mundo habrá quienes hayan creído en el evangelio y se hayan salvado.

En vista de estos hechos, ¿cuál es el plan del Espíritu Santo? Es simplemente asegurarse de que para el final de esta era, Él haya logrado dos cosas:

- El evangelio haya sido enviado a todas las naciones.
- Los elegidos de Dios se reúnan de todas las naciones.

c. El plan misionero del Espíritu Santo en el libro de Hechos

El Espíritu Santo vino sobre los 120 discípulos en el aposento alto con gran poder y de manera dramática - un viento fuerte |y arrebatador y lenguas de fuego: "Todos fueron llenos del Espíritu Santo y comenzaron a hablar en otras lenguas, según el Espíritu les daba habilidad para expresarse." (Hechos 2:4).

Esta maravillosa manifestación del poder divino no podía ser contenida en una pequeña habitación, sino que se derramó en Jerusalén en un desbordamiento espontáneo que resultó en la proclamación del evangelio en todos los idiomas de las personas extranjeras que estaban en la ciudad en ese momento. El resultado fue realmente asombroso. ¡En pocos minutos 3.000 personas se convirtieron, la Iglesia había nacido y una nueva era, la era del Espíritu Santo, había amanecido! ¡El Espíritu Santo es el Espíritu de la misión!

Después de establecer la nueva iglesia en Jerusalén, el Espíritu envió a Felipe hacia el norte para predicar el evangelio a los samaritanos. Muchos creyeron en el mensaje y fueron ellos mismos llenos del Espíritu Santo (Hechos 8:17). Luego el Espíritu envió a Felipe hacia el sur, hacia Gaza, donde se encontró con un oficial de la corte etíope en su camino a casa: "Y el Espíritu dijo a Felipe: "Ve y júntate a ese carruaje" ... Entonces Felipe, comenzando con este pasaje de la Escritura, le anunció el evangelio de Jesús". El etíope creyó, fue bautizado y regresó a predicar el evangelio en Etiopía, todo esto era parte del plan del Espíritu para difundir el evangelio en Etiopía.

Como resultado de un repentino estallido de persecución en Jerusalén, la iglesia se dispersó, y los creyentes fueron a todas partes predicando el evangelio. En Chipre, Fenicia y Antioquía Siria su testimonio fue bendecido y muchos creyeron y se salvaron. Bernabé y Pablo pasaron un año en Antioquía ayudando a la nueva iglesia que se había formado allí. Entonces el Espíritu le dijo a la iglesia que enviara a estos dos hombres hacia el oeste en un viaje misionero a Chipre y luego a Asia Menor (la moderna Turquía).

> El Espíritu Santo dijo: "Aparten a Bernabé y a Saulo para la obra a la que los he llamado"... Ellos, pues, enviados por el Espíritu Santo, descendieron a Seleucia y de allí se embarcaron para Chipre. (Hechos 13:2,4).

Este viaje tuvo éxito y se establecieron varias iglesias en estas nuevas áreas. Los capítulos restantes del Libro de los Hechos muestran al Espíritu Santo guiando a Pablo y sus ayudantes de un lugar a otro hasta que el evangelio se estableció incluso en Europa. A veces el pensamiento de los misioneros no estaba de acuerdo con la voluntad de Dios. Así que leemos que "el Espíritu Santo les prohibió hablar la palabra en Asia" (es decir, Asia Menor).

Luego trataron de ir a Bitinia " pero el Espíritu de Jesús no se lo permitió" (Hechos 16:6-7). El Espíritu Santo estaba firmemente en control de todos los verdaderos esfuerzos misioneros en los tiempos de la Iglesia primitiva y así ha sido desde entonces. Dios Padre y Dios Hijo han comisionado al Espíritu Santo para que sea responsable de difundir la buena noticia a todas las naciones hasta el día en que Jesús vuelva.

d. El trabajo del Espíritu en el creyente

Ya hemos visto que al Espíritu Santo se le ha dado la gran responsabilidad de llevar a cabo la salvación alcanzada por Cristo en la cruz del Calvario. Por su poderoso poder el Espíritu Santo hizo que 3000 almas se arrepintieran y creyeran cuando se predicó el primer sermón de la Iglesia en Pentecostés. Él es la dinámica detrás de todo verdadero trabajo misionero, y es instrumental en llevar el evangelio tanto a las naciones como a los individuos.

Incluso en las grandes cruzadas evangelísticas en las que están presentes miles de personas, la respuesta al mensaje tiene que ser personal, cada uno debe arrepentirse y creer por sí mismo; así que el Espíritu Santo está activo en la salvación de cada pecador que se convierte. Jesús trató de explicar a Nicodemo la necesidad del nuevo nacimiento, e hizo hincapié en que esto era únicamente obra del Espíritu Santo:

> No te asombres de que te haya dicho: "Tienen que nacer de nuevo". El viento sopla por donde quiere, y oyes su sonido, pero no sabes de dónde viene ni adónde va; así es todo aquel que es nacido del Espíritu". (Juan 3:7-8).

¿Pero cómo hace el Espíritu Santo para provocar esta transformación espiritual radical en el alma de una persona que pasa de la muerte a la vida? ¿Y es ese el final de la historia; los deja vivir la vida cristiana por su cuenta? ¡De ninguna manera! El Espíritu Santo es responsable de la concepción, nacimiento y desarrollo de cada alma cristiana. Pablo dice: "Estoy convencido precisamente de esto: que el que comenzó en ustedes la buena obra, la perfeccionará hasta el día de Cristo Jesús". (Filipenses 1:6).

Esto nos recuerda la promesa que Jesús hizo a sus discípulos sobre el Ayudador que les enviaría; estaría con ellos para siempre, "No los dejaré huérfanos; vendré a ustedes". (Juan 14:18). El Espíritu Santo está con nosotros desde la cuna hasta la tumba; el que comenzó nuestra salvación también la completará; a quien salva también lo santifica. La Biblia enseña claramente que la obra de Dios en nuestra salvación tiene varias partes o etapas. Por ejemplo, Pablo dice:

> Y sabemos que para los que aman a Dios, todas las cosas cooperan para bien, esto es, para los que son llamados conforme a Su propósito. Porque a los que de antemano conoció, también los predestinó a ser hechos conforme a la imagen de Su Hijo, para que Él sea el primogénito entre muchos hermanos. A los que predestinó, a esos también llamó. A los que llamó, a esos también justificó. A los que justificó, a esos también glorificó (Romanos 8:28-30).

En estos versículos Pablo enumera cinco de estas etapas:

- Preconocimiento.
- Predestinación.
- Llamado.
- Justificación.
- Glorificación.

¿Esta es una lista completa? Parecería que no lo es, porque Pablo habla particularmente de la certeza de la esperanza de gloria futura que tienen los cristianos. Por lo tanto, deja una gran brecha entre la justificación y su objetivo, la glorificación. Por ejemplo, Pablo creía plenamente que un hombre debe nacer de nuevo (véase Efesios 2:1-5), sin embargo, no lo menciona en su lista. Asimismo, creía plenamente en el arrepentimiento (véase Hechos 20:21), pero tampoco lo menciona. A medida que leemos el Nuevo Testamento descubrimos un número de doctrinas importantes que deben ser añadidas a la lista de Pablo para completar el alcance total de la obra de Dios en la salvación. Estas son:

- Preconocimiento.
- Predestinación.
- Llamado.
- Justificación.
- Regeneración y conversión.
- Adopción.

- Arrepentimiento y fe.
- Confianza.
- Santificación.
- Perseverancia.
- Glorificación.

Los teólogos cristianos difieren en cuanto al orden preciso, pero el orden cronológico no es tan importante como la realidad de las doctrinas mismas, porque varios de estos temas ocurren simultáneamente. Lo que podemos decir es que, como todas ellas ocurren en cada creyente y se mencionan en la Biblia, merecen ser comprendidas y apreciadas por todos nosotros.

7. Los dones del Espíritu

a. Evolución del siglo XX

i. Pentecostalismo

De 1900 a 1960 sólo las iglesias pentecostales creían que todos los dones espirituales listados en el Nuevo Testamento aún están disponibles (Romanos 12:4-8; 1 Corintios 12:4-11; 28-31; Efesios 4:8-13; 1 Pedro 4:10-11). Las cuatro creencias básicas de estas iglesias son:

- **El bautismo del espíritu.** Una experiencia posterior a la conversión llamada "el bautismo en el Espíritu Santo" en la que una persona recibe la medida completa del Espíritu; esto se evidencia hablando en lenguas. Ahora el individuo esta empoderado para testificar y servir.
- **Dones espirituales.** Como resultado directo de esta experiencia la persona recibe uno o más de los dones espirituales.

- **Curación milagrosa.** Algunos sectores del movimiento pentecostal mundial consideran que la enfermedad es satánica en su origen y en sus efectos. Estar enfermo es, por lo tanto, un signo del dominio del mal; algunos incluso dicen que Dios no puede usar la enfermedad para corregir, castigar o humillar a sus hijos porque toda enfermedad es obra del diablo. Los pentecostales citan el versículo, "Jesucristo es el mismo ayer, hoy y siempre" (Hebreos 13: 8) como prueba de que puede curar toda enfermedad hoy como lo hizo hace dos mil años.
- **La experiencia de santidad.** Uno de los lemas del pentecostalismo es: "Jesucristo, sanador y santificador". La santificación no se considera un proceso, como ha enseñado el protestantismo histórico, sino una experiencia de crisis de gran impacto emocional y significado.

ii. El Movimiento Carismático

Desde 1960 la popularidad de las lenguas, los dones espirituales, la curación y la profecía se ha extendido rápidamente a todas las denominaciones protestantes e incluso marcialmente al catolicismo romano. Esto se conoce ahora como "El Movimiento Carismático", llamado así porque la palabra "carisma" es la palabra griega para un don espiritual. Sus creencias básicas son: Un bautismo del Espíritu evidenciado por:

- Hablar en lenguas.
- El ejercicio de los dones espirituales.
- Congregación de "adoración en el Espíritu". El estilo de adoración es desinhibido, fuertemente emocional y desestructurado. Cantar, orar y profetizar con el movimiento de los brazos e incluso bailar puede continuar ininterrumpidamente durante largos períodos de tiempo con acompañamiento de música moderna. El único objetivo de esto es alabar y adorar al

Padre, al Hijo y al Espíritu Santo con todo el sentimiento posible. Cualquiera puede contribuir y usar sus dones espirituales; la atmósfera es relajada y feliz, humorística y amistosa. La completa informalidad reemplaza la reverencia y la reserva para que todos se sientan libres de participar.

- La creencia de que el movimiento carismático es la estrategia de renovación de Dios. Muchos carismáticos creen que estos cuatro elementos de la renovación carismática son la forma de Dios de revivir su Iglesia hoy en día. Negar esto es apagar y afligir al Espíritu Santo.

iii. Restauracionismo

Una rama del movimiento carismático se conoce como "Restauracionismo". Los restauracionistas creen lo mismo que los carismáticos, pero van un paso más allá. Tienen una visión radical de sí mismos como separados y distintos de todas las otras denominaciones cristianas. Creen que sólo a través de ellos Dios está restaurando a su Iglesia, en estos días, creen que, a través de nuevos apóstoles y profetas, Dios trabajará para restaurar su reino en espera de la Segunda Venida de Cristo.

El restauracionismo se ve a sí mismo como la única y verdadera Iglesia, la respuesta a todas las denominaciones que están condenadas a morir. La clave para entender el restauracionismo es su visión de la escatología y su parte en el plan de Dios para los últimos días. Además de las cinco características de la renovación carismática, los restauradores creen lo siguiente:

- Se acerca un renacimiento mundial del fin de los tiempos.
- Los apóstoles y los profetas son ahora restituidos para la Iglesia.
- Los equipos misioneros obedientes a los apóstoles evangelizarán el mundo entero.

- Se requiere una estricta obediencia a los apóstoles de todos los miembros en todas las áreas de la vida, incluyendo el matrimonio, el trabajo y el hogar.
- El fin de todas las denominaciones está cerca.

Estas tres agrupaciones, pentecostal, carismática y restauracionista, creen que todos los dones espirituales mencionados en el Nuevo Testamento son actuales y por lo tanto son la voluntad de Dios para su Iglesia hoy en día.

b. El punto de vista tradicional protestante

Desde la Reforma, las denominaciones protestantes han creído que los dones del Espíritu para llevar a cabo la vida de la Iglesia y su ministerio todavía son vigentes, pero que los dones sobrenaturales o milagrosos cesaron cuando murió el último apóstol. Los teólogos calvinistas señalaron que los milagros siempre están relacionados con ocasiones de revelación.

En el Antiguo Testamento los milagros se asociaron con aquellos a quienes se les dio la tarea de revelar la voluntad de Dios - profetas como Moisés, Elías y Eliseo.

En el Nuevo Testamento, de manera preeminente, Jesús hizo muchas "señales" que probaban su afirmación de ser el Mesías. "Si no hago las obras de Mi Padre, no me crean" (Juan 10:37). Sus apóstoles elegidos también hicieron milagros porque eran agentes de la revelación, es decir, los que revelaban la voluntad de Dios. Pablo dice de su ministerio:

> Entre ustedes se operaron las señales de un verdadero apóstol, con toda perseverancia, por medio de señales, prodigios, y milagros (2 Corintios 12:12).

El escritor de la Carta a los Hebreos dice de los apóstoles:

> Dios testificó junto con ellos, tanto por señales como por prodigios, y por diversos milagros y por dones repartidos del Espíritu Santo según Su propia voluntad (Hebreos 2:4).

En otras palabras, los milagros fueron dados por Dios para mostrar que los apóstoles realmente eran enviados por él. Los milagros fueron dados, no para excitar el interés, sino para probar que estos hombres eran verdaderos servidores de Dios. Debido a que la revelación del Nuevo Testamento está completada, no hay necesidad de nuevos milagros para autentificarlo.

Pablo describe el ministerio de los apóstoles y los profetas como la edificación sobre los fundamentos de la Iglesia (Efesios 2:20); una vez que se ponen los fundamentos y se erige el edificio ya no hay necesidad de más fundamentos. Como Dios no tiene nuevas verdades que revelar, no hay necesidad de milagros que autentifiquen. Aquellos que todavía buscan señales y maravillas, realmente quieren más pruebas de Dios para saber que su palabra es verdadera; para ellos la Biblia por sí sola no es suficiente. La Iglesia Católica Romana es un ejemplo de esto. Afirma que el Papa está en una línea directa de descendencia del apóstol Pedro y por lo tanto su apostolado es continuo.

El Papa afirma que todavía se dan nuevas revelaciones a la Iglesia; por ejemplo, la Inmaculada Concepción, la Asunción de María, la infalibilidad del Papa, etc. El catolicismo romano enseña que la Biblia no es suficiente; también se necesita una Iglesia apostólica infalible para interpretar la Biblia. Especialmente en la Edad Media también afirmó producir varios tipos de maravillas y milagros.

La actitud del Catolicismo Romano hacia la Biblia, hasta finales del siglo XX, es muy significativa: siempre ocultó las Escrituras al pueblo con el argumento de que la Iglesia, sus sacerdotes y sus sacramentos eran suficientes para la salvación. Los falsos apóstoles entonces, como ahora, siempre quieren una completa obediencia a sus propias enseñanzas. Desalientan cualquier interés independiente en la Biblia, temiendo que esto amenace sus propios reclamos de autoridad absoluta.

c. Dones espirituales - conclusiones generales

Mi opinión es que ninguno de los puntos de vista mencionados anteriormente es completamente correcto o acertado, sino que requiere algunas clarificaciones.

i. En primer lugar, no hay una enseñanza clara en el Nuevo Testamento de que ciertos dones espirituales, es decir, los sobrenaturales, no fueron dados a los miembros ordinarios de la iglesia (1 Corintios 12:4-11), sino que fueron reservados especialmente a los apóstoles.

ii. En segundo lugar, no se menciona que los dones fueron exclusivamente para el período apostólico y por lo tanto tenían un carácter temporal. Los dones son dados para todo el período de la Iglesia por el Espíritu Santo. Por ejemplo, la profecía de Joel, que Pedro cita en su sermón del día de Pentecostés (Hechos 2:17-21), se refiere a una era llamada "los últimos días", la nueva era del Espíritu Santo y de la Iglesia, no sólo al día de Pentecostés. También menciona una efusión general del Espíritu sobre todos los siervos de Dios, no sólo sobre los propios apóstoles.

iii. En tercer lugar, el hecho de que Dios usara señales y maravillas para confirmar su palabra (Hebreos 2:4) en los tiempos apostólicos, no significa que Dios no pueda volver a hacerlo según su propia voluntad soberana. La historia de las misiones cristianas de los últimos mil ochocientos años no carece de pruebas de ello; lo que ha hecho en el pasado lo puede hacer hoy.

iv. En cuarto lugar, el rápido declive de la actividad sobrenatural después del primer siglo d.C. puede deberse a las enseñanzas heréticas y a la institucionalización de la Iglesia, más que al cese de los dones sobrenaturales.

v. En quinto lugar, los apóstoles y profetas no han sido restituidos en la Iglesia moderna. Efesios 2:19-20 muestra que el fundamento que ellos pusieron es el Nuevo Testamento que escribieron en el primer siglo y sobre el cual la Iglesia está ahora edificada. Una vez que los apóstoles y profetas cumplieron con su única función su papel cesó, así que no hay más apóstoles y profetas hoy en día.

La palabra "apóstol" (enviado) se usa principalmente en dos sentidos:

i. Los que fueron comisionados inmediatamente por Cristo como sus testigos especiales; los Doce, Pablo y Santiago el hermano de Cristo.
ii. Aquellos que, aunque no fueron comisionados inmediatamente por Cristo, predicaron el evangelio en estrecha asociación con los apóstoles como sus delegados y colaboradores: Bernabé (Hechos 14:4); Tito (2 Corintios 8:23); Timoteo y Silvano (1 Tesalonicenses 2:6); Epafrodito (Filipenses 2:25), quienes hicieron un trabajo misionero pionero y plantaron iglesias. Las calificaciones especiales del primer tipo de apóstol eran:

- Elegido y comisionado personalmente por Cristo (Marcos 3:13-19).
- Testigos oculares de su resurrección (Hechos 1:21-26).
- Se les dio poder para hacer milagros (Mateo 10:1; 2 Corintios 12:12).
- Se les dio autoridad universal (Mateo 28:18-20; Hechos 26:16-18).
- Inspirado para escribir la Escritura (Juan 14:26; 2 Pedro 3:15-16).

Hoy en día algunas iglesias carismáticas sostienen que los apóstoles y profetas mencionados en Efesios 4:11 son todavía nccesarios para la difusión del evangelio. Creen que los apóstoles descritos en el sentido secundario aún existen en la Iglesia hoy en día como obreros misioneros pioneros y plantadores de iglesias. Al llamar a sus líderes "apóstoles", la gente puede fácilmente confundirse al pensar que estos tienen un estatus y una autoridad igual a la de Pedro o Pablo. Creo que esto es bastante engañoso y por lo tanto es completamente erróneo llamar a alguien hoy en día apóstol.

El profeta en el Nuevo Testamento estaba subordinado a los apóstoles y Pablo escribió a los Corintios estableciendo reglas que regulan su papel en la Iglesia (1 Corintios 14:29-33). Eran instrumentos ocasionales del Espíritu Santo, a veces prediciendo eventos futuros (Hechos 11:28; 21:11-19), pero sobre todo predicando y exhortando a los creyentes (1 Corintios 14:3). A diferencia de los profetas infalibles del período del Antiguo Testamento, éstos sólo hablaban a situaciones personales y locales y sus mensajes podían ser probados por otros profetas (1 Corintios 14:29). Por lo tanto, su papel era menos exaltado que el de sus antepasados del Antiguo Testamento.

d. Dones espirituales - guía y advertencias

Malinterpretaciones modernas de profecía, lenguas y sanación.

i. Profecía

Ya hemos explicado porque creemos que los apóstoles y profetas del Nuevo Testamento eran únicos y fueron dados por Dios para poner los fundamentos de su Iglesia (Efesios 2:20; 3:5); y como estos dos oficios quedaron en la era del Nuevo Testamento. En las iglesias carismáticas de hoy en día algunas personas piensan que son inspiradas por Dios casi de la misma manera que los profetas del Antiguo Testamento. Por lo tanto, preanuncian lo que dicen en las reuniones con las palabras, "El Señor dice..." o "Escuchad, hijos míos..." ¡Esto es para dar la impresión de que Dios está realmente hablando a través de ellos!

El profeta en los tiempos del Nuevo Testamento no hablaba de la Escritura por sí mismos, sus palabras tenían que ser probadas por otros

(1 Corintios 14:29). En este sentido se subordinaba a los profetas del Antiguo Testamento cuyas palabras fueron directamente inspiradas y registradas en la Biblia como escritura infalible. Pablo dice que todas esas palabras que se dan como 'profecías' deben ser probadas y no tratadas como palabras directas de Dios (1 Tesalonicenses 5:20-21).

ii. Lenguas

Pablo dice, '... el que habla en lenguas no habla a los hombres, sino a Dios, pues nadie lo entiende, sino que en su espíritu habla misterios' (1 Corintios 14:2). Pero en Hechos 2:11, cuando los apóstoles alababan públicamente a Dios, lo hacían en lenguas extranjeras que no entendían. Sabemos que eran idiomas ordinarios porque la gente en la multitud que venían de países extranjeros podía entender lo que decían.

Parecería que eran lenguas humanas entendibles, mientras que las lenguas mencionadas en la carta de Pablo a los Corintios eran totalmente diferentes y estaban en un idioma que nadie entendía. Las reglas que Pablo establece para las lenguas que se usan en reuniones públicas (1 Corintios 14) son frecuentemente ignoradas hoy en día:

- No todos tienen el don de lenguas (1 Corintios 12:30), sin embargo, algunos enseñan que todos debemos hablar en lenguas.
- Si no hay un intérprete presente, la persona con el don de lenguas debe guardar silencio (14:28).
- No se permiten más de tres expresiones en lenguas en un servicio de la iglesia (14:27), por lo tanto, congregaciones enteras que canten en lenguas están prohibidas.

Ningún don del Espíritu es más fácil de fingir que las lenguas. ¿Por qué? ¡Porque nadie sabe lo que se está diciendo! En muchas iglesias hoy en día las lenguas no se usan para alabar a Dios, como en la Biblia, sino que cuando se interpretan, se usan para dar instrucciones a la iglesia; eso está mal.

Es importante recordar que en 1 Corintios 14:21, 22 Pablo dice que las lenguas eran un cumplimiento de la profecía de Dios a los judíos (Isaías 28:11,12) de que llegaría un momento en que ya no les hablaría en hebreo sino en otros idiomas. ¿Por qué? Porque la palabra de Dios sería tomada de los judíos y enviada a las naciones gentiles. Las lenguas en el día de Pentecostés y en lo sucesivo fueron una señal de esto, una transición de la era del antiguo al nuevo pacto. Por lo tanto, las lenguas fueron una señal reveladora de la era apostólica y desaparecieron completamente después, como los grandes teólogos Crisóstomo y Agustín lo dijeron específicamente en sus tiempos.

Los actuales hablantes de lenguas afirman que disfrutan comunicándose con Dios de una manera mística y no racional y citan el versículo "mi espíritu ora, pero mi entendimiento queda sin fruto" (1 Corintios 14:14), y afirman que esto los edifica (versículo 4). La gran prueba bíblica que Jesús dio para comprobar todas las afirmaciones de la verdadera espiritualidad fue "Por sus frutos (es decir, los falsos profetas)" (Mateo 7:16). ¿Están sus palabras de acuerdo con su Palabra y sus vidas de acuerdo con su enseñanza? Lamentablemente, muchos hablantes de lenguas hoy en día hablan más de lenguas que de Cristo, y egoístamente buscan experiencias emocionales extáticas sólo para su propia gratificación, no para el bien de los demás o de la iglesia. Es extremadamente peligroso esquivar la mente y disfrutar sentimientos místicos. Al igual que los drogadictos, estas personas se vuelven cada vez más dependientes de los sentimientos y se deprimen cuando no pueden encontrar la satisfacción que desean.

Hoy en día, los evangelistas enseñan a la gente a cantar sonidos, no palabras, y que esto progresará hasta convertirse en una alabanza verdadera, aunque no racional. Es un fenómeno psicológico aprendido, pero no se parece a las lenguas de 1 Corintios 14.

iii. Sanación

Algunas iglesias hoy en día enseñan que la sanación física es parte de la expiación. Esto se debe a que Mateo 8:16-17 cita a Isaías 53:4 en cuanto al ministerio de sanación de Jesús. Ahora bien, Isaías 53 es el capítulo más famoso del Antiguo Testamento que profetiza sobre la obra de expiación de Cristo y la sanación espiritual que recibimos. ¿Significa esto, por lo tanto, que la sanación física también está en la expiación? Cuando Pedro cita Isaías 53 deja claro que la sanación a la que se refiere es nuestra pecaminosidad, no nuestras enfermedades (1 Pedro 2:24). Esta profecía sobre Cristo habla de su sufrimiento por los pecadores en la cruz, así como su ministerio terrenal a los enfermos y sufrimientos en sus días.

El Nuevo Testamento promete en todas partes perdón de pecados a través de Cristo, pero, expresamente, no promete también una sanación completa y salud perfecta. En cuanto a la enseñanza bíblica sobre la curación física y la salud, debemos recordar los siguientes puntos:

A. Con el resto de la humanidad los cristianos también heredan por la caída de Adán, un cuerpo que Pablo llama " cuerpo de muerte", que está sujeto a la edad, la decadencia, la enfermedad y la muerte. Los cristianos no están exentos de ninguna de estas cosas; todos conocemos el dolor y la enfermedad, la decadencia de la vejez y finalmente la muerte.

B. La enfermedad no siempre se debe al pecado o a la falta de fe en el poder de Dios para sanar. Considere los siguientes ejemplos de las Escrituras:

- Job no estaba afligido o enfermo por el pecado, sino porque Dios permitió que Satanás probara su fe en Dios (Job 1:6-12).
- Pablo tenía una "espina en su carne" (su cuerpo) para mantenerse humilde (2 Corintios 12:7), probablemente una enfermedad ocular (Gálatas 4:13-15).
- David fue afligido para poder ser obediente a la Ley de Dios (Sal 119:67). Ver también Sal 107:17-19.
- El ciego curado por Jesús no era ciego por el pecado, sino para ser un ejemplo del poder curativo de Jesús (Juan 9:3).

C. La enfermedad es a veces un castigo por el pecado y la sanación sólo puede venir a través del arrepentimiento y la "oración de fe" (Santiago 5:15).

- Los cristianos desobedientes de Corinto (1 Corintios 5:5; 11:29-30) y Tiatira (Apocalipsis 2:22) fueron castigados con enfermedad.
- El hombre curado en el estanque de Betesda (Juan 5:14) fue advertido por Jesús de no pecar más o de lo contrario algo peor sucedería.

D. La enfermedad puede venir por el exceso de trabajo y no por ningún pecado. Epafrodito es un ejemplo (Filipenses 2:27-30).

E. Cuando Dios hizo el mundo, lo hizo "muy bueno". Hay hierbas, frutas y minerales que tienen propiedades curativas y pueden ser usados como buena medicina para curar nuestras enfermedades. Usar la medicina en la oración no es una falta de fe.

F. Como hijos de nuestro Padre celestial siempre podemos pedir a Dios que ponga su mano sanadora sobre nosotros, pero nunca podemos exigírselo. Dios a veces tiene razones buenas y santificantes para permitir que nos enfermemos. Jesús, nuestro perfecto patrón y ejemplo, oró... 'Oh Padre mío... no como yo quiero, sino hágase tu voluntad' (Mateo 26:39). Deberíamos hacer siempre lo mismo.

G. Un día, cuando el Señor Jesús regrese, habrá "cielos nuevos y tierra nueva" (2 Pedro 3:13). En ese nuevo mundo no habrá enfermedad, dolor o muerte (Apocalipsis 21:4). Pero ahora nosotros, como creyentes, vivimos en un mundo que gime bajo la maldición de Dios, y en este mundo 'aun nosotros mismos gemimos en nuestro interior, aguardando ansiosamente la adopción como hijos, la redención de nuestro cuerpo' (Romanos 8:22-23).

iv. No todo lo que se describe en la Biblia también se ordena

No todo lo que se describe en la Biblia es ordenado por Dios para ser hecho por nosotros hoy. En ninguna parte del Nuevo Testamento se dice que todos los cristianos deben hablar en lenguas, ni que porque algunas personas hablaron en lenguas cuando el Espíritu cayó sobre ellos en el Libro de los Hechos, todos los que están llenos del Espíritu hoy en día también deben hablar en lenguas. Pablo dice que las lenguas es un don espiritual separado que no se da a todos (1 Corintios 12:30; 14:29-30).

Aparte de Pentecostés, los tres ejemplos donde las lenguas siguieron el don del Espíritu Santo en el Libro de los Hechos fueron claramente eventos excepcionales, atestiguando el hecho de que Dios estaba agregando tres nuevas clases de personas a su Iglesia; los Samaritanos (Hechos 8), los Gentiles (Hechos 10) y los seguidores de Juan el Bautista (Hechos 19). El hecho de que los cristianos en Hechos 4 compartieran la propiedad privada (para satisfacer una necesidad en ese momento en particular) no es un mandato para que todos los cristianos hagan lo mismo en todas las edades y circunstancias. Si Dios quisiera que siguiéramos su ejemplo y aboliéramos toda la propiedad privada, seguramente habría dado órdenes específicas para que lo hiciéramos.

El peligro del orgullo. ¡Los dones espirituales no fueron dados para hacer a los cristianos famosos o admirados como una estrella de cine! Tampoco fueron dados para hacernos individualistas sino para promover la unidad, el crecimiento y la edificación de la iglesia: "Pero a cada uno se le da la manifestación del Espíritu para el bien común" (1 Corintios 12:7). Los cristianos de Corinto habían abusado de sus dones espirituales y en lugar de ayudar a la iglesia se habían convertido en una fuente de orgullo, arrogancia y división. Hoy en día, el mismo caso puede repetirse. La respuesta no es suprimir los dones espirituales, sino que el anciano de una iglesia vea que son usados correctamente para la edificación y el amor mutuo.

v. Pruebe los espíritus

Ninguna persona que ejerza un don espiritual debe resistirse u objetar a ser probado y controlado por otros cristianos. A los profetas de Corinto se les dijo especialmente que sometieran sus declaraciones al juicio de los demás (1 Corintios 14:29). Pablo dijo a las iglesias que probaran todas las declaraciones proféticas en caso de que Satanás los engañara (1 Tesalonicenses 5:21). Juan nos dijo que probáramos los espíritus porque hay muchos espíritus falsos en el mundo (1 Juan 4:1). El orgullo espiritual puede engañarnos y hacernos pensar que porque tenemos un don espiritual no somos responsables ante la iglesia sino sólo ante Dios. Esto es un completo error.

vi. La Palabra de Dios es nuestra única guía infalible

Todo lo que hacemos debe ser juzgado por las Escrituras. La Palabra de Dios es nuestra única autoridad: todos nuestros sentimientos espirituales, nuestros sueños, visiones, palabras de profecía, etc. deben ser probados por la Biblia:

> Todo el que se desvía y no permanece en la enseñanza de Cristo, no tiene a Dios. El que permanece en la enseñanza tiene tanto al Padre como al Hijo (2 Juan 9)
> El que me rechaza y no recibe Mis palabras, tiene quien lo juzgue; la palabra que he hablado, esa lo juzgará en el día final. (Juan 12:48).

vii. El Espíritu Santo decide qué regalos dar

El Espíritu Santo es Dios. Él es quien determina a quién le dará sus dones, cuándo y dónde. No está obligado a dar todos sus dones a la Iglesia en cada período de la historia. Debido a que hay aproximadamente veintisiete dones listados en el Nuevo Testamento, esto no significa que los necesitemos todos en cada iglesia local. Sólo el Espíritu Santo sabe a quién dar sus dones y con qué propósito. Él sabe cuáles son los más necesarios según el momento y lugar determinados. Es el Espíritu de la sabiduría y trabaja infaliblemente de acuerdo a su propia voluntad:

> Pero todas estas cosas las hace uno y el mismo Espíritu, distribuyendo individualmente a cada uno según Su voluntad (1 Corintios 12:11).

viii. Sumisión al Espíritu

No se nos anima a buscar los dones más espectaculares, sino los más útiles para la iglesia (1 Corintios 14:1-5). Podemos, y de hecho debemos, ayudar a la iglesia recibiendo y usando un don espiritual - podemos pedir, pero nunca podemos exigir. Lo que recibimos es la prerrogativa del Espíritu Santo; él sabe mejor y debemos aceptar su voluntad tanto para nosotros como para la iglesia. Nuestro deseo debe ser siempre servir a Cristo con un espíritu de humildad, gratitud y amor. Si nuestros motivos son correctos no nos desviaremos en la búsqueda de dones espirituales.

ix. ¿Hay un bautismo en el Espíritu?

Los cristianos pentecostales y carismáticos creen que hay una obra de dos etapas del Espíritu en el creyente, la segunda etapa se llama "bautismo en el Espíritu Santo". Esta enseñanza se basa en el hecho de que los discípulos, que ya creían en Jesús (Juan 17:8,12), y tenían alguna medida del Espíritu Santo (Juan 20:22), fueron bautizados en el Espíritu el día de Pentecostés. Esto fue en cumplimiento de la profecía de que Jesús bautizaría con el Espíritu Santo y con fuego (Lucas 3:16; Hechos 1:4-5).

También dicen que lo que le sucedió al primer gentil convertido, Cornelio, fue ejemplo de un creyente bautizado con el Espíritu (Hechos 11:16). Pero en ningún otro lugar del Nuevo Testamento se menciona la obra del Espíritu en dos etapas. La idea de que hay algo que falta o es defectuoso en la obra del Espíritu en la conversión, que requiere un trabajo adicional para permitirnos dar un testimonio efectivo, no tiene ningún apoyo en la Escritura. Lo que podemos decir es que los discípulos fueron los únicos creyentes que pudieron experimentar una obra del Espíritu en dos etapas simplemente porque fueron los únicos que creyeron en Jesús antes de Pentecostés. Cornelio, aunque era un buen hombre y un adorador de Dios, no había recibido o creído el evangelio así que no puede ser considerado como un modelo confiable para probar que cada creyente debe tener una experiencia de dos etapas del Espíritu. ¡Pablo enseña claramente lo contrario!

> Pues por un mismo Espíritu todos fuimos bautizados en un solo cuerpo, ya judíos o griegos, ya esclavos o libres. A todos se nos dio a beber del mismo Espíritu (1 Corintios 12:13).

Sin embargo, el pentecostalismo basa su enseñanza en un trabajo de post-conversión del Espíritu completamente en estos cuatro ejemplos. Se le dice al cristiano que camine en el Espíritu, que sea guiado por el Espíritu, que produzca los frutos del Espíritu (Gálatas 5:16-23) y que esté constantemente lleno del Espíritu (Efesios 5:18). No hay ninguna enseñanza en ninguna de las epístolas en las que se nos dice que nos bauticemos en el Espíritu. Sólo hay un bautismo con el Espíritu, pero puede haber muchas llenuras.

x. El nuevo evangelio de la salud y la prosperidad

Durante los últimos cuarenta años un nuevo movimiento herético ha crecido rápidamente en Los Estados Unidos de América a partir de las raíces en las iglesias pentecostales. Debido a su asombroso éxito y al apoyo financiero de millones de personas fácilmente engañables, se ha extendido por todo el mundo en casi todos los países. Fue la primera organización cristiana en utilizar la televisión por satélite en 1982 y, mediante el uso de las últimas técnicas de marketing, sus evangelistas de habla rápida, guapos y divertidos que reclaman nuevas y emocionantes revelaciones de Dios, han persuadido a cientos de miles de estadounidenses a donar miles de millones de dólares a ellos en la creencia de que cuanto más den, más les bendecirá Dios con salud y prosperidad material.

Este movimiento es conocido como, El movimiento de la Palabra de Fe, Salud y Riqueza, Confesión Positiva o Evangelio de la Prosperidad. Sus líderes durante estos cuarenta años han sido Kenneth Hagin, Kenneth Copeland, Benny Hinn, Frederick Price, Robert Tilton, Jerry Savelle, Morris Cerullo y Paul Crouch. Pero una nueva generación de jóvenes evangelistas está tomando su lugar. Todos ellos son ahora extremadamente ricos, con grandes casas, los coches más caros y la ropa de moda más reciente, y sus organizaciones individuales valen miles de millones de dólares. ¿Cómo lo hacen? He aquí un verdadero ejemplo que le ocurrió al pastor John MacArthur de California.

Él y miles de otros inocentes recibieron por correspondencia un paquete que contenía una carta y una barra de jabón que decía "bendecido por la oración" de parte de un predicador de "Word-Faith". La carta decía que así como Jesús había ayudado a un hombre a lavarse la ceguera de sus ojos, si usabas ese jabón podías recibir un milagro, ya sea sanación o dinero. La carta daba estas instrucciones: "Después de lavarse la pobreza de sus manos, saque un cheque o efectivo de $100, o $50 o $20 y mientras lo sostiene con sus manos limpias diga: "En el nombre de Jesús dedico este regalo a la obra de Dios", y espere un milagro de dinero a cambio". El dinero, por supuesto, debía ser enviado al predicador de la "Word-Faith" La carta terminaba con estas palabras, "Estoy viendo a alguien enviando una ofrenda de 25 dólares y Dios me muestra un gran cheque que llegará en breve. ¡Es grande y parece de 1.000 dólares! Sé que esto suena extraño, pero me conoces lo suficiente para saber que tengo que obedecer a Dios cuando habla. Esperaré su respuesta". Miles de personas respondieron y enviaron dinero.

¿En qué cree el movimiento de "Word-Faith"? Cree que todos los pecados, enfermedades, desastres naturales, problemas, hambre y pobreza vienen de Satanás. Dios es bueno y quiere que todos los cristianos sean liberados del control de Satanás y de todas estas cosas malvadas y que disfruten de una vida de bendición, salud y prosperidad.

A través de la fe, todas estas cosas son posibles en el nombre de Jesús, porque Dios quiere que disfrutemos de salud y riquezas; todo lo que necesitamos hacer es creer y pedir que la salud y la riqueza entren en nuestras vidas hablando "palabras de fe" siempre que lo necesitemos. El movimiento "Palabra de Fe" cree que Dios es impotente para intervenir hasta que hablemos estas palabras mágicas de fe. Dicen que esto se debe a que Dios le dio a Adán el derecho legal de gobernar la Tierra durante seis mil años y ahora no puede hacer nada sin nosotros. La fe es vista, no como una actitud de creencia sincera en la Palabra de Dios y la confianza personal en él, sino como una fuerza que se libera en el mundo por la cooperación del hombre.

Los evangelistas de la fe creen y enseñan que cuando una persona nace de nuevo se convierte en "pequeños dioses". Kenneth Copeland dice: "Pedro dice en la Biblia que nos hemos convertido en partícipes de la naturaleza divina. Que la naturaleza es la vida eterna en la perfección absoluta. Y que fue impartida, inyectada en tu espíritu-hombre al igual que impartiste a tu hijo la naturaleza de tu humanidad. ¡Tu hijo no nació como una ballena, sino como un ser humano! ¿No es eso cierto? No tienes un humano en ti, ¡tú eres uno! No tienes un dios en ti, sino que ¡eres uno! Esta extraña enseñanza herética engaña a la gente haciéndoles creer que ya no son seres humanos débiles, sino que pueden comportarse como Dios y ordenar que la salud y la riqueza les obedezcan. Lamentablemente, algunos muy enfermos han creído esto y se han negado a recibir tratamiento médico, y ordenaron que su enfermedad desaparezca, pero luego han muerto. ¡Los evangelistas de "Word-Faith" han culpado a los enfermos, diciendo que fue su propia culpa por no tener suficiente fe!

Sus sermones a menudo relatan revelaciones personales, visiones y conversaciones con Dios diciéndoles lo que quiere que enseñen. Charles Capps dice:

> En 1973, la Palabra del Señor vino a mí diciendo: "Si los hombres me creen, no es necesario orar mucho. El solo hecho de hablar la Palabra te traerá lo que deseas. Mi poder creativo se le da al hombre en forma de

> palabra. He dejado por un tiempo mi trabajo y le he dado al Hombre el Libro de mi poder creativo, ese poder está todavía en Mi Palabra. Pero para que sea efectivo, los hombres deben hablarla y ese poder creativo saldrá realizando lo que se dice con fe'".

¡Así que el hombre se ha convertido en un Dios con poderes mágicos para hacer lo que quiera! ¿Y cómo sabemos que esto es verdad? ¿Está en la Biblia que todo el poder se le da al hombre? No, pero Charles Capps necesitaba una revelación especial para decírselo. Jesús dijo algo muy diferente a sus discípulos sobre quién tiene el poder:

> Toda autoridad me ha sido dada en el cielo y en la tierra. Vayan, pues, y hagan discípulos de todas las naciones,
> Y ¡recuerden! Yo estoy con ustedes todos los días, hasta el fin del mundo (Mateo 28:18-20).

Y Pablo, cuando estaba físicamente afligido por los ataques de Satanás, oró a Dios tres veces para que le quitara su espina en la carne, pero Dios le dijo:

> "Te basta Mi gracia, pues Mi poder se perfecciona en la debilidad" (2 Corintios 12:9).

Así que Pablo dijo:

> Por tanto, con muchísimo gusto me gloriaré más bien en mis debilidades, para que el poder de Cristo more en mí... porque cuando soy débil, entonces soy fuerte. (2 Corintios 12: 9-10).

El notable apóstol Pablo tuvo que aprender a confiar, no en sus propios poderes o en sus propias palabras de fe, sino en el poder de Dios que se hace perfecto en su debilidad. No era un "pequeño dios" que gobernaba el mundo y ordenaba que todo sucediera por sus propias "palabras de fe".

Encontró que su debilidad y aflicción hacían que viva dependiendo diariamente sólo de la gracia de Dios.

xi. Los peligros de la riqueza

Cuando un joven y rico gobernante quiso seguir a Jesús le dijo que vendiera todo lo que tenía. Pero él amaba su riqueza más que seguir a Jesús y se fue triste:

> "¡Qué difícil será para los que tienen riquezas entrar en el reino de Dios!" ... Es más fácil para un camello pasar por el ojo de una aguja, que para un rico entrar en el reino de Dios (Marcos 10:23,25).

En su parábola del sembrador, Jesús dijo que la buena semilla de la palabra de Dios puede ser destruida por las riquezas:

> Y aquel en quien se sembró la semilla entre espinos, este es el que oye la palabra, pero las preocupaciones del mundo y el engaño de las riquezas ahogan la palabra, y se queda sin fruto (Mateo 13:22).

Jesús es nuestro ejemplo en todas las cosas. Era tan pobre que no tenía ni hogar ni posesiones. Cuando murió no era rico; ¡sólo dejó una capa y un par de sandalias! Lo mismo ocurrió con Pablo cuando nos cuenta su vida de apóstol (2 Corintios 6:4-10; 11:23-30). Y le dice a Timoteo:

> Y si tenemos qué comer y con qué cubrirnos, con eso estaremos contentos. Pero los que quieren enriquecerse caen en tentación y lazo y en muchos deseos necios y dañosos que hunden a los hombres en la ruina y en la perdición. Porque la raíz de todos los males es el amor al dinero, por el cual, codiciándolo algunos, se extraviaron de la fe y se torturaron con muchos dolores. (1 Timoteo 6:8-10).

¡La cruz es un símbolo de muerte, no un símbolo de salud y riqueza! Jesús fue crucificado en una cruz y llama a todos los que quieran ser sus discípulos a tomar esa cruz por sí mismos y estar dispuestos a dar sus vidas por él:

> "Si alguien quiere venir en pos de Mí, niéguese a sí mismo, tome su cruz y que me siga. Porque el que quiera salvar su vida, la perderá; pero el que pierda su vida por causa de Mí, la hallará. Pues ¿qué provecho obtendrá un hombre si gana el mundo entero, pero pierde su alma? O ¿qué dará un hombre a cambio de su alma? (Mateo 16:24-26).

Así que los evangelistas de "Word-Faith" han pervertido el evangelio de Cristo y han predicado en su lugar un evangelio de codicia personal y materialismo inflexible. La adoración de Dios se transforma en el sueño americano - la adoración del dinero y el lujo personal evitando todas las referencias del Nuevo Testamento al discipulado cristiano que implica sufrimiento, penuria, persecución, pobreza y muerte. Los evangelistas de "Word-Faith" van por todo el mundo engañando a miles de personas pobres y sencillas para que regalen su dinero, en la creencia de que Dios les devolverá mucho más de lo que han dado a los evangelistas. La enseñanza de la salud y la riqueza es una perversión maligna del evangelio de Cristo y debe ser resistida y expuesta como uno de los modernos engaños de Satanás.

Los que propagan este tipo de enseñanza insultan de hecho a millones de pobres cristianos, particularmente en los países subdesarrollados, dando a entender que carecen de fe, mientras que Santiago dice precisamente lo contrario: son ricos en fe (2:5).

PREGUNTAS

1. ¿Cómo sabemos por la Biblia que el Espíritu Santo no es una fuerza sino una persona?
2. ¿Cómo sabemos que la Biblia dice que el Espíritu Santo es Dios?

3. ¿Cuál es el ministerio del Espíritu Santo en la iglesia desde Pentecostés?
4. ¿Deberíamos esperar ver todos los dones del Espíritu Santo funcionando en la iglesia hoy en día?

CAPÍTULO 11: ARREPENTIMIENTO Y FE

1. **¿Qué es el arrepentimiento?**
2. **¿Qué lleva al arrepentimiento?**
3. **¿Qué ocurre cuando una persona se arrepiente?**
4. **¿A qué conduce el arrepentimiento?**
    a. **Un cambio en la visión de Dios.**
    b. **Un cambio en la visión de nosotros mismos.**
5. **La diferencia entre el remordimiento y el arrepentimiento.**
6. **Fe.**
    a. **¿Qué es la fe?**
    b. **¿Cómo nace la fe?**
    c. **¿Qué logra la fe?**

En una parábola que Jesús contó (Lucas 15) el hijo pródigo se rebeló contra su padre, dejó su hogar y vivió una vida de pecado y depravación en un país lejano. Cuando volvió en sí y se dio cuenta de todo el mal que había hecho, hizo cuatro cosas:

i) Admitió su pecado.
ii) Lo confesó a Dios.
iii) Pidió perdón.
iv) Se apartó de sus malos caminos.

El verdadero arrepentimiento es, por lo tanto, la tristeza por el pecado que lleva a una vida cambiada.

> Porque la tristeza que es conforme a la voluntad de Dios produce un arrepentimiento que conduce a la salvación, sin dejar pesar; pero la tristeza del mundo produce muerte (2 Corintios 7:10).

1. ¿Qué es el arrepentimiento?

Es volverse del pecado y los caminos pecaminosos hacia Dios y su servicio. El sustantivo griego "metanoia" significa pensar de nuevo, cambiar de opinión. Tanto en el Antiguo como en el Nuevo Testamento, el arrepentimiento siempre implica un cambio de corazón que conlleva a un cambio de conducta.

Para explicar lo que es el verdadero arrepentimiento, Jesús contó una parábola sobre un hombre que tenía dos hijos (Mateo 21:28-32). El padre le dijo a su hijo que fuera a trabajar a su viñedo. Al principio se negó a ir, pero más tarde se arrepintió de su negativa, cambió de opinión y se fue a trabajar a la viña. El segundo hijo al principio aceptó ir, pero después decidió no hacerlo. El primer hijo no sólo cambió de opinión, sino que también se arrepintió de haberle dicho que no a su padre, lo que provocó un cambio de conducta. El arrepentimiento, por lo tanto, implica un cambio de mentalidad, arrepentimiento por lo que hemos hecho, y el correspondiente cambio de conducta.

En los capítulos dos y tres del libro del Apocalipsis, Jesús nos da algunos modelos de arrepentimiento. El Cristo resucitado habla a cada una de sus siete iglesias, diciendo a cinco de ellas que hay pecados específicos de los que necesitan arrepentirse. Por ejemplo, le dice a la iglesia de Éfeso:

> Pero tengo esto contra ti: que has dejado tu primer amor. Recuerda, por tanto, de dónde has caído y arrepiéntete, y haz las obras que hiciste al

> principio. Si no, vendré a ti y quitaré tu candelabro de su lugar, si no te arrepientes (Apocalipsis 2:4-5).

2. ¿Qué lleva al arrepentimiento?

¡Sólo la gracia de Dios! Es el Espíritu Santo quien comienza la obra de la salvación en el corazón de cada creyente. Él toma la iniciativa convenciéndonos de nuestros pecados, y nos permite reconocer nuestra situación de pecadores. Esto nos lleva al arrepentimiento, volviéndonos de nuestros pecados a Dios.

> Y cuando Él venga, convencerá al mundo de pecado, de justicia y de juicio (Juan 16:8).
> Y derramaré sobre la casa de David y sobre los habitantes de Jerusalén, el Espíritu de gracia y de súplica, y me mirarán a Mí, a quien han traspasado. Y se lamentarán por Él, como quien se lamenta por un hijo único, y llorarán por Él, como se llora por un primogénito (Zacarías 12:10).
> Al oír esto se calmaron, y glorificaron a Dios, diciendo: Así que también a los gentiles ha concedido Dios el arrepentimiento que conduce a la vida. (Hechos 11:18).

Además de la obra del Espíritu Santo, Dios también usa su Palabra, ya sea leída o predicada. La predicación del evangelio es su medio habitual para llevar a los hombres y mujeres al arrepentimiento. Lo vemos en la predicación de Jonás a los ninivitas:

> Entonces Jonás comenzó a recorrer la ciudad camino de un día, y proclamaba: "Dentro de cuarenta días Nínive será arrasada". Entonces los habitantes de Nínive creyeron en Dios, y proclamaron ayuno y se vistieron de cilicio desde el mayor hasta el menor de ellos (Jonás 3:4-5).

En el Nuevo Testamento vemos lo mismo a través de la predicación de Pedro el día de Pentecostés (Hechos 2:37-39), también en la predicación de Pablo a varias ciudades en sus viajes misioneros (por ejemplo, 1 Tesalonicenses 1:5).

3. ¿Qué ocurre cuando una persona se arrepiente?

Toda la personalidad está involucrada - la mente, el corazón y la voluntad. Cuando, por primera vez un hombre o una mujer reconoce su propia pecaminosidad, afecta a toda su vida, sus mentes, sus emociones y su voluntad. En el evangelismo masivo, a menudo se pone demasiado énfasis en la voluntad. Se insta a la gente a pasar al frente, a tomar una decisión y a firmar una tarjeta de decisión. Pero la verdad debe llegar primero a la mente. A menos que una persona entienda su pecado y sienta la necesidad de perdonar, ninguna acción que pueda tomar la salvará.

- La mente debe ser informada: "Pues por medio de la ley viene el conocimiento del pecado (Romanos 3:20)."
- El corazón debe ser movido: "Porque la tristeza que es conforme a la voluntad de Dios produce un arrepentimiento que conduce a la salvación, sin dejar pesar; pero la tristeza del mundo produce muerte. (2 Corintios 7:10; véase también Lucas 18:13)."
- La voluntad debe responder: "Pero Zaqueo, puesto en pie, dijo a Jesús: "Señor, la mitad de mis bienes daré a los pobres, y si en algo he defraudado a alguien, se lo restituiré cuadruplicado" (Lucas 19:8; ver también Isaías 55:7)."

4. ¿A qué conduce el arrepentimiento?

a. Un cambio en la visión de Dios

El hombre inconverso tiene una comprensión muy distorsionada del carácter glorioso de Dios y su santidad. Dios le dice al malvado:

> Te sientas y hablas contra tu hermano; al hijo de tu propia madre calumnias. Estas cosas has hecho, y Yo he guardado silencio; pensaste que Yo era tal como tú; pero te reprenderé, y delante de tus ojos expondré tus delitos (Salmo 50, 20-21).

Cuando Isaías tuvo una visión de Dios en el templo lo vio en toda su gloria y santidad (Isaías 6:1-7). Lo vio como realmente es. Esto lo llevó a su arrepentimiento y a un cambio dramático en su comprensión de la santidad y la justicia de Dios Todopoderoso. Lo mismo ocurrió con Job que, cuando vio a Dios, se arrepintió de su incredulidad, su justicia propia y su rebelión:

> He sabido de Ti solo de oídas, pero ahora mis ojos te ven. Por eso me retracto, y me arrepiento en polvo y ceniza (Job 42:5-6).

b. Un cambio en la visión de nosotros mismos

Una vez fuimos orgullosos y santurrones, nos excusamos, nos negamos a admitir nuestra pecaminosidad y negamos que somos peores que los demás. Pero cuando Dios abrió los ojos a nuestra verdadera condición, inmediatamente dejamos de justificarnos a nosotros mismos y a nuestra forma de vida pasada. Esto también fue cierto para el Rey David. Él no consideró que el asesinato y el adulterio fueran reprobables en un rey. Pero cuando el profeta Natán le mostró que ante los ojos de Dios estos son pecados terribles, inmediatamente se arrepintió y dijo:

> Ten piedad de mí, oh Dios, conforme a Tu misericordia; conforme a lo inmenso de Tu compasión, borra mis transgresiones (Salmo 51:1).

5. La diferencia entre el remordimiento y el arrepentimiento

- El remordimiento es sólo el arrepentimiento por las consecuencias de nuestro pecado y por sus desagradables efectos como el castigo y el sufrimiento. Sentimos pena por nosotros mismos y por la humillación de ser descubiertos y expuestos al desprecio público.
- El arrepentimiento es una tristeza por haber pecado contra Dios, un deseo de ser limpiado y perdonado, y una determinación de confesarlo y abandonarlo a toda costa.

6. Fe

Durante la Revolución Rusa los comunistas regañaban a los que creían en Dios diciendo: "La fe es creer en algo que sabes que no es verdad". Los humanistas seculares de Occidente también se han burlado de la fe de manera similar diciendo "¡Pastel en el cielo cuando mueras!" Sin embargo, la fe cristiana no se basa en especulaciones extravagantes y etéreas sobre el mundo espiritual invisible y una vida mística después de la muerte.

Está basada en eventos históricos y personajes históricos. Decimos que la verdadera fe se compone de tres cosas - conocimiento, creencia y confianza. La fe cristiana es, por lo tanto, una proclamación sobre Jesucristo como persona histórica y lo que vino al mundo a realizar:

- Es un mensaje que hay que entender.
- Es un mensaje que hay que creer.
- Es una persona en la que se puede confiar.

La fe es, por lo tanto, un mensaje que se dirige en primer lugar a nuestras mentes, en segundo lugar a nuestros corazones y en tercer lugar a nuestras voluntades, y en ese orden. El mensaje es llamado por Pablo, "la palabra de Dios", que se predica a los hombres para que crear. Una persona oye el mensaje, lo entiende, cree que es verdad y se compromete con él: "Así que la fe viene del oír, y el oír, por la palabra de Cristo (Romanos 10:17)"

En la Reforma, los reformadores se opusieron a la visión católica romana de que la fe es sólo un asentimiento mental a las doctrinas del cristianismo. Entre la persona individual y Cristo, la Iglesia Católica se había inmiscuido en un número de mediadores - el sacerdote, los santos, la Virgen María y la Iglesia. Los reformadores dijeron que esto estaba totalmente equivocado; "Porque hay un solo Dios, y también un solo Mediador entre Dios y los hombres, Cristo Jesús hombre" (ver 1 Timoteo 2:5) por lo tanto pongan su confianza directamente en Él. Subrayaron la importancia de que cada alma tenga un encuentro personal con el Cristo viviente, que sientan confianza y seguridad en él como su Salvador personal.

En el Nuevo Testamento la palabra "fe" es muy prominente. El sustantivo pistis y el verbo pisteuô aparecen más de 240 veces, mientras que el adjetivo pistos se encuentra 67 veces. Este énfasis en la fe debe verse en el contexto de la obra salvadora de Dios en Cristo. El mensaje central del Nuevo Testamento es que Dios envió a su Hijo para ser el Salvador del mundo. Cristo logró la salvación del hombre al tener una muerte expiatoria en su nombre en la cruz del Calvario. La fe es la respuesta de la creencia en las afirmaciones de Cristo, junto con una completa confianza en él para la salvación.

Cuando el carcelero filipino preguntó: "¿Qué debo hacer para ser salvado? (Hechos 16:31) Pablo y Silas responden sin dudar, "Cree en el Señor Jesús, y serás salvo, tú y toda tu casa", es decir, pongan su fe en Cristo.

Una mujer crónicamente enferma, en una densa multitud que rodeaba a Jesús, logró tocarlo. Porque ella creía en su habilidad para curarla, le dijo. "Hija, tu fe te ha sanado; vete en paz" (Lucas 8:48).

Cuando los discípulos estaban en una barca con Jesús que fue atrapado en una tormenta repentina, lo despertaron porque pensaron que su barca estaba a punto de hundirse. Él los reprendió por no confiar en él con las palabras, "¿Cómo no tienen fe?" (Marcos 4:40). Jesús esperaba que creyeran que todo estaría bien porque él estaba con ellos.

La fe en Cristo es, por lo tanto, esencial para la salvación, para las respuestas a nuestras oraciones, para la curación y para tener confianza en Dios.

> Y sin fe es imposible agradar a Dios. Porque es necesario que el que se acerca a Dios crea que Él existe, y que recompensa a los que lo buscan (Hebreos 11:6).

a. ¿Qué es la fe?

Negativamente: No es una cualidad humana natural con la que nacemos, como el coraje o la bondad. No es la capacidad de tomar riesgos calculados. A veces leemos de montañeros que tienen fe en su equipo o astronautas en los científicos que diseñan sus cohetes. La fe en el ahorro es radicalmente diferente: no es una cualidad natural, ¡es sobrenatural!

Positivamente: La fe espiritual es algo que Dios obra en nosotros en la regeneración, y que conduce a un cambio fundamental en nuestras disposiciones naturales (ver Capítulo Nueve, párrafo 1[v]). La fe es el don de Dios:

> Porque por gracia ustedes han sido salvados por medio de la fe, y esto no procede de ustedes, sino que es don de Dios (Efesios 2:8).

La fe es la habilidad que nos da Dios para creer en las verdades de su revelación y poner nuestra confianza en él.

b. ¿Cómo nace la fe?

El método regular de Dios para conceder la fe es, en primer lugar, informar a la mente. A veces tiene que perturbar el patrón de nuestras vidas para despertarnos al sentido de nuestra necesidad. Él nos trae la verdad ya sea por la palabra escrita o hablada. Cuando Cristo dio su comisión de despedida a los apóstoles les dijo que hablaran de él a todo el mundo:

> Vayan, pues, y hagan discípulos de todas las naciones, bautizándolos en el nombre del Padre y del Hijo y del Espíritu Santo, enseñándoles a guardar todo lo que les he mandado; y ¡recuerden! Yo estoy con ustedes todos los días, hasta el fin del mundo... (Mateo 28:19-20).
> La fe viene por el oído, y el oír por la palabra de Dios. (Romanos 10:17)

Los apóstoles se dedicaron a la predicación pública y a la enseñanza privada siguiendo el método que el mismo Cristo les había enseñado. Aquellos que escuchaban el mensaje respondían, ya sea con fe o sin ella. Pablo dice que la palabra escrita de Dios, las Escrituras, también pueden hacernos sabios para la salvación (2 Timoteo 3:15).

c. ¿Qué logra la fe?

Uno de los capítulos más importantes de la Biblia sobre el tema de la fe es el capítulo 11 de Hebreos. La definición de fe del autor se refiere no tanto a lo que la fe es, sino a lo que hace:

> Ahora, la fe es la certeza de lo que se espera, la convicción de lo que bien no se ve (Hebreos 11:1).

La fe es la habilidad dada por Dios que nos permite ver las cosas que aún están en el futuro como ya presentes, y las cosas no vistas como ahora visibles. El autor examina los hombres y mujeres de fe más notables a lo largo del Antiguo Testamento. Muestra que lo que fueron y lo que lograron fue por su fe.

> Por la fe Abel... por la fe Enoc... por la fe Noé... por la fe Abraham... por la fe Sara... por la fe Isaac... por la fe Jacob... por la fe José... por la fe

> Moisés... por la fe Rahab, Gedeón, Barak, Sansón, Jefté, David, Samuel y los profetas... conquistaron reinos, hicieron justicia, obtuvieron promesas, cerraron bocas de leones, apagaron la violencia del fuego, escaparon del filo de la espada. Siendo débiles, fueron hechos fuertes, se hicieron poderosos en la guerra, pusieron en fuga a ejércitos extranjeros (vv.4-34).

La fe permitió a todos estos hombres y mujeres no sólo hablar de Dios, sino también hacer cosas Ellos sabían lo que creían, pero más importante, sabían a quiénes creían. Sin fe es imposible agradar a Dios. El que se acerca a Dios debe creer que lo es y que es galardonador de aquellos que lo buscan diligentemente (Hebreos 11:6). Aquí están algunas de las cosas que la Biblia dice sobre la fe:

- Somos justificados por la fe (Romanos 5:1)
- Vivimos por fe (Romanos 1:17)
- Caminamos por fe (2 Corintios 5:7)
- Nos mantenemos por la fe (2 Corintios 1:24)
- Tenemos acceso a Dios por la fe (Romanos 5:2)
- Cristo habita en nuestros corazones a través de la fe (Efesios 3:17)
- Vencemos por medio de la fe (Hebreos 11:33-34)
- Oramos con fe (Santiago 1:6)
- Resistimos al diablo con firmeza en la fe (1 Pedro 5:9)
- Complacemos a Dios por la fe (Hebreos 11:6)

Aunque la fe es un don de Dios, también es la voluntad de Dios que nuestra fe se fortalezca y aumente. Cuando los discípulos pensaron que su barco estaba a punto de hundirse en una tormenta repentina, Jesús los reprendió, diciendo, "¿Dónde está tu fe?" (Mateo 8:26). Esperaba que su fe superara sus miedos, pero su fe era demasiado pequeña. ¿Cómo puede crecer nuestra fe? Aquí están algunas de las formas que la Biblia recomienda:

- Confiando en la palabra de Dios como lo hizo Abraham (Romanos 4:19-20).
- Orando para tener una fe más fuerte (Lucas 17:5).
- Escuchando y leyendo la Palabra de Dios (Romanos 10:17)
- Obedeciendo la Palabra de Dios (Santiago 1:22-25).
- Ejercitando la fe en todo momento (1 Tesalonicenses 1:3-8).
- Haciendo del amor el motivo de nuestras obras de fe (Gálatas 5:6).

PREGUNTAS

1. ¿Por qué el arrepentimiento es esencial para la salvación?
2. ¿Qué medios utiliza Dios para llevar a una persona al arrepentimiento?
3. ¿Cuáles son los tres elementos esenciales de la verdadera fe?
4. ¿Qué medios ha proporcionado Dios para ayudar a nuestra fe a crecer?

CAPÍTULO 12: ADOPCIÓN

1. **El significado de la adopción.**
    a. **El significado de la palabra "hijo" en las Escrituras.**
    b. **Las referencias del Nuevo Testamento a la adopción.**
2. **El error del universalismo.**
3. **¿Nuestra filiación es la misma que la de Cristo?**
4. **¿Cuáles son las pruebas de la adopción?**
    a. **Cinco evidencias.**
5. **¿Cuáles son los resultados de la adopción?**
    a. **Ocho resultados**

> Pero cuando vino la plenitud del tiempo, Dios envió a Su Hijo, nacido de mujer, nacido bajo la ley, a fin de que redimiera a los que estaban bajo la ley, para que recibiéramos la adopción de hijos (Gálatas 4:4-5)

> Seguramente la adopción es la cumbre de todos nuestros privilegios, porque con ella Dios nos ha hecho más cercanos a Él que los ángeles. Ellos son los amigos de Cristo pero nosotros somos sus hijos. (Thomas Watson)

1. El significado de la adopción

Hace muchos años, cuando los cristianos estaban siendo severamente perseguidos en Corea, una turba furiosa atacó la casa de un predicador cristiano. El hijo del predicador fue asesinado y posteriormente un joven fue arrestado por la policía y juzgado. Para asombro de todos, el padre del chico asesinado perdonó al asesino, retiró los cargos y lo llevó a su propia casa. Adoptó al niño como su propio hijo y lo crio en su propia familia. El asesino que había sido su enemigo se convirtió en su hijo adoptivo. Esto es lo que Dios hace por nosotros. Nosotros, que éramos sus enemigos, nos convertimos, a través de Cristo, en sus hijos e hijas adoptivos, y recibimos el Espíritu de adopción (Romanos 8:15)

La palabra adopción en el griego, *huiothesia*, significa 'colocar un hijo' como de una familia a otra. Es la acción amorosa y legal de Dios por la cual nos otorga el estatus de hijos. Esto incluye nuestra justificación y regeneración, pero nuestra adopción nos da algo aún más maravilloso: Dios se convierte en nuestro Padre, y nosotros nos convertimos en sus hijos y partícipes de los privilegios de sus hijos.

a. El significado de la palabra "hijo" en las Escrituras

- En el singular, el "Hijo de Dios" se refiere a Cristo como el único Hijo de Dios.
- En plural, los hijos de Dios se refiere a los ángeles (Job 1:6).
- En el Salmo 82:6 se utiliza de los magistrados humanos que en su cargo ejercen un poder sobre los hombres similar al de Dios.
- "Hijos" como sujetos de adopción divina, por ejemplo:

i) Israel en el Antiguo Testamento (Romanos 9:4; ver Éxodo 4:22). ii) El cristiano en el Nuevo Testamento (Gálatas 4:5)

b. Referencias a la adopción en el Nuevo Testamento

> Porque son israelitas, a quienes pertenece la adopción como hijos, y la gloria, los pactos, la promulgación de la ley, el culto y las promesas (Romanos 9:4).
>
> Pues ustedes no han recibido un espíritu de esclavitud para volver otra vez al temor, sino que han recibido un espíritu de adopción como hijos, por el cual clamamos: "¡Abba, Padre!" (Romanos 8:15).

> Y no solo ella, sino que también nosotros mismos, que tenemos las primicias del Espíritu, aun nosotros mismos gemimos en nuestro interior, aguardando ansiosamente la adopción como hijos, la redención de nuestro cuerpo. (Romanos 8:23).
> Nos predestinó para adopción como hijos para sí mediante Jesucristo, conforme a la buena intención de Su voluntad (Efesios 1:5).

2. El error del universalismo

La idea de la paternidad universal de Dios y la hermandad del hombre está muy extendida hoy en día incluso en la Iglesia Cristiana profesante. Muchos creen que todas las religiones no son más que diferentes caminos hacia Dios y que por lo tanto Cristo no es el único camino. Pablo en su sermón a los filósofos griegos en Atenas concedió que todos los hombres son en cierto modo hijos de Dios, pero esto es sólo en su relación con él como su Creador (Hechos 17:25-29). En un sentido general es el Padre de todos, pero en un sentido particular, en lo que respecta a la redención, no lo es:

> Porque por esto trabajamos y nos esforzamos, porque hemos puesto nuestra esperanza en el Dios vivo, que es el Salvador de todos los hombres, especialmente de los creyentes. (1 Timoteo 4:10).

De hecho, Pablo deja muy claro que por naturaleza todos éramos hijos de la ira (Efesios 2:3). Según Cristo, los fariseos eran de su padre el diablo (Juan 8:44). Las amplias referencias al infierno en el Nuevo Testamento son una prueba más de que no todos los hombres se salvan: y por lo tanto el "Universalismo" (la creencia de que todos se salvarán) es una doctrina errónea.

3. ¿Nuestra filiación es la misma que la de Cristo?

Nos convertimos en hijos de Dios sólo por adopción, hay un cambio básico en nuestro estatus. La Biblia nos dice que antes éramos hijos de la ira, en el reino de las tinieblas, muertos para Dios y esclavos del pecado. Pero Cristo no se convirtió en el Hijo de Dios, porque es el Hijo de Dios eternamente. Cuando resucitó de entre los muertos le dijo a María Magdalena: "Subo a Mi Padre y Padre de ustedes, a Mi Dios y Dios de ustedes" (Juan 20:17).

Debemos notar que no le dijo a nuestro Padre o a nuestro Dios. Quiere que sus discípulos vean que hay una distinción entre la relación que él tiene con Dios y la que ellos tienen con Dios. De la misma manera que les dice, "Cuando ores..." no se incluye a sí mismo en la misma relación con Dios que nosotros. La filiación por adopción que disfrutamos no está al mismo nivel que la filiación de Cristo, la segunda persona de la Trinidad.

4. ¿Cuáles son las pruebas de la adopción?

Muchas personas dicen ser cristianas porque son miembros de una denominación particular. Pero no tienen experiencia de conversión y no muestran evidencia del fruto del Espíritu en sus vidas. Aquellos que han profesado la fe en Cristo, y lo siguen en el camino del discipulado cristiano, tendrán las siguientes evidencias en sus vidas de que Dios los ha adoptado en su familia celestial:

i. Tienen fe en Cristo como Salvador y Señor

> Pues todos ustedes son hijos de Dios mediante la fe en Cristo Jesús (Gálatas 3:26).

ii. Han experimentado el espíritu de adopción en sus corazones

> Pues ustedes no han recibido un espíritu de esclavitud para volver otra vez al temor, sino que han recibido un espíritu de adopción como hijos, por el

cual clamamos: "¡Abba, Padre!" (Romanos 8:15). Ver también Gálatas 4:4-5.

iii. Han experimentado el testimonio interno del Espíritu con sus espíritus.

El Espíritu mismo da testimonio a nuestro espíritu de que somos hijos de Dios. (Romanos 8:16).

iv. Experimentan la dirección y guía del Espíritu en sus vidas.

Porque todos los que son guiados por el Espíritu de Dios, los tales son hijos de Dios (Romanos 8:14). Ver también Gálatas 5:16-18.

v. Aman la justicia y se esfuerzan por ser santos

En esto se reconocen los hijos de Dios y los hijos del diablo: todo aquel que no practica la justicia, no es de Dios; tampoco aquel que no ama a su hermano (1 Juan 3:10).

5. ¿Cuáles son los resultados de la adopción?

Como miembros recién adoptados de la familia de Dios tenemos el honor y el privilegio de ser llamados hijos de Dios. Lo tenemos como nuestro Padre celestial, Jesús como nuestro Señor y Salvador y el Espíritu Santo como nuestro ayudante que también vive en nosotros. Esto significa que nos convertimos en los objetos especiales de su amoroso cuidado y protección. Todos los miembros de la Trinidad juegan un papel vital no sólo en la salvación de cada hijo de Dios sino también en su preservación.

i. Recibimos el don del Espíritu Santo

Este es el mayor regalo espiritual que cualquier ser humano puede recibir; Dios el Espíritu Santo es dado para vivir en cada hijo de Dios para guiarlo, confortarlo, enseñarlo y transformarlo a la imagen de Dios. Es a través del trabajo del Espíritu Santo que nos convertimos en hijos de Dios (Juan 3:5; Tito 3:5). El apóstol Pedro predicó el primer sermón de la iglesia cristiana el día de Pentecostés en el que confirmó la promesa de Dios de dar el Espíritu Santo a todos los que se arrepintieran y creyeran:

> Entonces Pedro les dijo: Arrepiéntanse y sean bautizados cada uno de ustedes en el nombre de Jesucristo para perdón de sus pecados, y recibirán el don del Espíritu Santo. (Hechos 2:38).

Ver también Juan 14:16-18; Hechos 5:32; 10:44; 19:6.

ii. Se nos quita el espíritu de la esclavitud

Esta frase aparece en Romanos 8:15 y se refiere a la convicción de pecado y al temor de Dios de que el Espíritu Santo obra en nuestros corazones para llevarnos al arrepentimiento (Juan 16:8). El Espíritu Santo nos muestra el hecho de que hemos pecado contra Dios y esto trae consigo un sentido de culpa, condenación e impureza. Nos sentimos incapaces de mejorarnos a nosotros mismos o de arreglarnos con Dios.

Aquellos que escucharon el sermón de Pedro el día de Pentecostés gritaron bajo la convicción de pecado, "Hermanos, ¿qué haremos?" (Hechos 2:37). Del mismo modo, el carcelero filipino gritó: "Señores, ¿qué debo hacer para ser salvo?" (Hechos 16:30). Debemos experimentar este espíritu de esclavitud al pecado, que nos da miedo porque nos hace darnos cuenta de que hemos pecado contra Dios. Sólo entonces podemos arrepentirnos y recibir la luz y la libertad de la salvación de Dios:

> Pues ustedes no han recibido un espíritu de esclavitud para volver otra vez al temor[a], sino que han recibido un espíritu[b] de adopción como hijos, por el cual clamamos: "¡Abba, Padre!" (Romanos 8:15).

iii. Una nueva libertad espiritual

El apóstol Pablo dice que cuando los pecadores nacen de nuevo y se arrepienten de sus pecados, Dios ha hecho un milagro, liberándonos "del poder de las tinieblas" y traduciéndonos "al reino del Hijo de su amor" (Colosenses 1:13). Por lo tanto, somos liberados de nuestra esclavitud al pecado y a Satanás (Romanos 6:14; Lucas 11:20-22) y experimentamos la libertad de aquellos que han sido liberados de una vida en la prisión del pecado y la vergüenza.

> Jesús les respondió: En verdad les digo que todo el que comete pecado es esclavo del pecado; y el esclavo no queda en la casa para siempre; el hijo sí permanece para siempre. Así que, si el Hijo los hace libres, ustedes serán realmente libres (Juan 8:34-36).
>
> Ahora bien, el Señor es el Espíritu; y donde está el Espíritu del Señor, hay libertad (2 Corintios 3:17).

iv. Una nueva relación familiar espiritual con Dios

El creyente recién nacido es llevado a una relación muy cálida e íntima con Dios como su Padre. Pero algunos padres terrenales son a menudo severos y poco cariñosos o comprensivos con sus hijos. La Biblia, sin embargo, nos dice que esta relación Padre/hijo entre Dios y nosotros es tan amorosa y tierna que instintivamente llamamos a nuestro Padre celestial "Abba" (una expresión de profunda intimidad). A través del testimonio de su Espíritu dentro de nosotros sabemos que nos ama y se preocupa por nosotros:

> Y porque ustedes son hijos, Dios ha enviado el Espíritu de Su Hijo a nuestros corazones, clamando: "¡Abba! ¡Padre!" (Gálatas 4:6).

¡Pero no sólo eso, sino que también se nos dice que ahora tenemos al Señor Jesucristo como nuestro hermano! Cuando Cristo se hizo hombre, asumió nuestra humanidad y al hacerlo se llamó a sí mismo nuestro hermano:

> Porque tanto el que santifica como los que son santificados, son todos de un Padre; por lo cual Él no se avergüenza de llamarlos hermanos... Así que, por cuanto los hijos participan de carne y sangre, también Jesús participó de lo mismo, para anular mediante la muerte el poder de aquel que tenía el poder de la muerte, es decir, el diablo... Por tanto, tenía que ser hecho semejante a Sus hermanos en todo, a fin de que llegara a ser un sumo sacerdote misericordioso y fiel en las cosas que a Dios atañen, para hacer propiciación por los pecados del pueblo (Hebreos 2:11,14,17).
>
> Porque a los que de antemano conoció, también los predestinó a ser hechos conforme a la imagen de Su Hijo, para que Él sea el primogénito entre muchos hermanos (Romanos 8:29).
>
> Jesús le dijo: "Suéltame porque todavía no he subido al Padre; pero ve a Mis hermanos, y diles: "Subo a Mi Padre y Padre de ustedes, a Mi Dios y Dios de ustedes"" (Juan 20:17).

v. Un nuevo pueblo

Cuando Jesús vino al mundo, su propósito era abrir la puerta de la salvación no sólo a los judíos sino también a los gentiles. Cuando Simeón vio a Jesús como un bebé con sus padres dijo: "Porque mis ojos han visto Tu salvación la cual has preparado en presencia de todos los pueblos; Luz de revelación a los gentiles, y gloria de Tu pueblo Israel"" (Lucas 2:30-32). Fue un privilegio especial dado al apóstol Pedro hacer que el primer gentil se convirtiera cuando predicó el evangelio al soldado romano Cornelio. Refiriéndose a este evento trascendental, Santiago dijo,

> Simón [Pedro] ha relatado cómo Dios al principio tuvo a bien tomar de entre los gentiles un pueblo para Su nombre. (Hechos 15:14).

Desde entonces Dios ha estado sacando de todas las naciones del mundo un pueblo para su nombre - un pueblo redimido, llamado el pueblo de Dios:

> Es decir, nosotros, a quienes también llamó, no solo de entre los judíos, sino también de entre los gentiles. Como también dice en Oseas: "A los que no eran Mi pueblo, llamaré: "pueblo Mío", y a la que no era amada: "amada mía". Y sucederá que en el lugar donde se les dijo: "Ustedes no son Mi pueblo", allí serán llamados hijos del Dios viviente" (Romanos 9:24-26).

El creyente en Cristo es, por lo tanto, un miembro del nuevo reino de Dios, una humanidad redimida que un día habitará el nuevo cielo y la nueva tierra que Dios creará después del juicio y la destrucción de este malvado mundo actual:

> Pero ustedes son linaje escogido, real sacerdocio, nación santa, pueblo adquirido para posesión de Dios, a fin de que anuncien las virtudes de Aquel que los llamó de las tinieblas a Su luz admirable. Ustedes en otro tiempo no eran pueblo, pero ahora son el pueblo de Dios; no habían recibido misericordia, pero ahora han recibido misericordia. (1 Pedro 2:9-10).

vi. Una nueva seguridad

¡Qué maravillosa bendición es ser cuidado por nuestro Padre en el cielo! Pedro dice que debemos llevarle todos nuestros problemas y ansiedades: "echando toda su ansiedad sobre Él, porque Él tiene cuidado de ustedes" (1 Pedro 5:7). Cuando por la fe en Cristo nos convertimos en miembros del reino de Dios significa que pertenecemos a Dios; él es nuestro Rey y nuestro Padre. Antes de nuestra conversión éramos como huérfanos en el mundo que, una vez que dejan su orfanato, tienen que cuidarse a sí mismos o perecer. Pero una vez que nos convertimos en miembros de la familia de Dios todo esto cambia porque somos cuidados y protegidos por Dios.

> "Por tanto, no se preocupen, diciendo: "¿Qué comeremos?" o "¿qué beberemos?" o "¿con qué nos vestiremos?". Porque los gentiles buscan ansiosamente todas estas cosas; que el Padre celestial sabe que ustedes necesitan todas estas cosas. Pero busquen primero Su reino y Su justicia, y todas estas cosas les serán añadidas (Mateo 6:31-33).
>
> Sea el carácter de ustedes sin avaricia, contentos con lo que tienen, porque Él mismo ha dicho: "Nunca te dejaré ni te desampararé", de manera que decimos confiadamente: "El Señor es el que me ayuda; no temeré. ¿Que podrá hacerme el hombre?" (Hebreos 13:5-6).

vi. Una nueva disciplina

En nuestro mundo moderno de hoy vemos la ruptura de la vida familiar. Los jóvenes son descuidados o abandonados por sus padres y se les deja para que se cuiden a sí mismos. Con mucha frecuencia caen en malos caminos y no distinguen el bien del mal. Los buenos padres, por otro lado, están muy atentos a sus hijos y les enseñan a comportarse y a reconocer el bien y el mal. Esto significa que tienen que disciplinarlos y corregirlos. Nuestro Padre celestial es el más sabio y amable que los padres pero también nos corrige cuando pecamos y hacemos el mal. ¡Cómo nos comportamos es muy importante para Él! Esto era cierto en la relación de Dios con los judíos en el Antiguo Testamento - Él era un padre para ellos:

> A pesar de todo esto, todavía pecaron y no creyeron en Sus maravillas. Él, pues, hizo terminar sus días en vanidad, y sus años en terror súbito ... Pero Él, siendo compasivo, perdonaba sus iniquidades y no los destruía; muchas veces contuvo Su ira, y no despertó todo Su furor. (Salmo 78:32, 33, 38).
>
> Además, han olvidado la exhortación que como a hijos se les dirige: "Hijo Mío, no tengas en poco la disciplina del Señor, ni te desanimes al ser

> reprendido por Él. Porque el Señor al que ama, disciplina, y azota a todo el que recibe por hijo" (Hebreos 12:5-6).

viii. Una nueva herencia

Cuando los padres mueren, suelen dejar todas sus posesiones terrenales a sus hijos, que entonces heredan su riqueza. Los hijos son los herederos de sus padres. ¡Es un hecho sorprendente que Dios haya hecho que el mismo principio se aplique a aquellos que se han convertido en sus hijos por la fe en Cristo! ¡Nosotros somos llamados sus herederos y se nos ha dado el derecho de heredar las riquezas de su reino eterno!

> El Espíritu mismo da testimonio a nuestro espíritu de que somos hijos de Dios. Y si somos hijos, somos también herederos; herederos de Dios y coherederos con Cristo, si en verdad padecemos con Él a fin de que también seamos glorificados con Él (Romanos 8:16-17).
> Bendito sea el Dios y Padre de nuestro Señor Jesucristo, quien según Su gran misericordia, nos ha hecho nacer de nuevo a una esperanza viva, mediante la resurrección de Jesucristo de entre los muertos, para obtener una herencia incorruptible, inmaculada, y que no se marchitará, reservada en los cielos para ustedes (1 Pedro 1:3-4).
> Dando gracias al Padre que nos ha capacitado para compartir la herencia de los santos en la Luz (Colosenses 1:12).

Los creyentes se alegran porque saben que nunca podrán ser privados de su herencia, ni ésta perderá su valor. ¡Es suya para toda la eternidad!

PREGUNTAS

1. ¿En qué sentido todos son hijos de Dios y en qué sentido no lo son?
2. ¿Cómo podemos saber que somos hijos de Dios por adopción, y qué señales debemos buscar?

CAPÍTULO 13: SANTIFICACIÓN

1. **La santificación es una acción de dos actores.**
    a. **La acción de Dios en la santificación.**
    b. **La acción del hombre en la santificación.**
2. **El significado de la palabra.**
3. **¿Cómo se produce la santificación?**
    a. **Cuando Dios nos separa del mundo.**
    b. **Cuando Dios nos hace santo y nos usa para Él.**
    c. **Por la obra del Espíritu Santo en nosotros.**
    d. **En virtud de nuestra unión con Cristo.**
    e. **Cuando nuestras almas se alimentan de la Palabra de Dios.**
    f. **Al cooperar activamente con el Espíritu Santo.**
    g. **La santificación no se produce de forma repentina sino progresiva.**
4. **El viejo y el nuevo hombre.**
5. **Los Diez Mandamientos.**
    a. **La Ley de Dios es eterna.**
    b. **La Ley de Dios es espiritual, escudriñando el corazón.**
    c. **Domingo**

1. La santificación es una actividad doble

a. La acción de Dios en la santificación

Dios hizo al hombre en el principio a su propia imagen, pero el pecado ahora lo ha contaminado. La santificación es la obra de Dios Espíritu

Santo por la cual nos hace progresivamente santos y restaura esa imagen de gloria en gloria. (2 Corintios 3:18).

b. La acción del hombre en la santificación

Pablo compara su vida espiritual con una carrera y una lucha de batalla (2 Timoteo 4:7). La santificación es, por lo tanto, una carrera por terminar y una lucha por ganar; la santidad nunca se logra sin resistencia, determinación y esfuerzo. Esto se debe a que el mundo, la carne y el diablo nos acechan constantemente. La vida santa significa morir a sí mismo, tomar la cruz, y seguir a Jesús - ¡tú lo haces todo y el Espíritu Santo lo hace todo! Es un esfuerzo combinado, aunque sin el poder energizante del Espíritu Santo no ocurriría en absoluto.

2. El significado de la palabra

En el Antiguo Testamento el verbo *qadesh* significa separar o apartar de otras cosas. Los sacerdotes (ver Éxodo 28:41) y los diversos vasos y muebles (ver 1 Reyes 8:4) utilizados en la adoración en el tabernáculo y el templo se consideraban separados para Dios, para el servicio santo. Debido a que los vasos sagrados, por ejemplo, estaban separados, no podían ser usados para otros propósitos ordinarios. No sólo se apartaban del mundo, sino que también se apartaban únicamente para Dios y sus propósitos. Por lo tanto, hay un aspecto pasivo y otro activo en la santificación.

El verbo griego del Nuevo Testamento *hagiazō* (sustantivo, *hagiasmos*) significa separación de las prácticas pecaminosas del mundo y consagración al servicio de Dios. Mientras que en la justificación, Dios elimina la culpa del pecado, en la santificación Dios elimina progresivamente la mancha o la contaminación del pecado. La santificación es la operación de gracia del Espíritu Santo en la que se nos libera de la influencia contaminante del pecado, renueva progresivamente toda nuestra naturaleza a imagen de Dios y nos permite vivir vidas agradables a Dios. Esta es una obra en la que el creyente debe cooperar plenamente. La medida en que crezca en santidad será la medida en que es obediente al Espíritu en pensamiento, palabra y obra.

3. ¿Cómo se produce la santificación?

a. Cuando Dios nos separa del mundo.

> Entonces Moisés tomó el aceite de la unción y ungió el tabernáculo y todo lo que en él había, y los consagró. Con el aceite roció el altar siete veces y ungió el altar y todos sus utensilios, así como la pila y su base, para consagrarlos. Después derramó del aceite de la unción sobre la cabeza de Aarón y lo ungió, para consagrarlo. (Levítico 8:10-12).
> Y esto eran algunos de ustedes; pero fueron lavados, pero fueron santificados, pero fueron justificados en el nombre del Señor Jesucristo y en el Espíritu de nuestro Dios (1 Corintios 6:11).
> Para obedecer a Jesucristo y ser rociados con Su sangre: que la gracia y la paz les sean multiplicadas a ustedes (1 Pedro 1:2).

Ver también Juan 10:36, 17:19; Hechos 26:18; Efesios 5:25-26, Hebreos 10:10-14.

b. Cuando Dios nos hace santo y nos usado para Él

> Santifícalos con Tu verdad, Tu palabra es la verdad (Juan 17:17).
> Y que el mismo Dios de paz los santifique por completo; y que todo su ser, espíritu, alma y cuerpo, sea preservado irreprensible para la venida de nuestro Señor Jesucristo. (1 Tesalonicenses 5:23).
> Ahora bien, en una casa grande no solamente hay vasos de oro y de plata, sino también de madera y de barro, y unos para honra y otros para deshonra. Por tanto, si alguien se limpia de estas cosas, será un vaso para honra, santificado, útil para el Señor, preparado para toda buena obra. (2 Timoteo 2:20-21).

c. Por la obra del Espíritu Santo en nosotros

Aunque Dios Padre (Hebreos 13:20-21), y Dios Hijo (Tito 2:14) están activos en nuestra santificación, esta es especialmente obra del Espíritu Santo ya que aplica la obra de salvación de Dios en nosotros. Cristo dijo que el Espíritu vendría a ayudar a los creyentes, "Él me glorificará, porque tomará de lo Mío y se lo hará saber a ustedes" (Juan 16:14).

> Pero nosotros siempre tenemos que dar gracias a Dios por ustedes, hermanos amados por el Señor, porque Dios los ha escogido desde el principio para salvación mediante la santificación por el Espíritu y la fe en la verdad (2 Tesalonicenses 2:13).
>
> No por las obras de justicia que nosotros hubiéramos hecho, sino conforme a Su misericordia, por medio del lavamiento de la regeneración y la renovación por el Espíritu Santo (Tito 3:5).
>
> Así que, amados míos, tal como siempre han obedecido, no solo en mi presencia, sino ahora mucho más en mi ausencia, ocúpense en su salvación con temor y temblor. Porque Dios es quien obra en ustedes tanto el querer como el hacer, para Su buena intención (Filipenses 2:12-13).

Ver también Romanos 15:16; 1 Pedro 1:2 y 2 Corintios 3:18.

d. En virtud de nuestra unión con Cristo

El creyente no se queda solo para cuidarse cuando nace de nuevo y se recrea a semejanza de Dios. Es adoptado en la familia de Dios, habitado por el Espíritu Santo y unido místicamente con Cristo en su muerte y en su resurrección:

> Por tanto, hemos sido sepultados con Él por medio del bautismo para muerte, a fin de que como Cristo resucitó de entre los muertos por la gloria del Padre, así también nosotros andemos en novedad de vida. Porque si hemos sido unidos a Cristo en la semejanza de Su muerte, ciertamente lo seremos también en la semejanza de Su resurrección (Romanos 6:4-5).

También hay un aspecto corporativo en esta unión. Debido a que el creyente está unido sobrenaturalmente a Cristo por el Espíritu Santo, es ahora también un miembro de la Iglesia, el cuerpo de Cristo, con otros creyentes:

> Más bien, al hablar la verdad en amor, creceremos en todos los aspectos en Aquel que es la cabeza, es decir, Cristo, de quien todo el cuerpo, estando bien ajustado y unido por la cohesión que las coyunturas proveen, conforme al funcionamiento adecuado de cada miembro, produce el crecimiento del cuerpo para su propia edificación en amor (Efesios 4:15-16).

Cristo no sólo murió en la cruz por nosotros, sino que ahora en el cielo vive para interceder por nosotros. A través de Él los creyentes reciben todos los beneficios de la salvación porque están unidos a Él por la fe. Su poder de resurrección se nos comunica espiritualmente y nos sostiene día a día.

> Pero por obra Suya están ustedes en Cristo Jesús, el cual se hizo para nosotros sabiduría de Dios, y justificación, santificación y redención. (1 Corintios 1:30).

e. Cuando alimentamos nuestras almas con la Palabra de Dios

En su oración como Sumo Sacerdote, Cristo oró a su Padre por sus discípulos, "Santifícalos en la verdad; Tu palabra es verdad" (Juan 17:17). Cristo, que vino a dar testimonio de la verdad, estaba a punto de dejar a sus discípulos, así que oró para que el Padre los guardara a través de la influencia santificadora de su propia palabra. La palabra de Dios era el medio a través del cual Dios había comunicado su voluntad a Israel en el Antiguo Testamento a través de la ley y los profetas. Esta palabra era su posesión más preciada, como lo es para los creyentes de hoy:

> Lámpara es a mis pies Tu palabra, y luz para mi camino (Salmo 119:105).
> La ley del Señor es perfecta, que restaura el alma; el testimonio del Señor es seguro, que hace sabio al sencillo. Los preceptos del Señor son rectos, que alegran el corazón; El mandamiento del Señor es puro, que alumbra los ojos. (Salmo 19, 7-8).
> ¿Cómo puede el joven guardar puro su camino? guardando Tu palabra.... En mi corazón he atesorado Tu palabra, para no pecar contra Ti. (Salmo 119:9-11).

En tiempos del Antiguo Testamento y aún hoy en día, la Biblia es la única manera de conocer la santa voluntad de Dios. Nos es dada para que podamos obedecerle y crecer en santidad y conformidad con la verdad. Fueron estas escrituras del Antiguo Testamento las que Pablo recomendó a Timoteo:

> Toda Escritura es inspirada por Dios y útil para enseñar, para reprender, para corregir, para instruir en justicia, a fin de que el hombre de Dios sea perfecto, equipado para toda buena obra (2 Timoteo 3:16-17).

El Nuevo Testamento amplía e ilumina la enseñanza del Antiguo Testamento. Las palabras de Cristo y sus apóstoles dan una luz aún más clara y la instrucción de cómo podemos complacer a Dios:

> Si guardan Mis mandamientos, permanecerán en Mi amor, así como Yo he guardado los mandamientos de Mi Padre y permanezco en Su amor. (Juan 15:10).

f. Al cooperar activamente con el Espíritu Santo

Aunque dependemos totalmente de la gracia de Dios, y reconocemos que fundamentalmente la santificación es su obra en nosotros, las Escrituras están llenas de mandatos al creyente para cooperar con el Espíritu y ser activamente obediente a su palabra. Los siguientes versos son ejemplos del claro mandato de Dios a nosotros de ser activos en nuestra santificación:

- Ocúpense en su salvación con temor y temblor - Filipenses 2:12
- Limpiémonos de toda inmundicia de la carne y del espíritu - 2 Corintios 7:1
- Considérense muertos para el pecado - Romanos 6:11
- Preséntense ustedes mismos a Dios - Romanos 6:13
- Sean santos, porque Yo soy santo - 1 Pedro 1:16
- Estén alerta, permanezcan firmes en la fe - 1 Corintios 16:13
- Pelea la buena batalla de la fe - 1 Timoteo 6:12
- Huye de las pasiones juveniles; y sigue la justicia - 2 Timoteo 2:22
- Hagan sendas derechas para sus pies - Hebreos 12:13
- No se adapten a este mundo, sino transfórmense - Romanos 12:2
- Aléjense de los ídolos - 1 Juan 5:21
- Consérvense en el amor de Dios - Judas 21
- Sométanse a Dios. Resistan, pues, al diablo - Santiago 4:7
- Si alguien se limpia de estas cosas - 2 Timoteo 2:21

g. La santificación no se produce de forma repentina sino progresiva

La vida cristiana se describe en el Nuevo Testamento como un crecimiento. Cristo dijo que Él es la vid y nosotros los pámpanos; quiere que seamos fructíferos. Pablo también habla del creyente que produce el fruto del Espíritu (Gálatas 5:22-25). Los árboles primero producen hojas, luego florecen y finalmente dan fruto; este es un proceso vivo que toma tiempo. A los nuevos creyentes también se les llama "niños en Cristo", niños que necesitan crecer hasta la madurez. Juan en su primera carta (1 Juan 2:13) se refiere también a 'jóvenes' y 'padres', mostrando que la vida espiritual tiene una progresión natural, al igual que nuestra vida física.

No hay un salto repentino de la juventud a la vejez; Dios está trabajando en nosotros para hacernos crecer. Pedro nos dice que "Antes bien, crezcan en la gracia y el conocimiento de nuestro Señor y Salvador Jesucristo." (2 Pedro 3:18). En la parábola del sembrador, la buena semilla (el creyente), crece gradualmente y da fruto con paciencia:

> Pero la semilla en la tierra buena, son los que han oído la palabra con corazón recto y bueno, y la retienen, y dan fruto con su perseverancia (Lucas 8:15).

El cristiano es exhortado continuamente a presentar su cuerpo y su mente como instrumentos sagrados para que Dios los use en su servicio. Este mandato debe ser obedecido cada día; necesitamos crecer en santidad a lo largo de nuestras vidas:

> Por tanto, amados, teniendo estas promesas, limpiémonos de toda inmundicia de la carne y del espíritu, perfeccionando la santidad en el temor de Dios (2 Corintios 7:1).
> Por tanto, hermanos, les ruego por las misericordias de Dios que presenten sus cuerpos como sacrificio vivo y santo, aceptable a Dios, que es el culto racional de ustedes (Romanos 12:1).

4. El viejo y el nuevo hombre

Cada cristiano, en un momento u otro, ha quedado perplejo por la aparente contradicción entre lo que dice el Nuevo Testamento sobre su ser un hombre nuevo en Cristo, y la realidad del poder y la prevalencia del pecado en su vida. Por ejemplo, Pablo dice que estamos muertos al pecado y que nuestro viejo hombre ha sido crucificado con Cristo:

> ¿Qué diremos, entonces? ¿Continuaremos en pecado para que la gracia abunde? ¡De ningún modo! Nosotros, que hemos muerto al pecado, ¿cómo viviremos aún en él? ... Sabemos esto, que nuestro viejo hombre fue crucificado con Cristo, para que nuestro cuerpo de pecado fuera destruido,

> a fin de que ya no seamos esclavos del pecado; porque el que ha muerto, ha sido libertado del pecado (Romanos 6:1-2, 6).

¿Cómo puede Pablo decir que nuestro viejo hombre está muerto, cuando todos sabemos que nuestra naturaleza pecaminosa, lejos de estar muerta, se muestra cada día muy viva? ¿Qué es nuestro "viejo hombre"? Algunos han enseñado que el viejo hombre es lo que pertenece a nuestra vida pre-cristiana. El nuevo hombre es nuestra nueva vida en Cristo; el creyente es, por lo tanto, tanto un hombre viejo como un hombre nuevo. Cuando hace el bien se comporta según el nuevo hombre, cuando peca actúa según el viejo hombre. Esto definitivamente no es lo que Pablo está enseñando.

No somos al mismo tiempo un hombre viejo y un hombre nuevo. Esta interpretación confunde nuestra carne pecaminosa, "el cuerpo de pecado", con el viejo hombre. ¿Qué es entonces el 'viejo hombre'? Es la persona que era "en Adán" antes de creer y convertirse en un hombre nuevo "en Cristo". Es la persona que era, dominada por la carne y por el pecado. El viejo hombre es el hombre no regenerado; el nuevo hombre es el hombre regenerado, creado en Cristo Jesús para hacer buenas obras. No podemos ser al mismo tiempo un hombre no regenerado y un hombre nuevo. Nunca estamos llamados a crucificar al hombre viejo. ¿Por qué no? Porque ya ha sido crucificado con Cristo en virtud de nuestra unión con él. (Romanos 6:6). Pero estamos llamados a crucificar la carne con sus pasiones y deseos (Gálatas 5:24).

El viejo hombre, la persona que era en mis días no regenerados se ha ido, pero la carne pecaminosa permanece. Esto es lo que Pablo llama "el cuerpo del pecado", nuestros cuerpos físicos de los cuales el pecado ha tomado posesión. El cuerpo en sí no es pecaminoso, pero Satanás nos tienta para que lo usemos de una manera mundana e instintiva, en lugar de usarlo como Dios ha prescrito en su Palabra. Cuando el Nuevo Testamento se refiere a "la carne" está hablando del "cuerpo de pecado". La carne no significa nuestros cuerpos físicos. Pablo nos dice en otra parte que, como cristianos, debemos cuidar nuestros cuerpos físicos y presentarlos a Dios para su servicio (Romanos 12:1). Significa las actividades pecaminosas para las cuales el cuerpo puede ser usado, a través de las tentaciones de Satanás. Pablo dice, "si por el Espíritu hacemos morir estas obras pecaminosas, viviremos" (Romanos 8:13). El cuerpo en sí mismo no es pecaminoso, pero puede ser usado de manera pecaminosa y debe ser controlado por nuestra nueva mente y valores cristianos.

En Romanos 6:6 Pablo dice que, "nuestro viejo fue crucificado con Cristo" para que el cuerpo del pecado sea destruido, para que de ahora en adelante no sirvamos al pecado. El efecto de la muerte objetiva de Cristo por nosotros en la cruz no fue sólo pagar la pena del pecado, sino también romper su poder sobre nosotros. Así que Pablo puede concluir, "Porque el pecado no tendrá dominio sobre ustedes, pues no están bajo la ley sino bajo la gracia" (Romanos 6:14). No sólo recibimos el perdón, sino que también experimentamos la liberación en Cristo del dominio del pecado sobre nuestras vidas. Así que Pablo no sólo dice, "¡Oh miserable de mí! ¿Quién me librará de este cuerpo de muerte?' sino también, 'Doy gracias a Dios - por Jesucristo nuestro Señor' (Romanos 7:24-25). Ahora a través de la morada del Espíritu el creyente tiene el poder y el deseo de someter el pecado y la tentación. Aunque su hombre exterior está decayendo, sin embargo su hombre interior (el hombre nuevo) se renueva día a día (2 Corintios 4:16).

En vista de esta enseñanza, algunos han preguntado por qué Pablo dice a los Efesios que "se despojen del viejo hombre, que se corrompe según los deseos engañosos... y se vistan del nuevo hombre" (Efesios 4:22-24). ¿Cómo podemos reconciliar este versículo con Romanos 6:6, donde Pablo nos dice que nuestro viejo hombre fue crucificado con Cristo? Necesitamos entender que nuestro viejo hombre, la persona no regenerada que era en Adán, nacida bajo la ley, nacida en el pecado y un hijo de la ira, ha sido efectivamente crucificada con Cristo. Esto significa que "ahora, pues, ninguna condenación hay para los que están en Cristo Jesús" (Romanos 8:1), porque hemos sido liberados tanto de la esclavitud del pecado como de la maldición del pecado: "Si alguno está en Cristo, nueva criatura es; las cosas viejas pasaron; he aquí todas son hechas nuevas" (2 Corintios 5:17).

Cristo nos ha hecho nuevas criaturas y nuestros viejos hombres no regenerados han sido crucificados con él. ¿Qué nos dice entonces Pablo que hagamos en Efesios 4:22-24? Simplemente nos dice que no imitemos los hábitos y el estilo de vida de nuestro antiguo yo no regenerado. Hemos terminado con esa forma de vida. Ahora podemos ponernos el nuevo estilo de vida en Cristo a través del nuevo poder espiritual y los deseos que ha puesto en nosotros. ¡No hay manera de que podamos usar dos trajes al mismo tiempo! Debemos deshacernos de la ropa vieja que usábamos en nuestra antigua vida. Debemos ponernos la ropa nueva del hombre nuevo, que Dios ha creado en la justicia y la verdadera santidad.

5. Los Diez Mandamientos

¿Tienen los Diez Mandamientos algún lugar en la enseñanza del Nuevo Testamento sobre la santificación? Algunos predicadores han enseñado que la ley de Dios no tiene nada que decir al cristiano porque Cristo ha muerto por nuestros pecados y ya no estamos justificados por las obras de la ley sino por la fe:

> Porque por las obras de la ley ningún ser humano será justificado delante de Él; pues por medio de la ley viene el conocimiento del pecado... Porque concluimos que el hombre es justificado por la fe aparte de las obras de la ley (Romanos 3:20, 28).

Antes de poder responder a esta pregunta debemos hacer otra: ¿qué significa la ley? En el Antiguo Testamento, la ley de Moisés estaba dividida en tres partes:

i. El derecho civil – relativo a la vida nacional de Israel
ii. La ley ceremonial - relacionada con el tabernáculo y la adoración en el templo, sus sacrificios y ofrendas

iii. La ley moral - en relación con la relación del hombre con Dios.

La ley civil ha desaparecido porque Israel como teocracia fue rechazada por Dios y dejó de ser su nación especial (cf. Mateo 21:43). El evangelio de Cristo es ahora para todas las naciones. La ley ceremonial ha desaparecido porque la muerte de Cristo en la cruz abolió todos los sacrificios de animales y el culto al templo. La ley moral, como se resume en los Diez Mandamientos, no ha desaparecido pero sigue siendo la norma moral de Dios para la humanidad. No se da para justificarlo, sino para mostrarle lo que es el pecado (Romanos 3:20).

¿Están los Diez Mandamientos todavía en vigor para la humanidad y tienen algún papel en la enseñanza cristiana sobre la santificación? La respuesta a ambas preguntas es, sí. Pablo dice:

> Pero nosotros sabemos que la ley es buena, si uno la usa legítimamente. Reconozcamos esto: que la ley no ha sido instituida para el justo, sino para los transgresores y rebeldes, para los impíos y pecadores, para los irreverentes y profanos, para los que matan a sus padres o a sus madres, para los asesinos, para los inmorales, homosexuales, secuestradores, mentirosos, los que juran en falso, y para cualquier otra cosa que es contraria a la sana doctrina, según el glorioso evangelio del Dios bendito, que me ha sido encomendado (1 Timoteo 1:8-11).

Pablo muestra que las normas morales de la ley están en total acuerdo con las verdades del evangelio. La ley se da para evitar que el hombre peque; le muestra lo que está bien y lo que está mal. El hombre justo obedece esta ley y guarda sus mandamientos. El cristiano no olvida ni desobedece la ley de Dios porque, en el nuevo pacto, Dios la ha puesto en su corazón (Hebreos 8:10). Nuestro Señor Jesucristo mostró que la obediencia a la ley de Dios no era algo del pasado o algo que sus seguidores pudieran ignorar. Les dijo que cumplir los mandamientos de Dios no era sólo una cuestión de comportamiento exterior, sino del corazón, en relación con nuestros pensamientos internos, nuestros motivos y nuestros deseos.

a. La Ley de Dios es eterna

> No piensen que he venido para poner fin a la ley o a los profetas; no he venido para poner fin, sino para cumplir. Porque en verdad les digo que hasta que pasen el cielo y la tierra, no se perderá ni la letra más pequeña ni una tilde de la ley hasta que toda se cumpla (Mateo 5:17-18).

b. La Ley de Dios es espiritual, buscando en el corazón

> Ustedes han oído que se dijo a los antepasados: "No matarás" y: "Cualquiera que cometa homicidio será culpable ante la corte". Pero Yo les digo que todo aquel que esté enojado con su hermano será culpable ante la corte; y cualquiera que diga: "Insensato" a su hermano, será culpable ante la corte suprema; y cualquiera que diga: "Idiota", será merecedor del infierno de fuego... Ustedes han oído que se dijo: "No cometerás adulterio". Pero Yo les digo que todo el que mire a una mujer para codiciarla ya cometió adulterio con ella en su corazón (Mateo 5:21-22, 27-28).

¿Puede un cristiano matar o cometer adulterio porque ya no está bajo la ley? ¡No, por supuesto que no! La ley de Dios se aplica a toda la humanidad. Cuando un abogado le preguntó a Jesús cuál era el mandamiento más importante de la ley, Jesús respondió resumiendo las dos secciones de los Diez Mandamientos, diciendo:

> Y Él le contestó: "Amarás al Señor tu Dios con todo tu corazón, y con toda tu alma, y con toda tu mente. Este es el grande y primer mandamiento. Y el segundo es semejante a este: Amarás a tu prójimo como a ti mismo. De estos dos mandamientos dependen toda la ley y los profetas" (Mateo 22:37-40).

Los Diez Mandamientos (Éxodo 20:1-17) nos muestran en primer lugar nuestro deber hacia Dios (1-4) y en segundo lugar nuestro deber hacia nuestro prójimo (5-10). Jesús dijo que debemos amar a ambos. ¿Cómo? Prestando atención a lo que Dios nos dice que hagamos en las dos partes de los Diez Mandamientos. Jesús muestra que la ley de Dios es eternamente verdadera y siempre será relevante para la humanidad, tanto para los creyentes como para los no creyentes. Esto se debe a que es la expresión de la santa voluntad de Dios, que nunca cambia:

> Pero es más fácil que el cielo y la tierra pasen, que un ápice de la ley deje de cumplirse. Todo el que se divorcia de su mujer y se casa con otra, comete adulterio; y el que se casa con la que está divorciada del marido, comete adulterio (Lucas 16:17-18).

Los Diez Mandamientos, tal como los interpreta Jesús en Mateo 5, nos muestran el modo en que Dios quiere que pensemos en nuestros corazones y nos comportemos en nuestras vidas. Por esta razón, proporcionan la moraleja base para nuestra santificación, una base que nunca cambia. Cuando entendemos la espiritualidad de la santa ley de Dios, que se ocupa de amar a Dios y a nuestro prójimo, entonces podemos ver por qué sus altos y santos estándares son necesarios hoy en día para nuestra santificación (Santiago 2:8).

Pablo dice que por las obras de la ley nadie puede ser justificado porque todo lo que la ley puede hacer es exponer nuestro pecado (Romanos 3:20). La ley es un espejo que nos muestra cómo nos ve Dios. No hay nada malo en la ley de Dios; la culpa está en nosotros:

> Así que la ley es santa, y el mandamiento es santo, justo y bueno... Porque sabemos que la ley es espiritual, pero yo soy carnal, vendido a la esclavitud del pecado (Romanos 7:12,14).

A través del nuevo nacimiento y el don del Espíritu Santo residente al creyente se le ha dado el deseo y el poder de guardar la ley de Dios, no para justificarse a sí mismo, sino como una regla de vida:

> Pues lo que la ley no pudo hacer, ya que era débil por causa de la carne, Dios lo hizo: enviando a Su propio Hijo en semejanza de carne de pecado y como ofrenda por el pecado, condenó al pecado en la carne, 4 para que el

requisito de la ley se cumpliera en nosotros, que no andamos conforme a la carne, sino conforme al Espíritu (Romanos 8:3-4).

Los Diez Mandamientos

- Los mandamientos de Dios no son meramente negativos, diciéndonos lo que no debemos hacer.
- Los mandamientos de Dios son muy positivos, nos dicen lo que debemos hacer.
- Mandamientos 1-4: Mi deber con Dios.
- Mandamientos 5-10: Mi deber para con mi prójimo.

Jesús confirmó la verdad de esta división de la Ley en Mateo 22:36-40

1. Sólo hay que adorar a Dios
   a. (-) No adores a nadie ni a nada que no sea Dios.
   b. (+) Amar, servir y honrar a Dios.
2. Toda adoración de ídolos está prohibida.
   a. (-) No hagas un ídolo de nada o a cualquiera.
   b. (+) Dale a Dios la adoración de tu corazón y tu alma.
3. El nombre de Dios es santo y sagrado
   a. (-) Nunca uses el nombre de Dios como un palabra vana.
   b. (+) Reverenciar todo lo que Dios es y hace.
4. Recuerde mantener el domingo como día santo.
   a. (-) Evite todo trabajo y cosas que mantenerte a ti y a tu familia lejos de Dios.
   b. (+) Entrégate a la adoración y alabanza de Dios.
5. Honra a tus padres.
   a. (-) No desprecies, odies o desobedezcas tus padres.
   b. (+) Amarlos, cuidarlos y respetarlos.
6. No maten.
   a. (-) No odies en tu corazón ni te hagas daño con la mano.

   b. (+) Protege la propiedad y la vida de tu vecino.
7. No cometas adulterio.
   a. (-) Evitar toda impureza sexual en pensamiento, palabra y acción.
   b. (+) Ser puro en pensamiento, palabra y obra.
8. No robes.
   a. (-) No le quites a tu vecino su propiedad o reputación.
   b. (+) Protege la propiedad de tu vecino y reputación.
9. No digas mentiras.
   a. (-) No mientas, calumnies o engañes a tu vecino.
   b. (+) Defiende el bienestar de tu vecino.
10. No envidies a los demás.
   a. (-) No desees tener lo que es no es tuyo.
   b. (+) Alegraos por el éxito y la prosperidad de vuestro vecino.

c. El domingo

Algunos cristianos se han cuestionado la necesidad de igualar la interpretación del cuarto mandamiento con el domingo cristiano. Las razones para creer que el domingo es el día de reposo cristiano son las siguientes:

- Los Diez Mandamientos son un resumen de la ley moral de Dios y como la naturaleza de Dios no cambia y no puede cambiar, así que sus valores morales no cambian.
- Cuando Dios creó al hombre al principio en Génesis 1-3 le dio ciertas reglas. Estas eran: matrimonio y procreación, someter la naturaleza, el trabajo y el día de reposo. Estos cinco mandamientos son anteriores a los Diez Mandamientos y siguen siendo hasta hoy la voluntad eterna de Dios para el hombre. Se llaman ordenanzas de la creación.

- En la Ley de Moisés, cuando Israel era una teocracia, se instituyó la pena de muerte para los siguientes delitos: adoración de ídolos, brujería, asesinato, adulterio, violación, homosexualidad, pecados sexuales, desobediencia a los padres, blasfemia, falsas enseñanzas y quebrantamiento del sábado. Si Dios odiaba esos pecados, ¿por qué debería pensarse que ahora odia menos a alguno de ellos? Sin embargo, parece que Jesús modificó la sanción en el caso de adulterio (ver Juan 8:11).
- Cristo observó el día sábado (Lucas 4:16) y enseñó que el sábado fue hecho para el hombre (Marcos 2:27) no sólo para los judíos. Dios hizo el día de descanso para el bien de todas sus criaturas.
- En el período del Nuevo Testamento los primeros cristianos comenzaron a reunirse el primer día de la semana (Hechos 20:7; 1 Corintios 16:2), el día en que el Señor Jesús resucitó de entre los muertos y que llegó a conocerse como "el día del Señor" (Apocalipsis 1:10). El domingo se convirtió entonces en el Sabbath cristiano, un día de descanso y un día santo que celebraba la resurrección de Cristo.
- La observancia de todo tipo de días religiosos diferentes era una característica del judaísmo. Los falsos maestros de entre los judíos trataron de imponer sus ceremonias, festivales y tradiciones a la Iglesia primitiva. Esto es lo que Pablo rechaza en Romanos 14:5 y Colosenses 2:16, no tener un día de descanso según el mandamiento de Dios.

PREGUNTAS

1. ¿Qué medios ha proporcionado Dios para ayudarnos a vivir una vida santa?
2. ¿Cuáles son las diferencias entre el "hombre viejo" y el "hombre nuevo"?

3. ¿Cómo nos ayudan los Diez Mandamientos a vivir una vida santa?

CAPÍTULO 14: CONFIANZA

1. **El significado de la palabra.**
2. **Los fundamentos de la confianza.**
    a. **Objetivo: creer en las promesas de Dios: cinco ejemplos.**
    b. **Subjetivo: evidencias de vida espiritual en nuestros corazones: siete ejemplos.**
    c. **El testimonio interno del Espíritu Santo: tres evidencias en la vida del creyente.**
3. **¿Es la confianza esencial para la salvación?**

¿Es posible que los creyentes sepan que son hijos de Dios y que heredarán la vida eterna? Sí, es posible.

> Pero el que había sido sanado no sabía quién era, porque Jesús, sin que se dieran cuenta, se había apartado de la multitud que estaba en aquel lugar (1 Juan 5:13).

Los que creen verdaderamente en Jesucristo como su Señor y Salvador, lo aman con sinceridad y se esfuerzan por caminar delante de él con toda la conciencia tranquila, pueden en esta vida estar genuina y escrituralmente confiados de que son verdaderamente salvos y se regocijan en la esperanza de la gloria de Dios. Esta certeza es una verdadera garantía de fe que se basa en tres cosas.

i. En primer lugar, sobre la verdad divina de las promesas de salvación de Dios por fe según la Biblia.
ii. En segundo lugar, sobre las evidencias de la vida espiritual forjada en nosotros por el Espíritu Santo.
iii. En tercer lugar, en el testimonio interno del Espíritu Santo que atestigua con nuestros espíritus que somos hijos de Dios.

1. El significado de la palabra

Pistis en el Nuevo Testamento es usualmente traducido como “fe”, pero en algunos casos se traduce como “confianza”, lo que significa un terreno adecuado para la certeza o la creencia. Por ejemplo:

> Porque Él ha establecido un día en el cual juzgará al mundo en justicia, por medio de un Hombre a quien Él ha designado, habiendo presentado pruebas a todos los hombres cuando lo resucitó de entre los muertos (Hechos 17:31; ver también 2 Timoteo 3:14).

Plērophoria significa un estado de certeza, confianza y seguridad total. Pablo escribe que el evangelio llegó a los creyentes de Tesalónica 'en poder, y en el Espíritu Santo y en plena convicción' (1 Tesalonicenses 1:5; ver también Hebreos 6:11; 10:22).

La confianza tiene, por lo tanto, un doble aspecto. En primer lugar, el elemento objetivo: podemos confiar en la palabra de Dios en su testimonio de que los que creen en la salvación de Cristo y en su palabra de promesa tendrán vida eterna. En segundo lugar, el elemento subjetivo: el Espíritu Santo produce en nosotros evidencias de vida espiritual y también da testimonio con nuestro espíritu de que somos hijos de Dios. Esto da un sentido interno de comunión con Dios, de perdón de los pecados, de pureza y de paz. Si tomamos estos dos elementos juntos, el objetivo y el subjetivo, podemos confiar que hemos nacido de Dios.

2. Los fundamentos de la garantía

a. Objetivo: creer en las promesas de Dios

Nuestra primera base de seguridad viene de creer en lo que Dios dice. Si Dios promete dar la salvación a los que creen en su Palabra, si dice que podemos saber con certeza que somos salvos por confiar en Cristo, si dice que podemos saber que nuestros pecados han sido perdonados, entonces ¿no es nuestro deber creerle y aceptar su prometida salvación?

> Porque de tal manera amó Dios al mundo, que dio a Su Hijo unigénito, para que todo aquel que cree en Él, no se pierda, sino que tenga vida eterna (Juan 3:16).

i. ¿Lo creemos?

> El que cree en el Hijo tiene vida eterna; pero el que no obedece al Hijo no verá la vida, sino que la ira de Dios permanece sobre él (Juan 3:36).

ii. ¿Lo creemos?

> En verdad les digo: el que oye Mi palabra y cree al que me envió, tiene vida eterna y no viene a condenación, sino que ha pasado de muerte a vida (Juan 5:24).

iii. ¿Lo creemos?

> En verdad les digo: el que cree, tiene vida eterna (Juan 6:47).

iv. ¿Lo creemos?

> De Él dan testimonio todos los profetas, de que por Su nombre, todo el que cree en Él recibe el perdón de los pecados (Hechos 10:43).

v. ¿Lo creemos?

> Y el testimonio es este: que Dios nos ha dado vida eterna, y esta vida está en Su Hijo. El que tiene al Hijo tiene la vida, y el que no tiene al Hijo de Dios, no tiene la vida. Estas cosas les he escrito a ustedes que creen en el nombre del Hijo de Dios, para que sepan que tienen vida eterna (1 Juan 5:11-13).

¿Qué podría ser más claro que esto? Dios promete la vida eterna aquí y ahora a todos los que realmente creen en Cristo como Señor y Salvador; los que lo hacen pasan en ese momento de la muerte a la vida. La promesa es segura para todos los que tienen fe y ponen su confianza en él. El asunto es por lo tanto muy simple: ¿creemos en el Hijo de Dios y en su obra salvadora para nosotros? Si lo hacemos, con sinceridad y en verdad, entonces la Biblia dice que tenemos vida eterna. Esta Palabra objetiva de Dios es nuestro fundamento seguro; nos garantiza un lugar en el cielo, basado no en nuestros méritos o sentimientos, sino en su promesa. Este es el primer paso para obtener la plena seguridad de la fe - creer en la Palabra de Dios.

b. Subjetivo: evidencias de vida espiritual en nuestros corazones

Además de creer en las promesas de la Palabra de Dios dirigidas a todos aquellos que ponen su confianza en Cristo para la salvación, la Biblia menciona otras pruebas que debemos aplicarnos a nosotros mismos. Estas pruebas se relacionan con la manifestación de nueva vida en aquellos que han sido regenerados por el Espíritu de Dios. Cuando el Espíritu Santo llega a la vida de una persona, ocurren ciertos cambios: la vida de Dios comienza a manifestarse en las creencias, el comportamiento y los apetitos de esa persona. La semilla de la vida eterna plantada por el Espíritu Santo comenzará a crecer de manera que, gradual pero inexorablemente, toda la personalidad se transforma del pecado a la santidad.

i. Santidad - obediencia a la Palabra de Dios.

Esta obediencia es progresiva porque es algo que crece como resultado del nuevo principio de vida del creyente y crece también la comprensión de la Palabra de Dios y su aplicación a los pensamientos, palabras y acciones. Esta manifestación de santidad ocurre en lo profundo del corazón de la persona como resultado del trabajo interno del Espíritu Santo. Aquel que una vez despreció la moralidad y la bondad, ahora descubre que su mayor deseo es ser como Cristo, y complacer a Dios se convierte en la principal prioridad de su vida.

> Y en esto sabemos que lo hemos llegado a conocer: si guardamos Sus mandamientos. Él que dice: "Yo lo he llegado a conocer", y no guarda Sus mandamientos, es un mentiroso y la verdad no está en él. Pero el que guarda Su palabra, en él verdaderamente se ha perfeccionado el amor de Dios. En esto sabemos que estamos en Él. El que dice que permanece en Él, debe andar como Él anduvo. (1 Juan 2:3-6).
> Todo el que permanece en Él, no peca. Todo el que peca, ni lo ha visto ni lo ha conocido. Hijos míos, que nadie los engañe. El que practica la justicia es justo, así como Él es justo (1 Juan 3:6-7).

ii. El amor hacia el pueblo de Dios.

Aquellos que antes despreciábamos, ridiculizábamos y rechazábamos por ir a la iglesia y hacer un esfuerzo por seguir a Cristo, ahora son las personas con las que queremos estar. En algún momento odiábamos a los cristianos pero ahora los amamos. Este es el resultado directo del cambio radical que el Espíritu Santo ha obrado en nuestros corazones.

> Nosotros sabemos que hemos pasado de muerte a vida porque amamos a los hermanos. El que no ama permanece en muerte (1 Juan 3:14).

El amor a la santidad (obedecer la Palabra de Dios) está ligado al amor por la gente santa (el pueblo de Dios). ¿Cómo podemos saber si nuestro amor por el pueblo de Dios es un fruto del Espíritu y no simplemente una admiración por las personas religiosas que viven una buena vida moral? El apóstol Juan dice que podemos probarlo preguntándonos si también queremos ser como ellos y ser santos nosotros mismos:

> En esto sabemos que amamos a los hijos de Dios: cuando amamos a Dios y guardamos Sus mandamientos (1 Juan 5:2).

iii. El odio a los valores materialistas y hedonistas de este mundo.

¿Cuáles son los valores de una sociedad materialista sin Dios y amante del pecado? El apóstol Juan dice y advierte a los cristianos que no amen la vida de la sociedad humana que vive en rebelión contra Dios y sus santos estándares.

> No amen al mundo ni las cosas que están en el mundo. Si alguien ama al mundo, el amor del Padre no está en él. Porque todo lo que hay en el mundo, la pasión de la carne, la pasión de los ojos, y la arrogancia de la vida, no proviene del Padre, sino del mundo. El mundo pasa, y también sus pasiones, pero el que hace la voluntad de Dios permanece para siempre (1 Juan 2:15-17).

Cuando una persona nace de nuevo por el Espíritu de Dios, pronto se da cuenta de que ya no ama las palabras y los caminos de aquellos con los que antes se rodeaba. El comportamiento pecaminoso solía divertirle, pero ahora le incomodan. La embriaguez, la inmoralidad, la maldición, la mentira, el robo y el deseo de dinero y poder, todas estas cosas le resultan repentinamente odiosas. Esta es una de las señales de que ya no es un hijo del diablo, sino un hijo de Dios.

iv. El testigo interno del Espíritu Santo.

Nadie puede convertirse en un verdadero creyente en Cristo sin la obra interna del Espíritu Santo. Él mismo lo dijo (Juan 3:5-8) y también lo dijo el apóstol Pablo:

> Sin embargo, ustedes no están en la carne sino en el Espíritu, si en verdad el Espíritu de Dios habita en ustedes. Pero si alguien no tiene el Espíritu de Cristo, el tal no es de Él. (Romanos 8:9).

Cuando el Espíritu de Dios viene con su poder santo y transformador a la vida de una persona, los efectos serán vistos y conocidos incluso por la propia persona:

> Pues ustedes no han recibido un espíritu de esclavitud para volver otra vez al temor, sino que han recibido un espíritu de adopción como hijos, por el cual clamamos: "¡Abba, Padre!". El Espíritu mismo da testimonio a nuestro espíritu de que somos hijos de Dios (Romanos 8:15-16).
> El que guarda Sus mandamientos permanece en Él y Dios en él. Y en esto sabemos que Él permanece en nosotros: por el Espíritu que nos ha dado. (1 Juan 3:24; ver también 4:13).
> Pero ustedes tienen la unción del Santo, y todos ustedes lo saben (1 Juan 2:20; ver también 2:27).

La "unción" se refiere a la entrega del Espíritu Santo, como en Hechos 10:38, "Dios ungió a Jesús de Nazaret con el Espíritu Santo y con poder...". La seguridad es un conocimiento interno y experimental de Dios producido en nosotros por el Espíritu Santo.

v. La fe en Cristo como Salvador y Señor.

Antes de la conversión podíamos haber creído teóricamente en la existencia y en la divinidad de Jesús, pero no había ninguna diferencia en absoluto en nuestras vidas. De manera similar, podemos haber temido a Dios como el juez vengativo, pero esto no nos llevó a confiarle nuestras almas. El Padre revela la persona y la obra de su Hijo al alma que lo busca. Jesús dijo

> Nadie puede venir a Mí si no lo trae el Padre que me envió, y Yo lo resucitaré en el día final. Escrito está en los profetas: "Y todos serán enseñados por Dios". Todo el que ha oído y aprendido del Padre, viene a Mí (Juan 6:44-45).

La fe en Cristo como Salvador y Señor es, por lo tanto, una de las señales de que hemos nacido de Dios:

> Todo aquel que cree que Jesús es el Cristo, es nacido de Dios. Todo aquel que ama al Padre, ama al que ha nacido de Él (1 Juan 5:1).
> Todo aquel que confiesa que Jesús es el Hijo de Dios, Dios permanece en él y él en Dios (1 Juan 4:15).

vi. Amor a los demás.

Cuando una persona nace de nuevo del Espíritu de Dios, no sólo cambia su actitud hacia Dios, sino también su actitud hacia otras personas. Todavía tiene sus gustos y disgustos, pero Dios ha puesto un nuevo principio de amor en su corazón que le permite no sólo admirar sino también obedecer la palabra de Cristo:

> Pero Yo les digo: amen a sus enemigos y oren por los que los persiguen, para que ustedes sean hijos de su Padre que está en los cielos; porque Él hace salir Su sol sobre malos y buenos, y llover sobre justos e injustos (Mateo 5:44-45).

Siempre que un cristiano ponga esto en práctica será un signo para él de que es realmente un hijo de Dios, porque antes de su conversión no sólo no podría haber amado a sus enemigos, ¡ni siquiera habría querido hacerlo!

> Hijos, no amemos de palabra ni de lengua, sino de hecho y en verdad. En esto sabremos que somos de la verdad, y aseguraremos nuestros corazones delante de Él (1 Juan 3:18-19).

vii. Fruto del Espíritu.

Jesús dijo que la relación espiritual entre él y el creyente es como la que existe entre una rama y un árbol: la rama toma su vida del tronco principal del árbol. Sólo puede haber frutos en la rama si está conectada al árbol. Jesús dijo:

> "Permanezcan en Mí, y Yo en ustedes. Como el sarmiento no puede dar fruto por sí mismo si no permanece en la vid, así tampoco ustedes si no permanecen en Mí. Yo soy la vid, ustedes los sarmientos; el que permanece en Mí y Yo en él, ese da mucho fruto, porque separados de Mí nada pueden hacer. Juan 15:4-5).

El apóstol Pablo dice que a través de la obra regeneradora del Espíritu Santo la influencia celestial del Espíritu se manifestará en la vida de la persona por la presencia de su fruto:

> Pero el fruto del Espíritu es amor, gozo, paz, paciencia, benignidad, bondad, fidelidad, mansedumbre, dominio propio; contra tales cosas no hay ley. (Gálatas 5:22-23).

Jesús confirmó que la fructificación es un signo del verdadero cristiano cuando dijo:

> En esto es glorificado mi Padre, en que llevéis mucho fruto, para que seáis mis discípulos (Juan 15:8).

c. El testigo interno del Espíritu Santo

¿Cómo podemos saber que tenemos el Espíritu Santo y que no nos estamos engañando? ¿Cómo podemos estar seguros de que tenemos su presencia con nosotros? ¿No puede ser simplemente que tengamos sentimientos elevados de felicidad o algún tipo de éxtasis emocional? Pablo nos dice ciertas cosas que caracterizan la obra del Espíritu en la vida del creyente:

i. El sello del Espíritu Santo.

¿Para qué se usa un sello?

- Para autentificar o certificar algo como genuino. El Faraón entregó su sello a José como señal a todos de que ahora era su ayudante (Génesis 41:42).
- Para indicar la propiedad. Jeremías selló una escritura cuando compró un campo, como señal de que la transacción estaba a su nombre (Jeremías 32:10).
- Para que sea seguro. Los judíos sellaron la tumba de Jesús para hacerla seguro (Mateo 27:65-66).

> Ahora bien, el que nos confirma con ustedes en Cristo y el que nos ungió, es Dios, quien también nos selló y nos dio el Espíritu en nuestro corazón como garantía (2 Corintios 1:21-22).
> En Él también ustedes, después de escuchar el mensaje de la verdad, el evangelio de su salvación, y habiendo creído, fueron sellados en Él con el Espíritu Santo de la promesa, que nos es dado como garantía de nuestra herencia, con miras a la redención de la posesión adquirida de Dios, para alabanza de Su gloria (Efesios 1:13-14; véase también Efesios 4:30).

Cuando Dios nos sella con su Espíritu Santo nos hace cada una de estas tres cosas al mismo tiempo:

> En primer lugar, recibir el don del Espíritu Santo nos demuestra que somos verdaderos hijos de Dios.

> En segundo lugar, estamos marcados como propiedad de Dios y pertenecemos a Dios quien nos redimió a través de la muerte de su Hijo. En tercer lugar, estamos a salvo y seguros porque recibimos la protección contra todos nuestros enemigos.

Dios está llamando del mundo a un pueblo creyente para que le pertenezcan de una forma especial (Tito 2:14). Dios nos sella con el triple sello de su Espíritu Santo. Cuando recibimos el Espíritu Santo tenemos la seguridad de que realmente pertenecemos a Dios. La presencia interior del Espíritu no sólo nos hace cristianos, sino que también es una prueba para nosotros de que somos cristianos, y que somos herederos de una herencia eterna.

ii) La promesa del Espíritu.

La palabra griega *arrabōn* se usaba comúnmente en el comercio en tiempos del Nuevo Testamento. Cuando se celebraba un contrato o se completaba un trato, se pagaba un *arrabōn,* un "depósito" o promesa que garantizaba que el pago completo seguiría. En griego moderno *arrabōn* significa un anillo de compromiso, una promesa de que la relación completa del matrimonio seguirá. En el Nuevo Testamento hay tres referencias a esta palabra, dos se citan arriba (2 Corintios 1:21-22; Efesios 1:13-14), véase el párrafo c, i) en relación con el "sellado", y la tercera está en 2 Corintios 5:5: "Y el que nos preparó para esto mismo es Dios, quien nos dio el Espíritu como garantía."

Nuestra experiencia del Espíritu después de la conversión es sólo el depósito, pero es una garantía de que tendremos el pago completo de la vida eterna en el cielo con Dios. El Espíritu se da como una promesa de todo lo que está por venir. En Efesios 1:14 se nos dice que el Espíritu Santo de la promesa es la garantía de nuestra herencia. ¿Cómo sabemos que realmente tendremos la plenitud de nuestra herencia eterna? Por la promesa del Espíritu que se nos da como la primera cuota de las riquezas de la herencia que nos espera.

iii) El espíritu de la adopción.

Uno de los descubrimientos más benditos que hacemos después de nacer de nuevo, es la conciencia de que aquel de quien antes huíamos por miedo, es ahora nuestro Padre celestial.

> Pues ustedes no han recibido un espíritu de esclavitud para volver otra vez al temor, sino que han recibido un espíritu de adopción como hijos, por el cual clamamos: "¡Abba, Padre!". El Espíritu mismo da testimonio a nuestro espíritu de que somos hijos de Dios. (Romanos 8:15-16).

El Espíritu tiene una doble obra aquí:

En primer lugar, como resultado de nacer de nuevo por el Espíritu de Dios, nuestro propio espíritu cobra vida para Dios e instintivamente clamamos, "Abba, Padre".

En segundo lugar, el Espíritu Santo también da su propio testimonio a nuestro espíritu de que somos hijos de Dios. Él nos asegura directa e interiormente nuestra filiación de la manera más íntima y deliciosa, para que lo conozcamos y nos regocijemos en Dios de acuerdo con la palabra de Romanos 5:5, "... porque el amor de Dios ha sido derramado en nuestros corazones por medio del Espíritu Santo que nos fue dado". Esta es una de las más maravillosas y divinas obras del Espíritu. Completa su obra asegurando al creyente que es un hijo de Dios, y que es partícipe de la herencia eterna guardada para él en el cielo (1 Pedro 1:4).

3. ¿Es la seguridad esencial para la salvación?

No, no es esencial, pero es alcanzable y siempre acompaña a una fe sana y activa. Algunos creyentes, especialmente los que son nuevos en la fe, tienen una fe débil. Por ejemplo, Pedro había sido un seguidor de Cristo durante bastante tiempo y definitivamente creía en Jesús, pero su fe era débil. Cuando Cristo lo llamó a caminar sobre el agua, comenzó bien pero luego dudó y comenzó a hundirse. Jesús le dijo: "Hombre de poca fe, ¿por qué dudaste?" (Mateo 14:31) De manera similar, Pedro negó a Jesús justo antes de la crucifixión por la misma razón.

Pablo menciona a aquellos cuya débil fe les hizo comer sólo hierbas (Romanos 14:1-2). No debemos reprender a estas personas, sino tratarlas con mucha delicadeza, porque pueden ser fácilmente lastimadas por disputas sobre cosas que aún no entienden. Tienen fe, pero sigue siendo una fe débil. En la carta a los hebreos leemos de aquellos que habían llegado a dudar de su fe debido a sus sufrimientos, por lo que necesitaban aprender de nuevo los primeros principios de la fe:

> Pues aunque ya debieran ser maestros, otra vez tienen necesidad de que alguien les enseñe los principios elementales de los oráculos de Dios, y han llegado a tener necesidad de leche y no de alimento sólido. (Hebreos 5:12).

El escritor continúa, no sólo para advertirles, sino también para animarles a continuar en la fe, y a seguir adelante con perseverancia: "Pero deseamos que cada uno de ustedes muestre la misma solicitud hasta el fin, para alcanzar la plena seguridad de la esperanza (Hebreos 6:11)."

Una fe débil aún cree en Cristo, pero tiene dudas, miedos y recelos. Sin embargo, es una fe verdadera que necesita crecer y madurar. La plena seguridad de la fe no sólo es deseable y alcanzable, sino que es la voluntad de Dios para todos sus hijos. Juan escribe: "Estas cosas les he escrito a ustedes que creen en el nombre del Hijo de Dios, para que sepan que tienen vida eterna. (1 Juan 5:13)."

PREGUNTAS

1. ¿Cómo podemos saber que somos hijos de Dios?
2. ¿Cuál es el rol del Espíritu Santo para asegurar a los creyentes que son hijos de Dios?
3. ¿Puede un verdadero cristiano carecer de confianza?

CAPÍTULO 15: UNIÓN CON CRISTO

1. **Los términos utilizados para describirlo.**
    a. **Estar "en Cristo".**
    b. **Sarmientos de la vid.**
    c. **Él es la cabeza, nosotros somos el cuerpo.**
    d. **La relación esposo/esposa.**
    e. **Cristo es la piedra angular.**
    f. **"En Adán" - "en Cristo".**
2. **La naturaleza de la unión del creyente con Cristo.**
    a. **Negativamente: lo que no es: dos aspectos.**
    b. **Positivamente: lo que es: seis aspectos.**
3. **¿Cómo se establece y se disfruta de esta unión?.**
    a. **Por el Espíritu Santo.**
    b. **A través de la fe.**
4. **Las fructíferas consecuencias de esta unión.**
    a. **Objetivo: las cosas que ha hecho por nosotros: cinco consecuencias.**
    b. **Subjetivo: las cosas que ha hecho en nosotros: cinco consecuencias.**

Porque si hemos sido unidos a Cristo en la semejanza de Su muerte, ciertamente lo seremos también en la semejanza de Su resurrección. (Romanos 6:5).

Yo soy la vid, ustedes los sarmientos; el que permanece en Mí y Yo en él, ese da mucho fruto, porque separados de Mí nada pueden hacer (Juan 15:5).

¿Qué significa la Biblia cuando dice que el creyente está espiritualmente unido a Cristo? Estar unido a Cristo significa estarlo en todo el ámbito de su obra redentora: crucificado con él, muerto con él, enterrado con él, resucitado con él y reinando con él. La fe es el vínculo que nos une a Cristo.

1. Los términos utilizados para describirlo

a. Estar "en Cristo"

El cristiano se describe como una persona que está en Cristo (expresión utilizada 153 veces por el apóstol Pablo); no sólo está unido a Cristo espiritualmente, sino que, en un sentido místico, también está unido a él en su totalidad.

> Porque somos miembros de Su cuerpo (Efesios 5:30).
> Así nosotros, que somos muchos, somos un cuerpo en Cristo e individualmente miembros los unos de los otros (Romanos 12:5).
> De modo que si alguno está en Cristo, nueva criatura es; las cosas viejas pasaron, ahora han sido hechas nuevas (2 Corintios 5:17).

b. Sarmientos de la vid

Para describir la relación viva entre Él y el cristiano, Jesús dio la ilustración de la vid y sus sarmientos. Él es la vid viva y nosotros somos sus sarmientos:

> Yo soy la vid, ustedes los sarmientos; el que permanece en Mí y Yo en él, ese da mucho fruto, porque separados de Mí nada pueden hacer (Juan 15:5).

c. Él es la cabeza, nosotros somos el cuerpo

Seguramente no puede haber una relación más estrecha que la que existe entre las diversas partes del cuerpo humano y la cabeza:

> Más bien, al hablar la verdad en amor, creceremos en todos los aspectos en Aquel que es la cabeza, es decir, Cristo, de quien todo el cuerpo, estando bien ajustado y unido por la cohesión que las coyunturas proveen, conforme al funcionamiento adecuado de cada miembro, produce el crecimiento del cuerpo para su propia edificación en amor (Efesios 4:15-16).

d. La relación esposo / esposa

No hay relación más amorosa e íntima en nuestra experiencia humana terrenal que la que existe entre un hombre y una mujer en la relación matrimonial. Pablo dice que tal unión entre dos creyentes apunta a la unión entre Cristo y su iglesia:

> Por esto el hombre dejará a su padre y a su madre, y se unirá a su mujer, y los dos serán una sola carne. Grande es este misterio, pero hablo con referencia a Cristo y a la iglesia. En todo caso, cada uno de ustedes ame también a su mujer como a sí mismo, y que la mujer respete a su marido (Efesios 5:31-32).

Ver también Apocalipsis 21:2, 9 donde la iglesia es la novia de Cristo.

e. Cristo es la piedra angular que nos sostiene en el templo de Dios

El cristiano es descrito como una parte esencial del edificio de Dios, la iglesia. Cada uno de nosotros compartimos un lugar como piedras individuales en las paredes de su templo sagrado:

> Siendo Cristo Jesús mismo la piedra angular, en quien todo el edificio, bien ajustado, va creciendo para ser un templo santo en el Señor (Efesios 2:20-21).

Ver también 1 Pedro 2:4-6; Cristo es la piedra angular, nosotros las piedras vivas de una casa espiritual.

f. "En Adán" - "En Cristo"

Por nuestro nacimiento natural fuimos parte de la vieja humanidad caída, pero por nuestro nacimiento espiritual somos parte de la nueva humanidad en Cristo Jesús: "Porque así como en Adán todos mueren, también en Cristo todos serán vivificados" (1 Corintios 15:22). Esto incluye la resurrección del cuerpo. Ver también Romanos 5:12-21

2. La naturaleza de la unión del creyente con Cristo

a. Negativamente: lo que no es

i. La unión con Cristo no es una fusión de nuestra existencia humana individual con la divina, que nos absorbe en el infinito, causando que el alma individual pierda su identidad propia. Cristo sigue siendo quién es y lo que es y siempre será así, nosotros seguimos siendo las almas individuales en siempre hemos sido desde la creación. Cuando lo veamos en el cielo seremos como él, pero sin perder nuestra propia identidad (1 Juan 3:2).
ii. No se trata de una mera unión de simpatía o de interés. Por ejemplo, los miembros de un club o una sociedad comparten intereses y objetivos comunes, pero en todos los demás aspectos pueden ser radicalmente diferentes unos de otros. Lo único que los une es su interés común.

b. Positivamente: lo que es

i. Es una unión espiritual.

Por el poder del Espíritu Santo nacemos de nuevo en la familia celestial de Dios. Por el mismo Espíritu, Cristo vive ahora en nosotros y nos une a sí mismo por la fe. Esta es una relación espiritual viva que es a la vez eterna y transformadora:

> Pero el que se une al Señor, es un espíritu con Él (1 Corintios 6:17).
> Pues por un mismo Espíritu todos fuimos bautizados en un solo cuerpo, ya judíos o griegos, ya esclavos o libres. A todos se nos dio a beber del mismo Espíritu (1 Corintios 12:13).

ii. Es una unión mística.

Se llama "mística" porque es efectuada por el Espíritu Santo de una manera misteriosa y sobrenatural. El matrimonio es una ilustración de esta relación: dos personas se convierten en una sola sin que ninguna de ellas pierda su identidad:

> Por esto el hombre dejará a su padre y a su madre, y se unirá a su mujer, y los dos serán una sola carne. Grande es este misterio, pero hablo con referencia a Cristo y a la iglesia. (Efesios 5:31-32).

iii. Es una unión viva.

Nuestra unión y relación con Cristo es algo vivo y dinámico, no es algo estático o teórico. En realidad recibimos su poder vivificante en nuestras almas. Él está íntimamente preocupado por nosotros, nos cuida, escucha nuestras oraciones, guía nuestras vidas y nos transforma a su semejanza:

> Pero todos nosotros, con el rostro descubierto, contemplando como en un espejo la gloria del Señor, estamos siendo transformados en la misma

> imagen de gloria en gloria, como por el Señor, el Espíritu (2 Corintios 3:18).
> Pues de Su plenitud todos hemos recibido, y gracia sobre gracia (Juan 1:16).
> Un poco más de tiempo y el mundo no me verá más, pero ustedes me verán; porque Yo vivo, ustedes también vivirán. En ese día conocerán que Yo estoy en Mi Padre, y ustedes en Mí y Yo en ustedes. (Juan 14:19-20).

Ver también Juan 17:22-23; Gálatas 2:20.

iv. Es una unión orgánica.

Cristo y su iglesia son un solo cuerpo. La relación mutua que existe entre nosotros es, por lo tanto, una relación viva de gran intensidad. En esta relación nos da vida, dones, comodidad e inteligencia. Nosotros, a su vez, le ministramos en la alabanza, la oración y el servicio.

> Pues así como en un cuerpo tenemos muchos miembros, pero no todos los miembros tienen la misma función, así nosotros, que somos muchos, somos un cuerpo en Cristo e individualmente miembros los unos de los otros (Romanos 12:4-5).

Ver también 1 Corintios 6:15-19; Efesios 1:22-23; 4:15-16; 5:29-30.

v. Es una unión personal.

Somos propensos a olvidar que Dios es una persona, no una especie de misteriosa influencia espiritual; siempre nos trata como personas. El peligro del pensamiento católico romano y ortodoxo sobre nuestra relación individual con Dios es que colocan a "la Iglesia", entre el alma individual y Dios. Dicen que sin "la Iglesia", nadie puede ser salvo. Creen que todas las bendiciones espirituales llegan a los hombres sólo a través de la Iglesia. Pero la Biblia no dice que somos salvos por la Iglesia sino por una relación personal con el Hijo, Jesucristo. El mismo Jesús dijo:

> Vengan a Mí, todos los que están cansados y cargados, y Yo los haré descansar. Tomen Mi yugo sobre ustedes y aprendan de Mí, que Yo soy manso y humilde de corazón, y hallarán descanso para sus almas. Porque Mi yugo es fácil y Mi carga ligera (Mateo 11:28-29).

La Biblia no dice que dependamos de la iglesia para la vida espiritual, sino del Hijo que es el único autor y dador de la vida espiritual:

> Y el testimonio es este: que Dios nos ha dado vida eterna, y esta vida está en Su Hijo. El que tiene al Hijo tiene la vida, y el que no tiene al Hijo de Dios, no tiene la vida (1 Juan 5:11-12).

vi. Es una unión indisoluble.

Cuando nacemos de nuevo en la familia de Dios entramos en una eterna e indisoluble relación vital con él. Nada puede romper este poderoso vínculo, ni siquiera nuestro pecado. Seguimos siendo sus hijos porque somos suyos y él es nuestro por siempre y para siempre. El pecado puede robarnos el gozo de nuestra salvación, pero no la salvación misma:

> ¿Quién nos separará del amor de Cristo? ¿Tribulación, o angustia, o persecución, o hambre, o desnudez, o peligro, o espada? Tal como está escrito: "Por causa Tuya somos puestos a muerte todo el día; somos considerados como ovejas para el matadero". Pero en todas estas cosas somos más que vencedores por medio de Aquel que nos amó. Porque estoy convencido de que ni la muerte, ni la vida, ni ángeles, ni principados, ni lo presente, ni lo por venir, ni los poderes, ni lo alto, ni lo profundo, ni ninguna otra cosa creada nos podrá separar del amor de Dios que es en Cristo Jesús Señor nuestro (Romanos 8:35-39).

3. ¿Cómo se establece y se disfruta de esta unión?

a. Por el Espíritu Santo

Toda la vida espiritual, que es vida celestial, viene a nosotros sólo a través del ministerio y el poder del Espíritu Santo:

> En verdad te digo que el que no nace de agua y del Espíritu no puede entrar en el reino de Dios. Lo que es nacido de la carne, carne es, y lo que es nacido del Espíritu, espíritu es (Juan 3:5-6).

b. A través de la fe

No somos espectadores pasivos en esta relación, somos participantes activos. Aunque Dios ha establecido esta unión espiritual tenemos que ser obedientes y orar para disfrutar de su presencia, vida y poder. La fe fortalece nuestra relación para que nuestra unión con Él sea cada vez más real en nosotros. Es por eso que la fe se menciona tanto en las Escrituras:

> Con Cristo he sido crucificado, y ya no soy yo el que vive, sino que Cristo vive en mí; y la vida que ahora vivo en la carne, la vivo por la fe en el Hijo de Dios, el cual me amó y se entregó a sí mismo por mí (Gálatas 2:20).

Ver también Romanos 5:1-2.

4. Las fructíferas consecuencias de esta unión

a. Objetivo: las cosas que ha hecho por nosotros

- Morimos, fuimos enterrados, resucitamos y nos sentamos con Él en la gloria (Romanos 6:4-5; Efesios 2:6).
- Estamos sellados con el Espíritu Santo de la promesa (Efesios 1:13).
- Somos adoptados como hijos (Efesios 1:5).
- Somos herederos de Dios y coherederos con Cristo (Romanos 8:17).

- Él nos ha hecho sabiduría, justicia, santificación y redención (1 Corintios 1:30).

b. Subjetivo: las cosas que hace en nosotros

- Tenemos comunión con él (Juan 17:3; 1 Juan 1:3-7).
- Nos transforma a su semejanza (2 Corintios 3:18).
- Damos frutos espirituales (Juan 15:4-8).
- Recibimos dones espirituales (Efesios 4:7-12; Romanos 12:4-8).
- Participamos en sus padecimientos por su causa (Filipenses 3:10; Colosenses 1:24).

PREGUNTAS

1. Nombre todas las metáforas bíblicas usadas para describir nuestra unión con Cristo
2. ¿Cuáles son las razones por las que la unión entre Cristo y el creyente nunca puede romperse?
3. ¿Cuáles son los resultados de esta unión en la vida de un creyente?

CAPÍTULO 16: SEGURIDAD ETERNA

1. **Definición.**
2. **La evidencia bíblica de la seguridad eterna.**
    a. **Ocho evidencias.**
3. **Los principales elementos de la salvación de Dios que no pueden ser destruidos.**
    a. **Elección.**
    b. **Justificación.**
    c. **Redención.**
    d. **Regeneración.**
    e. **Adopción.**
    f. **Santificación.**
    g. **Confianza.**
    h. **Glorificación.**
4. **La gracia es más poderosa que el pecado.**
5. **Objeciones a la seguridad eterna.**
    a. **La parábola del sembrador.**
    b. **El hombre con el espíritu inmundo.**
    c. **La parábola de la vid y los sarmientos.**
    d. **Los apostatas.**
    e. **Advertencias a dos iglesias.**

¿Puede un verdadero creyente perder su salvación? ¿Qué enseña la Biblia?

A lo largo de la historia los cristianos creyentes en la Biblia han estado divididos en sus opiniones sobre esta cuestión. Tradicionalmente, muchas iglesias armenias han enseñado que es posible que un creyente nacido de nuevo caiga de la gracia, se aleje del Señor y finalmente se pierda. Para argumentar su punto de vista, citan los siguientes ejemplos:

- El Rey Saúl recibió la habilidad de profetizar a través del Espíritu Santo pero al final, debido a su pecaminosidad, Dios lo rechazó, y el Espíritu del Señor se apartó de él para siempre (1 Samuel 16:14).
- Jesús dice, en la parábola del siervo inmisericorde, que el Padre castigará a aquellos de sus siervos que permanezcan inmisericordes e implacables (Mateo 18:25).
- En la parábola del sembrador dos de los que escucharon la palabra del evangelio creyeron por un tiempo pero finalmente se perdieron (Mateo 13:20-22).
- En la parábola de la vid y los sarmientos, Jesús dice que algunos sarmientos que no se quedaron en la vid serán rechazados y quemados (Juan 15:6).
- En Hebreos 6:4-8 el autor dice que es imposible que los que una vez fueron iluminados, hayan gustado del don celestial y se hayan hecho partícipes del Espíritu Santo, y hayan gustado de la buena palabra de Dios y de los poderes del siglo venidero, se renueven para arrepentirse si se apartan. Y más adelante en este libro (10:26-29) se dice que el creyente que viene a rechazar el evangelio no tiene perdón.
- Hay varios lugares en el Nuevo Testamento donde se nos advierte de los peligros de ser engañados y de caer (Mateo 24:4; 2 Pedro 1:10; 2:20-21)

Aunque reconocemos que estos pasajes parecen enseñar que un hijo de Dios puede perder su salvación, creemos que es posible reconciliarlos con aquellos que enseñan positivamente el punto de vista opuesto. En las próximas líneas, buscaremos mostrar las razones bíblicas que nos muestran que el creyente en Cristo Jesús tiene seguridad eterna de acuerdo a su promesa:

> Mis ovejas oyen Mi voz; Yo las conozco y me siguen. Yo les doy vida eterna y jamás perecerán, y nadie las arrebatará de Mi mano. Mi Padre que me las dio es mayor que todos, y nadie las puede arrebatar de la mano del Padre. (Juan 10:27-29).

1. Definición

La doctrina de que una vez que una persona ha creído verdaderamente en Cristo, nunca puede perderse se basa en varias escrituras. Estas dicen que nadie puede quitarle a Cristo sus ovejas. No perecen porque aquellos que Dios ha dado a Cristo no pueden perderse. Dios mismo las protegerá y guardará con su poderoso poder; el que comenzó la obra de la salvación en nosotros la completará él mismo. En otras palabras, la salvación no es la obra del hombre, sino la obra de Dios: Él la inicia, la sostiene y la completa.

2. La evidencia bíblica

a. Nadie puede quitarle las ovejas de Cristo.

> Mis ovejas oyen Mi voz; Yo las conozco y me siguen. Yo les doy vida eterna y jamás perecerán, y nadie las arrebatará de Mi mano. Mi Padre que me las dio es mayor que todos, y nadie las puede arrebatar de la mano del Padre (Juan 10:27-29).

b. Aquellos que Dios ha dado a Cristo no se perderán

Y esta es la voluntad del que me envió: que de todo lo que Él me ha dado Yo no pierda nada, sino que lo resucite en el día final (Juan 6:39).

c. Dios Padre nos impide que nos alejemos

Ya no estoy en el mundo, pero ellos sí están en el mundo, y Yo voy a Ti. Padre santo, guárdalos en Tu nombre, el nombre que me has dado, para que sean uno, así como Nosotros somos uno. (Juan 17:11)
Y a Aquel que es poderoso para guardarlos a ustedes sin caída y para presentarlos sin mancha en presencia de Su gloria con gran alegría (Judas 24).
Bendito sea el Dios y Padre de nuestro Señor Jesucristo, quien según Su gran misericordia, nos ha hecho nacer de nuevo a una esperanza viva, mediante la resurrección de Jesucristo de entre los muertos, para obtener una herencia incorruptible, inmaculada, y que no se marchitará, reservada en los cielos para ustedes. Mediante la fe ustedes son protegidos por el poder de Dios, para la salvación que está preparada para ser revelada en el último tiempo (1 Pedro 1:3-5).
Por lo cual también sufro estas cosas, pero no me avergüenzo. Porque yo sé en quién he creído, y estoy convencido de que Él es poderoso para guardar mi depósito hasta aquel día... El Señor me librará de toda obra mala y me traerá a salvo a Su reino celestial. A Él sea la gloria por los siglos de los siglos. Amén. (2 Timoteo 1:12; 4:18).

d. El Dios que comenzó la salvación en nosotros también la completará

Estoy convencido precisamente de esto: que el que comenzó en ustedes la buena obra, la perfeccionará hasta el día de Cristo Jesús. (Filipenses 1:6).
Pero el Señor es fiel y Él los fortalecerá a ustedes y los protegerá del maligno (2 Tesalonicenses 3:3).

e. El verdadero creyente es liberado del juicio final a la condenación

> En verdad les digo: el que oye Mi palabra y cree al que me envió, tiene vida eterna y no viene a condenación, sino que ha pasado de muerte a vida. (Juan 5:24).

f. La semilla de la vida eterna no puede morir. Aquellos que nacen de Dios no pueden volver a la vida de pecado

> Ninguno que es nacido de Dios practica el pecado, porque la simiente de Dios permanece en él. No puede pecar, porque es nacido de Dios (1 Juan 3:9).

g. Dios trabaja en nosotros según un plan predeterminado

Como veremos en el capítulo diecisiete, la caída del hombre fue conocida por Dios. Su plan de salvación estaba listo para ser puesto en marcha apenas Adán pecó (ver Génesis 3:15). La muerte de Cristo también fue planeada por Dios antes de que el hombre cayera en el pecado:

> Sino con sangre preciosa, como de un cordero sin tacha y sin mancha: la sangre de Cristo. Porque Él estaba preparado desde antes de la fundación del mundo, pero se ha manifestado en estos últimos tiempos por amor a ustedes (1 Pedro 1:19-20).

Esto se debió a que la caída de Satanás y sus ángeles confederados ocurrió antes de la creación del mundo. Varios versículos de la Biblia se refieren a Dios trabajando según un plan predeterminado:

> Sino que hablamos sabiduría de Dios en misterio, la sabiduría oculta que, desde antes de los siglos, Dios predestinó para nuestra gloria. (1 Corintios 2:7).

> Porque Dios nos escogió en Cristo antes de la fundación del mundo, para que fuéramos santos y sin mancha delante de Él. En amor (Efesios 1:4).

Ver también Romanos 8:28; 9:11 y 11:25; Gálatas 4:4; 2 Timoteo 1:9.

El plan de Dios afecta a la vida de cada creyente de forma individual porque, en el profundo misterio de su voluntad, cada uno de nosotros fue elegido por Él antes que el mundo comenzara. ¿Para qué nos eligió? Nos eligió para recibir la salvación que está en Cristo Jesús, una salvación que es completa sólo cuando llegamos a salvo al cielo. Dios no se contenta con darnos el perdón de los pecados; está decidido a cumplir su plan y a llevarnos al cielo para unirse a la gran compañía de los redimidos en su reino. No considera que su obra esté completa hasta que estemos con Él en la eternidad; lo que ha comenzado lo completará siempre:

> A los que predestinó, a esos también llamó. A los que llamó, a esos también justificó. A los que justificó, a esos también glorificó (Romanos 8:30).

El plan de salvación de Dios para cada alma individual es la base de nuestra seguridad eterna.

h. La naturaleza radical e irreversible del nuevo nacimiento

Cuando un hombre nace de nuevo a través del poder del Espíritu Santo se convierte en una nueva creación. Es liberado del poder de Satanás y entra en el reino del querido Hijo de Dios (Colosenses 1:13):

> De modo que si alguno está en Cristo, nueva criatura es; las cosas viejas pasaron, ahora han sido hechas nuevas (2 Corintios 5:17).

A través del nuevo nacimiento somos liberados del poder de la mente carnal y habilitados por el poder del Espíritu Santo para tener una mente nueva y espiritual:

> Porque la mente puesta en la carne es muerte, pero la mente puesta en el Espíritu es vida y paz. La mente puesta en la carne es enemiga de Dios, porque no se sujeta a la ley de Dios, pues ni siquiera puede hacerlo, y los que están en la carne no pueden agradar a Dios (Romanos 8:6-8).
> Pero el hombre natural no acepta las cosas del Espíritu de Dios, porque para él son necedad; y no las puede entender, porque son cosas que se disciernen espiritualmente (1 Corintios 2:14).

Las Escrituras hablan de un cambio radical e irreversible que tiene lugar en el alma de un hombre cuando se convierte realmente a Dios - se hace vivo para Dios a través del Espíritu Santo. No hay término medio, uno es un hombre carnal o un hombre espiritual. Una vez que hemos pasado de la muerte a la vida somos hombres y mujeres nuevos en Cristo Jesús: nunca más podemos volver a ser carnales y muertos para Dios.

Una vez que hemos recibido la mente de Cristo no podemos perderla y volver a una mente carnal. Esto es porque la mente carnal se opone a Dios y considera las cosas del Espíritu como una tontería. Aquellos que sostienen que un hombre puede perder su salvación, y volver a la Palabra de Dios, no se dan cuenta de la naturaleza profunda e irreversible del cambio que ocurre en nuestras mentes en el nuevo nacimiento:

> Jesús le contestó: "En verdad te digo que el que no nace de nuevo no puede ver el reino de Dios"... Lo que es nacido de la carne, carne es, y lo que es nacido del Espíritu, espíritu es (Juan 3:3,6).

Cuando un hombre ha nacido del Espíritu se convierte en un hombre nuevo y en un hijo de Dios. Es imposible que vuelva a estar muerto espiritualmente y que Dios lo rechace como un paria. Jesús dijo "Todo lo que el Padre me da, vendrá a Mí; y al que viene a Mí, de ningún modo lo echaré fuera." (Juan 6:37).

Si los creyentes son entregados por Dios a Cristo, y Él ha prometido nunca rechazarlos, ¿no tenemos un fundamento inquebrantable para nuestra fe? Las promesas de Dios nos aseguran que tal confianza en una salvación eternamente segura no está fuera de lugar, porque están hechas por el Dios que siempre cumple sus promesas. Él es el Dios de la verdad y del poder infinito, así que lo que promete siempre lo cumple.

3. Los principales elementos de la salvación de Dios no pueden ser destruidos

Las siguientes doctrinas describen lo que Dios ha hecho por nosotros. No son medidas temporales sino permanentes tanto en su duración como en sus efectos.

a. Elección. Hemos sido elegidos en Cristo antes de la fundación del mundo (Efesios 1:4).

b. Justificación. Hemos sido declarados por Dios libres de culpa y justos a sus ojos. Esto se debe a que nuestros pecados han sido puestas sobre Cristo y su justicia nos ha sido imputada; Cristo ha guardado la ley y ha cumplido todas sus demandas por nosotros. Por lo tanto, el creyente tiene una relación eternamente nueva tanto con Dios como con la ley a través de la muerte de Cristo en la cruz (Romanos 3:20-24).

c. La redención. Hemos sido liberados de nuestra esclavitud al pecado y a Satanás por la sangre de Cristo. Él ha comprado cautivos indefensos del reino de las tinieblas y los ha llevado a la libertad de su reino eterno (Colosenses 1:13).

d. Regeneración. Hemos nacido de nuevo a través del Espíritu Santo y hemos recibido una nueva vida espiritual y una nueva naturaleza. Cristo dijo que el creyente tiene la semilla de la vida eterna en él, una vida que no puede morir (Juan 3:16; 1 Juan 3:9).

e. Adopción. Hemos nacido de nuevo en la familia de Dios. Él es ahora nuestro Padre y siempre seremos sus hijos (Gálatas 4:5).

f. La santificación. Hemos sido separados del mundo por el Espíritu Santo para Dios y su servicio. Dios nos está transformando a la imagen de su Hijo para ser santos de palabra y de obra (2 Corintios 3:18).

g. Aseguramiento. Estamos capacitados para saber que tenemos la salvación. Juan escribe a los creyentes para confirmar su fe. Explica que pueden estar completamente seguros de que tienen vida eterna (1 Juan 3:14 y 5:13). La creencia en la doctrina de la seguridad de la salvación es imposible si no hay garantía de que la salvación, una vez obtenida, no se puede perder, sino que es eternamente segura.

h. Glorificación. No sólo hemos sido salvados y perdonados, sino también hechos herederos de Dios y coherederos con Cristo. Completo la salvación termina en el cielo; no sólo nos ha justificado, sino que también nos glorificará (Romanos 8:17, 30).

La actividad de Dios en estas ocho doctrinas comprende nuestra completa liberación del poder de Satanás y del pecado. A menudo pensamos en la salvación sólo en términos humanos, algo que pedimos y que nos da ciertas bendiciones. Es muy importante ver que en realidad la salvación es la obra de Dios de principio a fin:

- Nos elige.
- Nos justifica.
- Nos redime.
- Nos regenera.

- Nos adopta.
- Nos santifica.
- Nos asegura.
- Nos glorifica.

La seguridad eterna puede ser justamente inferida del hecho de que estas ocho doctrinas describen la obra de Dios en nuestra salvación.

4. La gracia es más poderosa que el pecado

Pablo ha dicho: "Porque el pecado no tendrá dominio sobre ustedes, pues no están bajo la ley sino bajo la gracia" (Romanos 6:14). ¿Es Satanás más fuerte que Dios? ¿Puede saquear el reino de Dios y llevar cautivos a aquellos por los que Cristo murió? Satanás ciertamente puede tentarnos y llevarnos temporalmente a un comportamiento pecaminoso. Pero no puede arrebatarnos de la mano de Dios o robar nuestra salvación (Juan 10:27-28). Aunque los creyentes pueden alejarse de Dios, y por un tiempo vivir una vida pecaminosa, esto no significa que Dios los abandone y los repudie completamente. La gran gracia de Dios hacia sus hijos nacidos de nuevo asegura que nunca los abandona. La obra que comenzó en sus vidas la completará (Filipenses 1:6).

Toma medidas para restaurar a los reincidentes para que, si somos rebeldes o perezosos, nos trate como un padre que disciplina a sus hijos. No nos abandona cuando caemos en el pecado, sino que nos corrige, como nuestro amado Padre celestial, para curarnos de nuestros caminos pecaminosos.

> Además, han olvidado la exhortación que como a hijos se les dirige: "Hijo Mío, no tengas en poco la disciplina del Señor, Ni te desanimes al ser reprendido por Él. Porque el Señor al que ama, disciplina, Y azota a todo el que recibe por hijo". Es para su corrección que sufren. Dios los trata como a hijos; porque ¿qué hijo hay a quien su padre no discipline? (Hebreos 12:5-7).

El que nos ha elegido antes de la fundación del mundo, y ha dado a su Hijo unigénito para que muera por nosotros en la cruz, con un propósito establecido ha determinado liberarnos completamente del reino y el poder de Satanás. Cuando nos da su Espíritu Santo, se nos permite sólo de ver el camino al cielo, sino llegar allí:

> ¿Quién acusará a los escogidos de Dios? Dios es el que justifica. ¿Quién es el que condena? Cristo Jesús es el que murió, sí, más aún, el que resucitó, el que además está a la diestra de Dios, el que también intercede por nosotros. ¿Quién nos separará del amor de Cristo? ¿Tribulación, o angustia, o persecución, o hambre, o desnudez, o peligro, o espada? Tal como está escrito: "Por causa Tuya somos puestos a muerte todo el día; somos considerados como ovejas para el matadero". Pero en todas estas cosas somos más que vencedores por medio de Aquel que nos amó. Porque estoy convencido de que ni la muerte, ni la vida, ni ángeles, ni principados, ni lo presente, ni lo por venir, ni los poderes, ni lo alto, ni lo profundo, ni ninguna otra cosa creada nos podrá separar del amor de Dios que es en Cristo Jesús Señor nuestro (Romanos 8:33-39).

5. Objeciones a la seguridad eterna

a. La parábola del sembrador (Mateo 13:3-23)

En este pasaje se describen cuatro tipos de personas que escuchan la palabra, pero sólo uno de ellos se salva finalmente. Se alega que esta parábola enseña que es posible, por lo tanto, que una persona crea en el evangelio pero luego se pierda. Pero si examinamos la explicación de nuestro Señor porque en los tres casos la semilla no produjo cosecha (versículos 18-23), veremos que en cada caso, habían problemas con el tipo de suelo donde cae la semilla. El único que tenía vida espiritual era aquel cuyo corazón se describe como "buena tierra".

Hay muchos que escuchan el evangelio y muestran un interés temporal, pero luego se alejan. ¿Por qué? Porque la palabra nunca echó raíces ni creció en sus corazones. La Biblia nos dice que existe una fe falsa o temporal. Esto se aplicaría a personas como Judas Iscariote (Juan 17:12), Himeneo (1 Timoteo 1:20) y Fileto (2 Timoteo 2:17-18). El apóstol Juan en su primera carta se refiere a aquellos que una vez estuvieron en la iglesia pero luego la abandonaron porque "no eran de nosotros" (1 Juan 2:19).

La gente puede estar en la iglesia y entre sus miembros, pero no experimentar el nuevo nacimiento. Las tres primeras categorías describen a aquellos que nunca tuvieron vida espiritual; por eso se alejaron, aunque por un tiempo los de la segunda y tercera categoría parecían ser verdaderos creyentes.

b. El hombre con el espíritu inmundo (Lucas 11:24-26)

Jesús nos habla de un espíritu inmundo que ha sido removido de un hombre. Después de un tiempo vuelve de nuevo a vivir en la vida del hombre, llevándose siete espíritus más, por lo que su último estado es peor que el primero. Se alega que esto sólo puede referirse a un hombre que una vez fue cristiano pero que luego perdió su salvación.

Sin embargo, los versos anteriores proporcionan la respuesta. Los fariseos acababan de acusar a Jesús de expulsar a los demonios usando el gobernante de los demonios para hacerlo. Por lo tanto, Jesús en esta parábola se refiere a sus oponentes que habían profesado algún tipo de arrepentimiento bajo el ministerio de Juan el Bautista, pero que ahora, al llamar a Cristo colaborador del diablo, estaban en peor estado espiritual que antes. Jesús no está usando este ejemplo para referirse a aquellos que una vez tuvieron fe en él pero luego se alejaron.

c. La parábola de la vid y las ramas (Juan 15:1-8)

Jesús dice que todo sarmiento de la vid que no dé fruto será quitado y quemado. Los que creen que una persona puede perder su salvación creen que 'cada sarmiento' significa un creyente. Pero la razón por la que se tiraron los sarmientos muertos fue porque estaban sin vida, no daban fruto.

¿Cuál es la diferencia entre un miembro muerto de la iglesia y uno vivo? Uno es fructífero mientras que el otro no lo es. Uno tiene vida y el otro no. Jesús tuvo muchos seguidores, pero en una ocasión, por algo que dijo, muchos lo abandonaron (Juan 6:66). Hasta ese momento, parecían ser sus verdaderos seguidores y no eran diferentes de los propios apóstoles. Parecían ser verdaderos sarmientos de la vid, pero en realidad no tenían vida ni fruto. Lo mismo ocurre con la Iglesia; siempre hay algunos miembros que son religiosos sin ser verdaderamente cristianos, que parecen sarmientos pero no dan fruto. Tales serán destruidos porque no tienen vida en ellos. La fecundidad es la prueba de que somos verdaderos creyentes; la infructuosidad, de que no lo somos.

d. Los que han apostatado (Hebreos 6:4-10; 10:26-31)

Aquí se describe una clase de creyente temporal. Fueron iluminados, probaron el don celestial, la buena palabra de Dios, los poderes del mundo venidero y fueron hechos partícipes del Espíritu Santo. ¿Es esta una descripción de un verdadero cristiano? Aparentemente no, porque en el siguiente verso que leemos:

> Pero en cuanto a ustedes, amados, aunque hablemos de esta manera, estamos persuadidos de las cosas que son mejores y que pertenecen a la salvación (Hebreos 6:9).

Evidentemente, las cosas descritas en los versículos 4 a 8 no eran cosas que acompañaran a la salvación. En el versículo 10 el autor dice que su amor práctico al Señor y a su pueblo eran las verdaderas señales de salvación. Es trágicamente posible recibir la iluminación del evangelio sólo en el aspecto mental. Una persona puede experimentar algunas de las bendiciones del Espíritu Santo y el poder de Dios sin nacer de nuevo.

La Biblia nos dice que Judas, como uno de los apóstoles, predicaba a Cristo, sanaba a los enfermos y expulsaba a los demonios. Sin embargo, fue dominado por Satanás y utilizado por él para traicionar a Cristo. No es el único ejemplo de aquellos que son siervos activos de la Iglesia y sin embargo no son verdaderos cristianos:

> Muchos me dirán en aquel día: "Señor, Señor, ¿no profetizamos en Tu nombre, y en Tu nombre echamos fuera demonios, y en Tu nombre hicimos muchos milagros?". Entonces les declararé: "Jamás los conocí; apártense de Mí, los que practican la iniquidad". (Mateo 7:22-23).

Es posible que un hombre que esté en la iglesia y no en Cristo, parezca un verdadero sarmiento en la vid y no tenga vida. Incluso en el Antiguo Testamento había hombres como Saúl y Balaam, que estaban claramente influenciados por el Espíritu Santo, pero que se mantenían fuera de la vida y los propósitos de Dios.

e. Advertencias a dos iglesias (Apocalipsis 3:5,16)

Cristo habla muy severamente a dos iglesias, Sardis y Laodicea. Debido a su conducta pecaminosa están a punto de ser juzgadas a menos que se arrepientan:

- A Sardis le dice: Así el vencedor será vestido de vestiduras blancas y no borraré su nombre del libro de la vida, y reconoceré su nombre delante de Mi Padre y delante de Sus ángeles.
- A Laodicea dice: Así, puesto que eres tibio, y no frío ni caliente, te vomitaré de Mi boca.

¿Significa esto que aquellos a quienes Dios eligió antes de la fundación del mundo y cuyos nombres puso en el Libro de la Vida pueden perderse? El Libro de la Vida del Cordero se menciona de nuevo en Apocalipsis 13:8; 17:8 y 21:27. Sólo aquellos cuyos nombres están registrados allí son preservados de Satanás y tienen derecho a un lugar en el cielo. Esto subraya el hecho de que sólo si Dios elige un pueblo para sí mismo puede asegurar una novia para el Cordero. Tal es el poder y la astucia de Satanás para engañar al mundo entero, que si Dios dejara que el hombre eligiera la salvación o la rechazara tal vez nadie se salvaría jamás. Dios no comete errores en aquellos que elige. ¡Esta afirmación no dice que borrará el nombre de nadie, sino que no lo hará! La advertencia no podría ser más seria. La iglesia de Sardis estaba en un estado terrible y a punto de ser cerrada. ¿Y qué hay de los creyentes que no se arrepintieron? Compartirán el mismo destino que todos los creyentes que viven vidas desobedientes - serán juzgados severamente, perderán su recompensa y serán privados de todo excepto de su salvación;

> la obra de cada uno se hará evidente; porque el día la dará a conocer, pues con fuego será revelada. El fuego mismo probará la calidad de la obra de cada uno. Si permanece la obra de alguien que ha edificado sobre el fundamento, recibirá recompensa. Si la obra de alguien es consumida por el fuego, sufrirá pérdida; sin embargo, él será salvo, aunque así como a través del fuego (1 Corintios 3:13,15).

Estas severas advertencias a ambas iglesias, Sardis y Laodicea, muestran que estaban en inminente peligro de ser juzgadas. Ya hemos visto que en la mayoría de las iglesias hay algunos que son meramente religiosos sin ser verdaderamente cristianos. Tales personas a menudo causan divisiones y escándalos, y es muy probable que sean las dos iglesias referidas. Por otro lado, en la iglesia de Tiatira, una mujer llamada Jezabel que decía ser profetisa, era la mayor fuente de maldad (2:20).

Cristo no tolerará el pecado en su pueblo y el fuego de su juicio caerá sobre todos los que no se arrepientan. Por eso utiliza el lenguaje más severo para advertirles del peligro que corren. Estas advertencias solemnes, si no se atienden, resultarán en castigos muy dolorosos y "gran tribulación". Es terrible provocar la ira de Dios e incurrir en Su juicio sobre nuestro pecado. Estas advertencias y castigos no privan a sus hijos de su salvación, aunque sí les privan de su recompensa en el Último Día.

PREGUNTAS

1. La doctrina de la seguridad eterna se basa en el hecho de que nuestra salvación es obra de Dios desde el principio hasta el fin. ¿Cómo podemos probar esto en las Escrituras?
2. ¿La seguridad eterna significa que el cristiano que lleva una vida perezosa y retrógrada recibirá la misma recompensa que aquellos cristianos que han sido fructíferos y obedientes?
3. ¿Cómo explica la advertencia que Cristo hizo a las iglesias de Sardis y Laodicea, de borrar a algunos de sus miembros del Libro de la Vida y vomitar a otros de su boca?

CAPÍTULO 17: ELECCIÓN Y PREDESTINACIÓN

1. **Definición de predestinación.**
2. **El orden de la salvación.**
3. **¿En qué consiste el problema?**
4. **La elección en el Antiguo Testamento.**
5. **La elección en el Nuevo Testamento.**
    a. **El Padre nos da a Cristo.**
    b. **El Padre nos lleva a Cristo.**
6. **¿Por qué necesitamos entender la elección?**
    a. **Para darnos consuelo y confianza.**
    b. **Para ayudarnos a dar a Dios toda la alabanza y la gloria.**
    c. **Para darnos confianza en el evangelismo.**
7. **Predestinación.**
    a. **En el Antiguo Testamento.**
    b. **En el Nuevo Testamento.**
8. **Pre-conocimiento.**
9. **Llamado.**
    a. **El llamado general.**
    b. **El llamado efectivo.**
10. **Cinco dificultades.**

1. Definición de predestinación

Significa un acto de elección en el cual Dios escoge a un individuo o individuos de un grupo más grande para un propósito o destino que Él mismo determine. En el Antiguo Testamento esto se expresa con el verbo *bachar* (elegir,) y en el Nuevo Testamento con el verbo *eklegomai* (elegir, seleccionar, ver Lucas 6:13) y los participios *eklektos* (elegido, ver Romanos 8:33) y el sustantivo *eklogē* (elección, Romanos 9:11).

2. El orden de la salvación

Los teólogos ven esta doctrina como cronológicamente la primera de una serie de eventos, todos los cuales tienen su origen en el plan de salvación de Dios. Esta serie es llamada por los teólogos "el orden de la salvación", (latín, *ordo salutis*).

- Elección: La elección de Dios de las personas
- Llamado: El trabajo efectivo del Espíritu Santo
- Regeneración: El nuevo nacimiento
- Conversión: Fe y arrepentimiento
- Justificación: Derecho de legitimación
- Adopción: Miembro de la familia de Dios
- Santificación: Vida santa
- Perseverancia: Remanecer como un cristiano
- Muerte: Ausente del cuerpo, presente con el Señor
- Glorificación: Un nuevo cuerpo en un nuevo mundo

3. ¿En qué consiste el problema?

A lo largo de la historia de la Iglesia Cristiana ha habido mucha controversia sobre las doctrinas de elección y predestinación. Esto se debe a que estas doctrinas plantean profundas cuestiones tanto sobre la justicia y el amor de Dios, como sobre la naturaleza y la libertad de la voluntad del hombre.

Algunos cristianos se oponen a algunas enseñanzas citadas en este capítulo y que creemos son bíblicas; en particular, la opinión de que la elección precede a la presciencia y que la voluntad del hombre no es libre debido a su esclavitud tanto al pecado como a Satanás. Ellos sostienen un punto de vista contrario por las razones que se exponen a continuación:

a. La Caída. Aunque el hombre es un pecador, no es un esclavo indefenso del pecado y de Satanás. Es capaz de responder a la gracia de Dios, teniendo el libre albedrío de aceptar o rechazar la oferta de salvación de Dios.

b. La fe. El hombre tiene la habilidad de desear y recibir la fe salvadora a través de la gracia del Espíritu Santo, que se esfuerza por persuadir a todos los hombres a creer en el evangelio.

c. Preconocimiento. Debido a que Dios es omnisciente, sabe con precisión todo lo que sucederá en el futuro. La presciencia significa simplemente que Dios prevé la fe de todos aquellos que creerán y se salvarán.

d. Predestinación. Dios predestina la salvación de todos aquellos que antes sabía que aceptarían su salvación. La predestinación y la elección son el resultado de la presciencia de Dios.

e. Elección. Dios elige a aquellos que sabe que un día responderán a él y a su salvación.

f. Cristo murió por todos. Muchos versículos del Nuevo Testamento declaran que la invitación del evangelio se hace a todos los hombres:

> Vengan a Mí, todos los que están cansados y cargados, y Yo los haré descansar. (Mateo 11:28).
>
> El cual quiere que todos los hombres sean salvos y vengan al pleno conocimiento[a] de la verdad (1 Timoteo 2:4).
>
> Porque la gracia de Dios se ha manifestado, trayendo salvación a todos los hombres (Tito 2:11).
>
> No queriendo que nadie perezca, sino que todos vengan al arrepentimiento (2 Pedro 3:9).

Algunos cristianos creen que la expresión "todos los hombres" a la que se refieren estos versículos significa el mundo entero, y por lo tanto todos son elegibles para la salvación al arrepentirse y tener fe en Cristo sin mayor calificación.

4. La elección en el Antiguo Testamento

Dios eligió a Abraham, un pagano que vivía en Ur de los caldeos, para su propio propósito redentor. De este hombre Dios haría una nación, los israelitas, a través de la cual la bendición llegaría a todo el mundo. El llamado de Abraham y la formación del pueblo de Israel se debió únicamente a la elección de Dios:

> Vete de tu tierra, de entre tus parientes y de la casa de tu padre, a la tierra que Yo te mostraré. Haré de ti una nación grande, y te bendeciré, engrandeceré tu nombre, y serás bendición. Bendeciré a los que te bendigan, y al que te maldiga, maldeciré. En ti serán benditas todas las familias de la tierra (Génesis 12:1-3).

Al cabo de unos cientos de años después, Israel se había convertido en una nación, Dios los rescató del cautiverio en Egipto. Les dijo a través de Moisés que esto se debía a que eran su pueblo elegido, separado de otras naciones y consagrado por él para su propio propósito de ser un testimonio para el mundo entero:

> Porque tú eres pueblo santo para el Señor tu Dios; el Señor tu Dios te ha escogido para ser pueblo Suyo de entre todos los pueblos que están sobre la superficie de la tierra. El Señor no puso Su amor en ustedes ni los escogió por ser ustedes más numerosos que otro pueblo, pues eran el más pequeño de todos los pueblos; mas porque el Señor los amó y guardó el juramento que hizo a sus padres... (Deuteronomio 7:6-8).

La razón de la elección de Israel fue la misericordiosa y el propósito amoroso de Dios. El objetivo de la elección de Israel era recibir la bendición de Dios, ser su testigo en el mundo y ser la nación de la que Cristo vendría.

El mismo Cristo es referido en la profecía como "el elegido de Dios". Esto se debió a que fue elegido por Dios para ser el único mediador entre Dios y el hombre, el redentor, quien como Profeta, Sacerdote y Rey llevaría a cabo la salvación del hombre:

> Este es Mi Siervo, a quien Yo sostengo, Mi escogido, en quien Mi alma se complace. He puesto Mi Espíritu sobre Él; Él traerá justicia a las naciones (Isaías 42:1; ver Mateo 12:17-18).

5. La elección en el Nuevo Testamento

Los siguientes son los principales pasajes donde se enseña claramente la doctrina de la elección:

> Y Él enviará a Sus ángeles con una gran trompeta y reunirán a Sus escogidos de los cuatro vientos, desde un extremo de los cielos hasta el otro (Mateo 24.31).
>
> Pero el Señor le dijo: Ve, porque él es Mi instrumento escogido, para llevar Mi nombre en presencia de los gentiles, de los reyes y de los israelitas; (Hechos 9:15).
>
> Y no solo esto, sino que también Rebeca concibió mellizos de uno, nuestro padre Isaac. Porque cuando aún los mellizos no habían nacido, y no habían hecho nada, ni bueno ni malo, para que el propósito de Dios conforme a Su elección permaneciera, no por las obras, sino por Aquel que llama, 12 se le dijo a Rebeca: "El mayor servirá al menor". (Romanos 9:10-12).
>
> Y de la misma manera, también ha quedado en el tiempo presente un remanente conforme a la elección de la gracia de Dios. Pero si es por gracia, ya no es a base de obras, de otra manera la gracia ya no es gracia... En cuanto al evangelio, son enemigos por causa de ustedes, pero en cuanto a

> la elección de Dios, son amados por causa de los padres. (Romanos 11:5-6, 28).
>
> Pues consideren, hermanos, su llamamiento. No hubo muchos sabios conforme a la carne, ni muchos poderosos, ni muchos nobles. Sino que Dios ha escogido lo necio del mundo para avergonzar a los sabios; y Dios ha escogido lo débil del mundo para avergonzar a lo que es fuerte. También Dios ha escogido lo vil y despreciado del mundo: lo que no es, para anular lo que es, para que nadie se jacte delante de Dios (1 Corintios 1:26-29).
>
> Pero nosotros siempre tenemos que dar gracias a Dios por ustedes, hermanos amados por el Señor, porque Dios los ha escogido desde el principio para salvación mediante la santificación por el Espíritu y la fe en la verdad. (2 Tesalonicenses 2:13).
>
> Él nos ha salvado y nos ha llamado con un llamamiento santo, no según nuestras obras, sino según Su propósito y según la gracia que nos fue dada en Cristo Jesús desde la eternidad (2 Timoteo 1:9).
>
> Según el previo conocimiento de Dios Padre, por la obra santificadora del Espíritu, para obedecer a Jesucristo y ser rociados con Su sangre: Que la gracia y la paz les sean multiplicadas a ustedes (1 Pedro 1:2).
>
> Y los moradores de la tierra, cuyos nombres no se han escrito en el libro de la vida desde la fundación del mundo (Apocalipsis 17:8).

En el evangelio de Juan tenemos una luz de ambos aspectos del misterio de la elección, el humano y el divino. Los discípulos confiaron que cuando Jesús los llamó a seguirlo, ellos decidieron finalmente ser sus discípulos o no. En un inicio, algunos de ellos dijeron: "Hemos hallado al Mesías" (Juan 1:41, 45), creyendo realmente que su elección fue seguir a Jesús y no al revés. Pero al final de su ministerio, Jesús les dijo sin ningún tipo de reserva: "Ustedes no me escogieron a Mí, sino que Yo los escogí a ustedes, y los designé para que vayan y den fruto" (Juan 15:16).

Estos versículos nos muestran que según el misterio del plan de redención, Dios nos escogió en Cristo incluso antes de la fundación del mundo (Efesios 1:4). Esto no fue porque Dios supiera que tendríamos fe para creer, ni por nada en nosotros, sino únicamente por "según Su propósito y según la gracia que nos fue dada en Cristo Jesús desde la eternidad" (2 Timoteo 1:9). Para empezar a entender Su elección, tenemos que retroceder hasta antes de la creación del mundo y aceptar para nosotros el propósito y gracia de Dios comenzó cuando nos escogió en Cristo mucho antes que naciéramos. ¡Esto es realmente un misterio!

Las palabras que debemos recordar son "según Su propósito y según la gracia que nos fue dada en Cristo Jesús desde la eternidad". Nuestra atención se centra en "Su propósito" y "Su gracia". Estas son la raíz de nuestra elección, y enfatizan que la salvación es absoluta y enteramente de Dios y no del hombre. No nos salvamos por nuestra fe; de lo contrario, la salvación dependería de algo en nosotros. Pablo dice que incluso nuestra fe no es realmente nuestra, es de hecho un regalo de Dios para nosotros:

> Porque por gracia ustedes han sido salvados por medio de la fe, y esto no procede de ustedes, sino que es don de Dios; no por obras, para que nadie se gloríe. Porque somos hechura Suya, creados en Cristo Jesús para hacer buenas obras, las cuales Dios preparó de antemano para que anduviéramos en ellas (Efesios 2:8-10).

La Biblia nos enseña que antes de venir a Cristo, dos cosas han sucedido. La primera es que debemos El Padre nos ha entregado a Cristo, y la segunda es que el Padre debe trabajar internamente la preparación profunda de nuestros corazones, para que seamos totalmente inconscientes.

a. El Padre nos entrega a Cristo

Cristo dijo que era el buen pastor (Juan 10:11, 14) que vino a dar su vida por sus ovejas. ¿Cómo puede una persona convertirse en una de sus ovejas? Sólo si el Padre lo entrega a Cristo. ¿Nos damos cuenta de que vinimos a Cristo porque Dios Padre nos entregó a Él antes de la fundación del mundo?

> Todo lo que el Padre me da, vendrá a Mí; y al que viene a Mí, de ningún modo lo echaré fuera... Y esta es la voluntad del que me envió: que de todo lo que Él me ha dado Yo no pierda nada, sino que lo resucite en el día final (Juan 6:37, 39).
>
> Yo les doy vida eterna y jamás perecerán, y nadie las arrebatará de Mi mano. Mi Padre que me las dio es mayor que todos, y nadie las puede arrebatar de la mano del Padre (Juan 10:28-29).

Ver también Juan 5:21; 17:2; Efesios 1:4.

b. El Padre nos lleva a Cristo

La Biblia también dice que vengamos a Cristo, Dios Padre nos trae a Él, "Nadie puede venir a Mí si no lo trae el Padre" (Juan 6:44). Sólo Dios puede inducirnos a querer venir a Cristo haciéndonos sentir nuestra necesidad de Él. ¿Nos damos cuenta de cuánto le debemos a Dios Padre por salvarnos y llevarnos a Cristo? "Escrito está en los profetas: "Y todos serán enseñados por Dios". Todo el que ha oído y aprendido del Padre, viene a Mí" (Juan 6:45).

Los verdaderos creyentes están de acuerdo en que fue sólo a través de la gracia de Dios trabajando en sus corazones que los llevó a la fe en Cristo. Esto se ilustra bellamente en la historia de Lidia:

> Y estaba escuchando cierta mujer llamada Lidia, de la ciudad de Tiatira, vendedora de telas de púrpura, que adoraba a Dios; y el Señor abrió su corazón[a] para que recibiera lo que Pablo decía (Hechos 16:14).

¿Cómo fue que ella le hizo caso a Paul? ¡Porque el Señor obró la fe en su corazón! La fe salvadora es en sí misma el don de Dios (Efesios 2:8). A menudo pensamos en la fe salvadora como un acto de la voluntad humana, operando por sí misma, pero la Biblia dice que es el regalo de Dios.

6. ¿Por qué necesitamos entender la elección?

Hay varias razones por las que deberíamos hacerlo.

a. Para darnos consuelo y confianza

Para dar consuelo y ánimo a los cristianos de Roma, Pablo les dice que Dios hace que "para los que aman a Dios, todas las cosas cooperan para bien, esto es, para los que son llamados conforme a Su propósito" (Romanos 8:28). ¿Cómo puede Pablo estar tan seguro? ¿Y en qué basa su confianza? Continúa explicando con mayor detalle el significado de ser "llamado según el propósito de Dios":

> Porque a los que de antemano conoció, también los predestinó a ser hechos conforme a la imagen de Su Hijo, para que Él sea el primogénito entre muchos hermanos. A los que predestinó, a esos también llamó. A los que llamó, a esos también justificó. A los que justificó, a esos también glorificó (Romanos 8:29-30).

Pablo dice que Dios siempre actúa por el bien de aquellos a quienes predestina y llama a sí mismo. Su salvación, que comenzó en un pasado lejano cuando los predestinó, continúa en el presente cuando los llamó a la fe en Cristo, y continuará en el futuro lejano cuando aparezcan en la gloria. Dios es el autor de la salvación y obra todas las cosas para el bien de sus elegidos; bueno en el pasado, bueno en el presente y bueno en el futuro porque "El que comenzó en ustedes la buena obra, la perfeccionará hasta el día de Cristo Jesús" (Filipenses 1:6) Dios comenzó nuestra salvación y seguramente la perfeccionará.

b. Para ayudarnos a dar a Dios toda la alabanza y toda la gloria por nuestra salvación

Cuando nos damos cuenta de que nuestra salvación es completa y totalmente el resultado de la inmerecida misericordia de Dios hacia nosotros, y no de ninguna manera debido a nuestra propia habilidad o fe, entonces Pablo dice que querremos darle a Dios toda la gloria y toda la alabanza porque la predestinación y la alabanza de Pablo van juntas. Esto es lo que le dice a los Efesios:

> Nos predestinó para adopción como hijos para sí mediante Jesucristo, conforme a la buena intención de Su voluntad, para alabanza de la gloria de Su gracia que gratuitamente ha impartido sobre nosotros en el Amado (Efesios 1:5-6).

Pablo dice lo mismo a los cristianos de Tesalónica:

> Pero nosotros siempre tenemos que dar gracias a Dios por ustedes, hermanos amados por el Señor, porque Dios los ha escogido desde el principio para salvación mediante la santificación por el Espíritu y la fe en la verdad (2 Tesalonicenses 2:13).

¿A quién le da las gracias Pablo y por qué razón? ¡Da gracias a Dios porque sabe que su salvación se debió únicamente al hecho de que Dios los había elegido! Cuando entendemos realmente que la doctrina de la elección glorifica y magnifica la gracia de Dios comenzaremos, al igual que Pablo, a agradecerle y alabarle por escoger a pecadores indefensos e indignos como nosotros. ¡En verdad nuestra salvación es solo por la gracia de Dios!

c. Para darnos confianza en el evangelismo

Pablo no tuvo dificultad alguna en reconciliar la doctrina de la elección con el mandato de Dios de predicar el evangelio; para él no había contradicción entre dos cosas:

> Pablo, siervo de Dios y apóstol de Jesucristo, conforme a la fe de los escogidos de Dios y al pleno conocimiento de la verdad que es según la piedad, con la esperanza de vida eterna, la cual Dios, que no miente, prometió desde los tiempos eternos, y a su debido tiempo, manifestó Su palabra por la predicación que me fue confiada, conforme al mandamiento de Dios nuestro Salvador (Tito 1:1-3).

Pablo sabe sin duda que Dios ha elegido a algunas personas para ser salvas y que el medio designado por Dios para su salvación es la predicación del evangelio. La elección, para Pablo, es una garantía de que habrá éxito en su evangelización, aunque también habrá que soportar el sufrimiento por la oposición de Satanás:

> Por el cual sufro penalidades, hasta el encarcelamiento como un malhechor. Pero la palabra de Dios no está presa. Por tanto, todo lo soporto por amor a los escogidos, para que también ellos obtengan la salvación que está en Cristo Jesús, y con ella gloria eterna (2 Timoteo 2:9-10).

Pablo soportó gustosamente el sufrimiento que le sobrevino como predicador del evangelio, ¿por qué? "Por el bien de los elegidos, para que ellos también puedan obtener la salvación en Cristo Jesús. Su confianza se basaba en el hecho de que el propósito de Dios era que los elegidos obtuvieran la salvación a través de la predicación del evangelio. Esto le ayudó a soportar mucha oposición en obedeciendo el mandato de Dios de llevar el evangelio a los gentiles.

7. Predestinación

En griego *proorizō* (verbo) significa determinar algo antes de que ocurra, predestinar (ver Romanos 8:29). Este significado se asocia a *proginōskō,* elegir de antemano (ver también Romanos 8:29). Mientras que elección se refiere a que Dios escoge a ciertas personas en particular, la predestinación se refiere a la preordenación de Dios de los acontecimientos mundiales, lo que también incluye la elección de las personas.

Las Escrituras enseñan que, antes en la eternidad, Dios, en plena presciencia de los planes y acciones de Satanás y de los hombres malvados, predestinó todos los acontecimientos de la historia del mundo sin ser el autor del pecado ni violar la voluntad de sus criaturas. Su gran plan de redención anticipa perfectamente las reacciones y planes de cada fuerza maligna activa en el mundo. Dios es capaz de esto porque conoce perfectamente todo lo que sucederá, tanto bueno como malo. Esto le permite hacer sus planes consecuentemente.

a. En el Antiguo Testamento

Aunque la palabra predestinación no se usa en el Antiguo Testamento, muchos versículos hablan de la historia humana como si estuviera bajo el control de Dios todopoderoso. No se presenta como un espectador indefenso, sino como alguien que planea y propone eventos futuros para su gloria y el bien de sus criaturas. Aquí están algunos de ellos:

> El Señor hace nulo el consejo de las naciones; frustra los designios de los pueblos. El consejo del Señor permanece para siempre, los designios de Su corazón de generación en generación (Salmo 33:10-11).
>
> Este es el plan acordado contra toda la tierra, y esta es la mano que está extendida contra todas las naciones. "Si el Señor de los ejércitos lo ha determinado, ¿quién puede frustrarlo? Y en cuanto a Su mano extendida, ¿quién podrá apartarla?" (Isaías 14:26-27).
>
> Acuérdense de las cosas anteriores ya pasadas, porque Yo soy Dios, y no hay otro; yo soy Dios, y no hay ninguno como Yo, que declaro el fin desde el principio, y desde la antigüedad lo que no ha sido hecho. Yo digo: "Mi propósito será establecido, Y todo lo que quiero realizaré". Yo llamo del oriente un ave de rapiña, y de tierra lejana al hombre de Mi propósito. En verdad he hablado, y ciertamente haré que suceda; lo he planeado, así lo haré (Isaías 46:9-11).

> Pero al fin de los días, yo, Nabucodonosor, alcé mis ojos al cielo, y recobré mi razón, y bendije al Altísimo y alabé y glorifiqué al que vive para siempre. Porque Su dominio es un dominio eterno, Y Su reino permanece de generación en generación. Todos los habitantes de la tierra son considerados como nada, Mas Él actúa conforme a Su voluntad en el ejército del cielo Y entre los habitantes de la tierra. Nadie puede detener Su mano, Ni decirle: "¿Qué has hecho?" (Daniel 4:34- 35).
>
> Todas las cosas hechas por el Señor tienen[a] su propio fin, hasta el impío, para el día del mal (Proverbios 16:4).
>
> La mente del hombre planea su camino, pero el Señor dirige sus pasos (Proverbios 16:9).
>
> La suerte se echa en el regazo, pero del Señor viene toda decisión (Proverbios 16:33).
>
> Como canales de agua es el corazón del rey en la mano del Señor; Él lo dirige donde le place (Proverbios 21:1).
>
> Y Dios dijo a Abram: "Ten por cierto que tus descendientes serán extranjeros en una tierra que no es suya, donde serán esclavizados y oprimidos durante 400 años... En la cuarta generación ellos regresarán acá, porque hasta entonces no habrá llegado a su colmo la iniquidad de los amorreos (Génesis 15:13,16).

En el primer anuncio del evangelio en Génesis 3:15, Dios declara que la Semilla de la mujer aplastará la semilla de la serpiente: "Pondré enemistad entre tú y la mujer, Y entre tu simiente y su simiente; Él te herirá en la cabeza, y tú lo herirás en el talón."

La Caída no tomó a Dios por sorpresa, porque sus planes ya estaban listos y esperando ejecutarse para salvar al mundo y derrotar a Satanás mediante Cristo (la Semilla de la mujer) en el Calvario. La elección y el llamado de Abraham (Génesis 12:1-3) no es más que el primer paso en el plan de Dios para establecer la nación de Israel, el pueblo elegido de Dios, a través del cual, cuando llegue el momento, vendría el Mesías, el propio Hijo de Dios. A través de Él, el propósito de la salvación para el mundo entero se cumpliría. Así, en el llamado de Abraham y en la fundación de Israel descubrimos el comienzo del propósito redentor de Dios. Esto se desarrolla a lo largo de las páginas del Antiguo Testamento.

Profecía.

¡Toda la profecía bíblica se basa en que Dios planea el futuro! Las profecías mesiánicas en la Ley de Moisés, en los Profetas y en los Salmos, encuentran su cumplimiento en Cristo, y todas nacen con el plan que Dios creó antes de la creación del mundo. En el libro de Daniel se alcanza un clímax, con la visión de Dios dominando el surgimiento y la caída de los imperios del mundo para establecer el reino eterno del Hijo del Hombre.

Una escatología global como esta no podría ser contemplada sin la presuposición de que el Dios Todopoderoso es el Señor absoluto de la historia que prevee y preordena todo su curso (Daniel 2:28-45). Isaías, más que cualquier otro libro del Antiguo Testamento, amplía el tema del Dios omnipotente cuyos planes son el factor determinante de la historia humana. Dice que nada puede impedir lo que Dios se ha propuesto hacer (Isaías 14:24-27; 44:24-28 a 45:25), y que ha planeado eventos presentes y futuros "hace mucho tiempo". La profecía bíblica, por lo tanto, proporciona pruebas concretas de que Dios no sólo predice los acontecimientos futuros, sino que los planifica.

b. En el Nuevo Testamento

Los principales ejemplos de la ocurrencia de la palabra "predestinado" son los siguientes:

> Porque a los que de antemano conoció, también los predestinó a ser hechos conforme a la imagen de Su Hijo, para que Él sea el primogénito entre muchos hermanos. A los que predestinó, a esos también llamó. A los que llamó, a esos también justificó. A los que justificó, a esos también glorificó. (Romanos 8:29-30).
>
> Nos predestinó para adopción como hijos para sí mediante Jesucristo, conforme a la buena intención de Su voluntad, para alabanza de la gloria

> de Su gracia que gratuitamente ha impartido sobre nosotros en el Amado (Efesios 1:5-6).
> También en Él hemos obtenido herencia, habiendo sido predestinados según el propósito de Aquel que obra todas las cosas conforme al consejo de Su voluntad, (Efesios 1:11).

Más evidencia de que Dios predetermina los eventos se encuentra en los Evangelios y otros documentos del Nuevo Testamento. Todos sus escritores atribuyen la venida y el ministerio de Cristo al plan predestinado por Dios, predicho en la profecía bíblica y ahora cumplido en él. Por ejemplo:

> Y dará a luz un Hijo, y le pondrás por nombre Jesús, porque Él salvará a Su pueblo de sus pecados". Todo esto sucedió para que se cumpliera lo que el Señor había hablado por medio del profeta, diciendo: "He aquí, la virgen concebirá y dará a luz un Hijo, y le pondrán por nombre Emmanuel", que traducido significa: "Dios con nosotros" (Mateo 1:21-23).

El Nuevo Testamento da por sentado que Dios es el soberano Señor y controlador de los eventos, el gobernante de la historia. En los Hechos de los Apóstoles la muerte y resurrección de Cristo es vista como el ejemplo supremo de la preordinación de Dios. Dios sabía que su Hijo sería rechazado y crucificado por los Judíos (y los Romanos) e hizo sus planes en consecuencia, incluso usando (sólo por conocimiento previo) las manos de hombres malvados:

> Este fue entregado por el plan predeterminado y el previo conocimiento de Dios, y ustedes lo clavaron en una cruz por manos de impíos y lo mataron (Hechos 2:23).
> Porque en verdad, en esta ciudad se unieron tanto Herodes como Poncio Pilato, junto con los gentiles y los pueblos de Israel, contra Tu santo Siervo Jesús, a quien Tú ungiste, 28 para hacer cuanto Tu mano y Tu propósito habían predestinado que sucediera (Hechos 4:27-28).

La Iglesia.

Uno de los ejemplos más claros de la preordenación de Dios es su plan (ver Efesios 2:11 a 3:11) de traer a los gentiles a su iglesia junto a los judíos para formar un solo cuerpo. Pablo dice que este plan eterno (Efesios 3:11) que había estado oculto desde tiempos anteriores, fue revelado a los apóstoles (Efesios 3:5-6).

Los gentiles, que antes eran extranjeros, serían miembros de la familia de Dios junto a los judíos; y formarían un templo santo en el Señor. Dios ha tenido este plan desde siempre, pero sólo en ese momento lo reveló y puso en marcha. El Espíritu Santo, dando testimonio al mundo de la salvación que está en Cristo, hizo nacer la Iglesia:

> Que por revelación me fue dado a conocer el misterio, tal como antes les escribí brevemente. En vista de lo cual, leyendo, podrán entender mi comprensión del misterio de Cristo, que en otras generaciones no se dio a conocer a los hijos de los hombres, como ahora ha sido revelado a Sus santos apóstoles y profetas por[e] el Espíritu; a saber, que los gentiles son coherederos y miembros del mismo cuerpo, participando igualmente de la promesa en Cristo Jesús mediante el evangelio. (Efesios 3:3-6).

Objeción a la predestinación.

Algunos han sugerido que realmente no hay ninguna confusión: Romanos 8:28 dice simplemente que Dios conocía de antemano a todos aquellos que aceptarán su salvación - Dios no hace ninguna elección en el asunto, es el hombre que elige y Dios simplemente confirma su elección. En este sentido, la presciencia es sólo una parte de la omnisciencia de Dios, él sabe exactamente lo que sucederá en el futuro. Sin embargo, hay serias dificultades con esta interpretación:

Respuesta:

i. La palabra "predestinado" carece de sentido. Predestinar significa determinar activamente los eventos futuros. Si la predestinación significa simplemente que Dios sabe quién aceptará su salvación en el futuro, entonces no necesita predestinar activamente a nadie, porque de todos modos creerán. En este entendimiento, Dios no tiene un papel activo en la predestinación y la palabra pierde completamente su verdadero significado que es: predestinar activamente los eventos futuros.
ii. Romanos 8:28-30 subraya claramente que la acción de Dios es esencial en cada etapa de nuestra salvación: Él sabía de antemano, predestinó, llamó, justificó y glorificó. Dios es el iniciador de cada paso, y no un simple espectador pasivo que se pregunta qué pasará después.
iii. La Biblia no usa la palabra "precognición" sólo para referirse al hecho de saber lo que sucederá en el futuro. No se usa como sinónimo de omnisciencia.

8. Preconocimiento

En las Escrituras, la palabra "conocimiento" (hebreo: yada), en cuanto a la relación Dios/hombre, significa más que una conciencia intelectual de que Dios existe. Significa conocer a alguien de forma íntima y personal teniendo una relación con Él. Por ejemplo, Dios le dice a Israel: "Solo a ustedes he escogido de todas las familias de la tierra; por eso los castigaré por todas sus iniquidades" (Amós 3:2).

¿Significa este versículo que Dios no sabía que alguien vivía en su mundo además de Israel? ¡Claro que no! Simplemente significa que, en ese momento, de todas las naciones del mundo, sólo Israel tenía una relación de pacto con Él. De manera similar en el Nuevo Testamento, Jesús dice que nunca conoció a aquellos que decían pertenecerle, aunque habían profetizado en su nombre, expulsado demonios y hecho milagros en su nombre: Entonces les declararé: "Jamás los conocí; apártense de Mí, los que practican la iniquidad". (Mateo 7:23).

Esto significa que Jesús, quien comparte la omnisciencia de Dios, era consciente de la existencia física de estos falsos creyentes; y significa que estas personas nunca tuvieron ninguna relación personal con Él, por lo que nunca los reconoció como suyos.

Las palabras griegas para "conocimiento", *proginōskō, prognōsis,* significa "saber desde antes, conocer de antemano". La Septuaginta (la traducción griega del Antiguo Testamento) usa estas palabras para describir el hecho de conocer dentro de una relación de afecto. Vemos un ejemplo asombroso de esto en el llamado de Jeremías a ser un profeta:

> Y vino a mí la palabra del Señor: "Antes que Yo te formara en el seno materno, te conocí, y antes que nacieras, te consagré; Te puse por profeta a las naciones" (Jeremías 1:4-5).

Dios no se limita a decirle a Jeremías que sabía lo que pasaría en el futuro y que un día decidiría ser un profeta. ¡Le está diciendo que lo conoció antes de que naciera! Las palabras griegas mencionadas en el párrafo anterior se utilizan sólo siete veces en el Nuevo Testamento y siempre implican preordinación y propósito, no simplemente una conciencia de lo que sucederá en el futuro. Aquí hay cuatro ejemplos:

> i. Este fue entregado por el plan predeterminado y el previo conocimiento de Dios, y ustedes lo clavaron en una cruz por manos de impíos y lo mataron (Hechos 2:23).

Pedro dice que la cruz fue planeada desde hacía mucho tiempo por Dios; no fue un accidente. La presciencia de Dios en realidad previó el odio asesino de los judíos y lo usó para llevar a su Hijo a la cruz. Dios anula sus malas acciones para cumplir su poderoso plan. Ver también Hechos 4:27-28.

ii. Dios no ha desechado a Su pueblo, al cual conoció con anterioridad (Romanos 11:2).

Pablo dice que aunque Dios tenía un pacto con Israel en los tiempos del Antiguo Testamento, Él ha preordenado su propósito de gracia para restaurarlos en el futuro de modo que crean y se salven.

iii. Según el previo conocimiento de Dios Padre (1 Pedro 1:2).

Fuimos elegidos antes de la fundación del mundo según la presciencia de Dios, es decir, su plan preestablecido.

iv. Porque Él estaba preparado desde antes de la fundación del mundo, pero se ha manifestado en estos últimos tiempos por amor a ustedes (1 Pedro 1:20).

Antes que el mundo comenzara, Dios planeó redimirnos a través de la muerte de Cristo. Él fue el Cordero asesinado desde la fundación del mundo (Apocalipsis 13:8). Esto es lo que significa la presciencia - el propósito y el plan de Dios para el futuro.

La forma en que el Nuevo Testamento utiliza esta palabra sugiere que la presciencia de Dios significa que Él sabe que seleccionará a una persona como objeto de amor. Dios tiene propósitos amorosos con respecto a aquellos que conoció de antemano. Por lo tanto, "a quiénes conoció de antemano" se refiere a aquellos que determinó tener una relación de afecto en el futuro.

9. Llamado

Las palabras más utilizadas en el griego para describir el llamado de Dios a la salvación son *kaleō* (llamar) y *klēsis* (llamar). Significan invitar o convocar a alguien a venir. La doctrina de llamado en el Nuevo Testamento puede definirse como "el acto de gracia de Dios por el cual invita a los pecadores a aceptar la salvación ofrecida en nuestro Señor Jesucristo".

Los teólogos distinguen dos llamados:

a. El llamado general o externo a todos los hombres.
b. El llamado especial o interno a los escogidos.

a. El llamado general

El evangelio debe ser predicado en todas las naciones a toda criatura (Mateo 28:19). Esto significa que debe ser proclamado sin ninguna restricción a quienes lo escuchen, ya que es la medicina universal para curar los daños del pecado.

> Jesús les respondió: "Los sanos no tienen necesidad de médico, sino los que están enfermos. No he venido a llamar a justos, sino a pecadores al arrepentimiento". (Lucas 5:31-32).

En la parábola del Banquete de Bodas, Cristo enseña que muchos son invitados a entrar en el reino de Dios, pero la mayoría rechaza la invitación y sólo unos pocos la aceptan. ¿Por qué es esto? Cristo dice: "Porque muchos son llamados, pero pocos son escogidos" (Mateo 22:14).

La distinción se debe a que la gracia de Dios se inclina a aquellos que ha elegido para recibirla. La implicación es que por naturaleza e inclinación ninguno de nosotros, si se nos deja a nosotros mismos, aceptaría la oferta del evangelio. Pablo dice que la salvación se debe únicamente a la misericordia de Dios y que Él no es injusto al elegir a quien quiere:

> ¿Qué diremos entonces? ¿Qué hay injusticia en Dios? ¡De ningún modo! Porque Él dice a Moisés: "Tendré misericordia del que Yo tenga misericordia, y tendré compasión del que Yo tenga compasión". Así que

> no depende del que quiere ni del que corre, sino de Dios que tiene misericordia (Romanos 9:14-16).

Pablo predicó el evangelio sin miedo a todos quienes lo escuchaban. Cristo se le había comisionado (Hechos 9:15) y fue obediente durante todo su ministerio. Pablo era plenamente consciente de las doctrinas de la presciencia, la predestinación, el llamado y la elección, pero esto no le impidió proclamar activamente el evangelio dondequiera que fuera. Por ejemplo, cuando fue a Atenas predicó a una multitud de filósofos y otros en el Areópago. Algunos se burlaron de él, algunos estaban perplejos, otros incrédulos, pero unos pocos creyeron y se convirtieron (Hechos 17:16-34).

He aquí un ejemplo perfecto tanto del llamado general como del espacial del evangelio. Se proclama a todos, algunos lo reciben, pero otros lo rechazan. El gran predicador inglés del siglo XIX, C.H. Spurgeon, dijo:

> Los predicadores somos como un arquero que dispara su flecha sobre una casa. Disparamos la flecha del evangelio pero no sabemos dónde caerá; el Dios Todopoderoso guía la flecha de la convicción a su objetivo, el corazón humano.

Dios ha ordenado que el evangelio sea proclamado a todos, pero los que lo escuchan dependen completamente de su gracia; los resultados están en sus manos.

¿Por qué el llamado general es insuficiente para salvarnos? Debido a nuestra naturaleza. El hecho solemne es que no tenemos en un estado moralmente neutral. El pecado nos ha llevado a la esclavitud espiritual (Juan 8:34) y nos ha privado de la capacidad de entender las cosas espirituales. El análisis de la Biblia sobre nuestro estado natural no regenerado lo demuestra. Esto es lo que dice:

- Estamos muertos en delitos y pecados - Efesios 2:1

- Nuestras mentes están en enemistad contra Dios - Romanos 8:7
- Amamos la oscuridad en lugar de la luz - Juan 3:19
- Las cosas del Espíritu son locura para nosotros - 1 Co. 2:14
- El diablo ciega nuestras mentes al evangelio - Corintios 4:3
- Estamos alejados de Dios por el pecado - Efesios 4:18
- Somos culpables ante Dios de romper su ley - Romanos 3:19
- Somos esclavos del pecado - Juan 8:34

Este es el diagnóstico bíblico del hombre en pecado: está espiritualmente muerto para Dios y bajo el poder del diablo. Es un rebelde contra Dios y ama las tinieblas más que la luz. Por lo tanto, nuestra condición de pecadores no regenerados y no arrepentidos es muy grave. Si aceptamos el diagnóstico de la Biblia sobre nuestra posición ante Dios, comprenderemos fácilmente que estamos perdidos y que necesitamos urgentemente la ayuda y la misericordia de Dios.

Necesitamos luz para nuestras tinieblas, vida para nuestra muerte, vista para nuestra ceguera, justicia para nuestra culpa, paz para nuestra guerra contra Dios, perdón para nuestra rebelión, curación para nuestra enfermedad y libertad para nuestra esclavitud: ¡Nuestra condición no podría ser peor!

b. El llamado efectivo

Cuando Dios nos llama, nos da la capacidad de responder, escuchar y obedecer. El llamado especial trae nos da el poder que necesitamos. Cuando Lázaro murió y fue enterrado en la tumba, según la costumbre de la época, su cuerpo fue atado fuertemente con ropas de sepultura. Incluso si hubiera estado vivo, no habría podido mover las manos o los pies:

> Habiendo dicho esto, gritó con fuerte voz: "¡Lázaro, sal fuera!". Y el que había muerto salió, los pies y las manos atados con vendas, y el rostro

> envuelto en un sudario. Jesús les dijo: "Desátenlo, y déjenlo ir" (Juan 11:43-44).

¡Lázaro recibió la llamada de Jesús para salir de su tumba! Humanamente hablando no podía hacerlo porque sus manos y pies estaban atados. Fue posible solo porque había un poder milagroso en la palabra de Jesús. Es lo mismo con nosotros en nuestro estado de inconversión; necesitamos el poder de Dios para salir de la tumba del pecado. Dios nos llama a la vida con su evangelio.

Aunque Dios es un Espíritu y por lo tanto infinito, también es una Persona. Su relación con sus criaturas es, por lo tanto, personal. En el Jardín le dijo a Adán, "¿Dónde estás? (Génesis 3:9) En la zarza ardiente llamó, "¡Moisés, Moisés! (Éxodo 3:4) En el tabernáculo llamó, "¡Samuel!" al niño que un día se convertiría en el gran profeta de Israel (1 Samuel 3:4). A Israel Dios le dijo: "Te he llamado por tu nombre" (Isaías 43:1). Jesús dice acerca de sus ovejas, "llama a sus ovejas por nombre" (Juan 10:3). El llamado de Dios es efectivo, cambia la vida y se dirige a nosotros por nuestro nombre. Esto nos lleva a una relación viva con el Dios infinito y personal. ¿Cómo puede Dios llamarnos a sí mismo? ¡Porque nos conoce por nuestro nombre!

Porque estábamos espiritualmente muertos y en enemistad con Dios, dependemos totalmente de Él para dar nueva vida a nuestras almas. Sólo cuando nos llama por nuestro nombre, como Jesús llamó a Lázaro, somos capaces de responder y acudir a Él. Habiendo recibido así la capacidad de escuchar y entender la palabra de Dios, el llamado de Dios se hace efectivo por el don de la vida y de la fe. Hay numerosos ejemplos en el Nuevo Testamento del llamado de Dios. Por ejemplo:

> Fiel es Dios, por medio de quien fueron llamados a la comunión con Su Hijo Jesucristo, nuestro Señor. (1 Corintios 1:9).
> Pero cuando Dios, que me apartó desde el vientre de mi madre y me llamó por Su gracia, tuvo a bien 16 revelar a Su Hijo en mí... (Gálatas 1:15-16).

> Él nos ha salvado y nos ha llamado con un llamamiento santo, no según nuestras obras, sino según Su propósito y según la gracia que nos fue dada en Cristo Jesús desde la eternidad (2 Timoteo 1:9).
> Pero ustedes son linaje escogido, real sacerdocio, nación santa, pueblo adquirido para posesión de Dios, a fin de que anuncien las virtudes de Aquel que los llamó de las tinieblas a Su luz admirable (1 Pedro 2:9).

Pero cabe preguntarse, ¿para qué estamos llamados, ¿cuál es el propósito de Dios para llamarnos? Dios está construyendo su iglesia, la llama templo santo (Efesios 2:21), que es una nueva humanidad recreada a imagen de su Hijo. Dios nos quiere, y nos ha destinado, a ser como su Hijo, este es el propósito de su llamado. Cristo es nuestro patrón; el primogénito entre muchos hermanos:

> Y sabemos que para los que aman a Dios, todas las cosas cooperan para bien, esto es, para los que son llamados conforme a Su propósito. Porque a los que de antemano conoció, también los predestinó a ser hechos conforme a la imagen de Su Hijo, para que Él sea el primogénito entre muchos hermanos (Romanos 8:28-29).

10. Cinco dificultades

No hay duda de que la doctrina de la predestinación es profundamente perturbadora e incluso ofensiva para muchos. Implícitamente, parece negar los fundamentos de la buena nueva predicada por el Señor Jesús a las almas perdidas. Los siguientes son algunos de los temores que se expresan comúnmente:

i. La predestinación niega el libre albedrío del hombre y lo reduce a ser poco más que un robot.
ii. ¿Cómo puede ser Dios justo si elige arbitrariamente a algunos para la salvación y rechaza a otros?

iii. Si Dios ya ha elegido a los que se salvarán, ¿qué sentido tiene predicar el evangelio o hacer un trabajo misionero?
iv. La predestinación parece contradecir todos esos versos de la Biblia que dicen, "El que quiera puede venir".
v. La predestinación es peligrosa para la moralidad, animando a los hombres a creer que no importa cómo vivan, tendrán un lugar en el Cielo.

Es perfectamente cierto que la doctrina de la predestinación nos enfrenta a algunas cuestiones realmente difíciles, pero esta palabra se utiliza varias veces en el Nuevo Testamento, y fue inspirada por el Espíritu Santo, así que debemos tratar de entender su significado. Por ejemplo, en el siguiente versículo:

> Porque a los que de antemano conoció, también los predestinó a ser hechos conforme a la imagen de Su Hijo, para que Él sea el primogénito entre muchos hermanos. A los que predestinó, a esos también llamó. A los que llamó, a esos también justificó. A los que justificó, a esos también glorificó (Romanos 8:29-30).

En este asombroso pasaje Pablo revela todo el panorama de nuestra salvación desde la eternidad pasada a la eternidad futura, desde antes que el tiempo comenzara hasta que el tiempo deja de existir. Ahora intentaremos responder a los temores expresados por muchos cristianos en relación con esta doctrina.

a. La predestinación niega el libre albedrío del hombre

Hemos tratado de mostrar en esta sección, "la insuficiencia del llamado general", que en un sentido espiritual todos estamos muertos, ciegos y en la esclavitud al pecado y a Satanás. Somos por naturaleza enemigos de Dios y las cosas espirituales son una tontería para nosotros. Si esto es cierto, entonces no tenemos ni la voluntad ni el deseo de reconocer estas cosas, o aceptar a Cristo como Señor y Salvador. Hay una inclinación en nuestra voluntad hacia el pecado y para no depender de Dios. En otras áreas de la vida somos libres de hacer lo que queramos e ir a donde queramos. Sin embargo, en materia de salvación la Biblia dice que nuestra voluntad está en la esclavitud del pecado y de Satanás. Esto significa que somos totalmente dependientes de la misericordia de Dios

b. ¿Cómo puede ser Dios justo al elegir a algunos para la salvación y no a otros?

En Romanos 9:6-33, Pablo trata este problema de la aparente injusticia de Dios al elegir a Jacobo en lugar de Esaú:

> ¿Qué diremos entonces? ¿Qué hay injusticia en Dios? ¡De ningún modo! Porque Él dice a Moisés: "Tendré misericordia del que Yo tenga misericordia, y tendré compasión del que Yo tenga compasión". Así que no depende del que quiere ni del que corre, sino de Dios que tiene misericordia. (versículos 14-16).

Pablo concluye que porque Dios es el Dios santo, maravilloso y omnisciente que es, es imposible que haga algo injusto. En otras palabras, el glorioso carácter de Dios nos prohíbe pensar que es poco amable o injusto. Ya que todos los hombres son criaturas de Dios, Él tiene el derecho soberano de elegir a quien quiera. Ya que todos estamos muertos en delitos y pecados, es puramente por la misericordia de Dios que cualquiera se salve.

c. ¿De qué sirve, pues, predicar el Evangelio?

Lo hacemos porque Dios nos lo ha ordenado y porque ha prometido salvar a los hombres y mujeres por estos medios. Seguimos el ejemplo del apóstol Pablo que, aunque creía en la predestinación, fue un infatigable misionero toda su vida. Predicamos el evangelio a todos los hombres, pero Dios salva a quien quiere. Muchos son llamados (invitados) por el evangelio pero pocos son los escogidos.

d. La predestinación parece contradecir otros versículos de la Biblia

Es perfectamente cierto que hay muchos versículos, como 1 Timoteo 2:4, Juan 3:16 y Apocalipsis 22:17, que invitan a todos los que quieren la salvación a venir a Cristo y creer. Esto está totalmente de acuerdo con el mandato de Cristo de predicar el evangelio (Mateo 28:19) en todas las naciones y a toda criatura. Como ya se mencionó, Dios trabaja para traer almas a sí mismo, y lo hace invitando a todos a venir a Él.

Lamentablemente, también es cierto que sin su gracia no podemos venir a Cristo, porque no está en nosotros mismos querer hacerlo. Por eso Jesús dijo: "Muchos son los llamados, pero pocos los escogidos" (Mateo 22:14). La predestinación no es por lo tanto incompatible con aquellos versículos que invitan a todos los hombres a creer en el Evangelio y venir a Cristo. Dios invita a todos, pero tiene que regenerar a los escogidos antes de que quieran arrepentirse y creer en el Evangelio: "Porque así como el Padre levanta a los muertos y les da vida, asimismo el Hijo también da vida a los que Él quiere" (Juan 5:21).

e. La predestinación es peligrosa para la moralidad

Esta anima a los hombres a creer que sin importar cómo vivan tendrán un lugar en el cielo. Esta objeción asume que la confianza en la promesa de Dios de un lugar en el cielo llevará a algunos cristianos a la conclusión de que por lo tanto pueden pecar tanto como quieran. Estamos de acuerdo en que un inconverso puede llegar a esta conclusión, pero no uno que haya nacido de Dios. Cuando un hombre se convierte en una nueva creación en Cristo Jesús '... las cosas viejas pasaron; he aquí todas son hechas nuevas' (2 Corintios 5:17). Esto no lo hace en absoluto impecable o inmune a la tentación, pero le da un nuevo corazón con nuevos afectos, nuevos deseos, un amor por Dios, por la justicia y por los hermanos cristianos. Ahora odia lo que antes amaba y ama lo que antes odiaba.

Cuando cae en el pecado no persiste en el error, sino que siente una sensación de pena y odio hacia sí mismo. Dice con David: "Contra ti, sólo contra ti he pecado, y he hecho lo malo delante de ti... (Salmo 51:4). Esta objeción asume incorrectamente que el único motivo para vivir una vida santa es el miedo a perder la salvación. El nuevo corazón, que Dios nos da a través del nuevo nacimiento, también nos da nuevos motivos para vivir santamente y amar a Dios.

PREGUNTAS

1. Explique la diferencia entre elección y predestinación
2. Explique el significado de la palabra "precognición"
3. ¿Cuál es la diferencia entre el llamado "general" y el "especial"?
4. ¿Por qué no es injusto que Dios escoja a unos para la salvación y a otros no?

CAPÍTULO 18: BAUTISMO

1. **El significado de la palabra.**
2. **El bautismo de Juan.**
3. **El bautismo cristiano.**
   a. **La relación entre el arrepentimiento, la fe y el Espíritu Santo.**
   b. **Un símbolo de unión con Cristo por la fe.**
   c. **Un símbolo de limpieza del pecado.**
   d. **Un símbolo y sello de la gracia de Dios.**
4. **¿Cuál es entonces el propósito del bautismo?**
   a. **Cuatro respuestas.**
5. **¿Qué pasa con el bautismo de niños?**
   a. **Jesús y los niños.**
   b. **¿El pacto de gracia se extiende a los hijos de padres cristianos?**
6. **El bautismo de niños en la iglesia primitiva.**
   a. **Desarrollo en preparación para el bautismo.**
   b. **Desarrollo en la administración del bautismo.**
   c. **Desarrollo en la comprensión del bautismo.**
   d. **Tertuliano.**

¿Qué es el bautismo? ¿Es el sacramento principal para la salvación o sólo un símbolo de limpieza?

1. El significado de la palabra

Bapto, baptizo significa "hacer":

- sumergirse en o bajo
- teñir
- sumergir
- fregadero
- ahogar
- bañarse
- lavar

Estas palabras y sus derivados se utilizan 109 veces en el Nuevo Testamento, pero en la gran mayoría de los casos la referencia es al bautismo cristiano. El significado del acto es sumergir a una persona, simbolizando el lavamiento de pecados y su unión con Cristo en su muerte, entierro y resurrección.

2. El bautismo de Juan

El Evangelio de Marcos comienza con Juan el Bautista predicando el bautismo de arrepentimiento para la remisión de los pecados:

> Juan el Bautista apareció en el desierto predicando el bautismo de arrepentimiento para el perdón de pecados. Acudía a él toda la región de Judea, y toda la gente de Jerusalén, y confesando sus pecados, eran bautizados por él en el río Jordán (Marcos 1:4-5).

El ministerio de Juan fue visto por Marcos como "el comienzo del evangelio de Jesucristo". Su papel era el de un mensajero, o precursor, enviado por Dios para preparar el camino para la llegada del reino de Dios:

> En aquellos días llegó Juan el Bautista predicando en el desierto de Judea, diciendo: "Arrepiéntanse, porque el reino de los cielos se ha acercado". (Mateo 3:1-2).

Le dijo a sus compañeros judíos que esto iba a ser un punto de inflexión en su historia, un evento culminante en el pacto de Dios con Israel. Deben limpiarse en preparación para la inminente llegada de uno cuyas correas en su sandalia Juan no era digno de desatar. Los profetas habían predicho su llegada; él los bautizaría con el Espíritu Santo y con fuego y expulsaría rigurosamente todo pecado e hipocresía de su presencia (Lucas 3:16-17).

Los que acudieron a Juan para su bautismo de arrepentimiento eran conscientes del fracaso y la culpa. Confesaron sus pecados y se comprometieron a una vida de santidad. Pero Juan reprendía a aquellos que venían a él por el bautismo cuyos motivos no eran sinceros. Les advirtió que no se enorgullecieran de ser los descendientes físicos de Abraham, sino que se arrepintieran completamente de sus pecados, confesándolos y abandonándolos y volviéndose de todo corazón a Dios.

Por lo tanto, podemos discernir dos elementos principales en el bautismo de Juan:

i) Predicar el arrepentimiento a través del bautismo, para el perdón de los pecados. (Lucas 3:3).
ii) Preparar a la gente para recibir a Cristo que traería el reino de Dios y los bautizaría con el Espíritu Santo y con fuego. (Lucas 3:16).

El bautismo de Juan era sólo preparatorio. Tenía como fin preparar a un pueblo a través del arrepentimiento y la fe para recibir al Rey venidero y su reino. Si esto es así, ¿por qué entonces Jesús mismo vino a Juan para ser bautizado? ¿Qué pecados tenía que confesar y qué arrepentimiento tenía que hacer?

> Pero Juan trató de impedirlo, diciendo: "Yo necesito ser bautizado por Ti, ¿y Tú vienes a mí?". Jesús le respondió: "Permítelo ahora; porque es

> conveniente que así cumplamos toda justicia". Entonces Juan consintió (Mateo 3:14-15).

La respuesta es que Jesús tomó sobre sí la naturaleza humana y la forma de un siervo para ser el portador del pecado humano, el Cordero de Dios, que quita el pecado del mundo. Tenía que identificarse plenamente con los hombres caídos para salvarlos al morir en la cruz:

> Así que, por cuanto los hijos participan de carne y sangre[i], también Jesús participó de lo mismo, para anular mediante la muerte el poder de aquel que tenía el poder de la muerte, es decir, el diablo... Por tanto, tenía que ser hecho semejante a Sus hermanos en todo, a fin de que llegara a ser un sumo sacerdote misericordioso y fiel en las cosas que a Dios atañen, para hacer propiciación por los pecados del pueblo (Hebreos 2:14,17).

Al ser bautizado por Juan Jesús dio un paso más de sumisión y humillación en el proceso que comenzó en Belén y terminó en el Calvario. Cuando Jesús se sometió al bautismo, Dios Padre mostró su aprobación hablando desde el cielo: "Este es mi Hijo amado, en quien tengo complacencia" (Mateo 3:17).

3. El bautismo cristiano

El primer ejemplo de bautismo cristiano se encuentra en el capítulo dos de los Hechos. Tres mil personas que escucharon el sermón de Pedro el día de Pentecostés creyeron y fueron bautizados:

> Entonces Pedro, poniéndose en pie con los once apóstoles, alzó la voz y les declaró: Hombres de Judea y todos los que viven en Jerusalén, sea esto de su conocimiento y presten atención a mis palabras. (Hech. 2:38)

El bautismo cristiano se administraba a los que se arrepentían y creían en el evangelio. ¿En qué aspectos, por lo tanto, era diferente del bautismo de Juan?

a. La relación entre el arrepentimiento, la fe y el Espíritu Santo

El bautismo cristiano vincula el arrepentimiento y la fe con el don del Espíritu Santo. El orden de eventos para el bautismo cristiano en el Nuevo Testamento es el siguiente:

- Arrepentimiento hacia Dios y fe en Jesucristo.
- Recibimiento del Espíritu Santo.
- Bautismo.

Esto se ve en el texto citado anteriormente (Hechos 2:38). El día de Pentecostés, Pedro prometió el don del Espíritu a todos los que creen. Se ve también en la conversión del Apóstol Pablo:

> Ananías fue y entró en la casa, y después de poner las manos sobre él, dijo: "Hermano Saulo, el Señor Jesús, que se te apareció en el camino por donde venías, me ha enviado para que recobres la vista y seas lleno del Espíritu Santo". Al instante cayeron de sus ojos como unas escamas, y recobró la vista; y se levantó y fue bautizado (Hechos 9:17-18).

Ver también Hechos 10:45-48; 19:5-6; 1 Corintios 12:13; Tito 3:5-7. [Ver Capítulo Nueve, "Regeneración", sección (4), "¿Es el bautismo una causa? En esta sección mostramos que la fe y el arrepentimiento casi siempre preceden al bautismo en el Nuevo Testamento.]

La excepción a esta regla general (donde el don del Espíritu Santo se recibe en el bautismo) es el caso de los samaritanos en Hechos 8:4-17. ¿Por qué fue esto? La respuesta es muy significativa: este fue el primer paso de la Iglesia fuera del judaísmo. Cuando Cristo envió a sus discípulos a predicar a las ovejas perdidas de la casa de Israel les había prohibido predicar a los samaritanos (Mateo 10:5-6). Aunque había predicado el evangelio a una mujer samaritana (Juan 4:4-42) y permaneció dos días en una aldea samaritana, los apóstoles seguían siendo muy reacios a tener ningún contacto con los gentiles (véase Hechos 10 y 11). Pero Dios tenía otros planes para el evangelio de su Hijo. Por lo tanto, retuvo el don de su Espíritu Santo de los samaritanos creyentes hasta que los apóstoles Pedro y Juan pudieron imponerles las manos como señal de su recepción en la iglesia. Entonces recibieron el Espíritu Santo (Hechos 8:14-17).

En el caso de la casa de Cornelio el don del Espíritu fue la señal de que estos creyentes gentiles debían ser bautizados (Hechos 10:44-48). De esta manera Dios les enseñó que de ahora en adelante incluía a samaritanos y gentiles en su reino. Lo mismo es cierto para los seguidores de Juan el Bautista que Pablo conoció en Éfeso (Hechos 19:1-7).

b. Un símbolo de unión con Cristo por la fe

El bautismo cristiano es un símbolo de que hemos sido unidos a Cristo por la fe. El bautismo es un símbolo externo y visible de que una gracia interna y espiritual ha tenido lugar en nuestras almas. Esta gracia espiritual nos llega cuando creemos: la fe siempre precede al bautismo. Muchos versos subrayan el hecho de que estamos bautizados en Cristo y en la Trinidad. La palabra "en" es significativa porque sugiere la unión con Cristo y con la Trinidad. Por ejemplo:

> Porque todos los que fueron bautizados en Cristo, de Cristo se han revestido. (Gálatas 3:27)
>
> ¿O no saben ustedes que todos los que hemos sido bautizados en Cristo Jesús, hemos sido bautizados en Su muerte? Por tanto, hemos sido sepultados con Él por medio del bautismo para muerte, a fin de que como Cristo resucitó de entre los muertos por la gloria del Padre, así también nosotros andemos en novedad de vida. Porque si hemos sido unidos a Cristo en la semejanza de Su muerte, ciertamente lo seremos también en la

> semejanza de Su resurrección. Sabemos esto, que nuestro viejo hombre fue crucificado con Cristo, para que nuestro cuerpo de pecado fuera destruido, a fin de que ya no seamos esclavos del pecado (Romanos 6:3-6).
> Pues por un mismo Espíritu todos fuimos bautizados en un solo cuerpo (1 Corintios 12:13; ver también Mateo 28:19; 1 Corintios 1:13; 10:2; Colosenses 2:11-12).

Cuando la Biblia dice que estamos bautizados en Cristo significa que hemos sido unidos espiritualmente a Él. Por lo tanto, el bautismo nos habla en primer lugar de nuestra unión con Cristo. Este es su significado principal. Como Cristo murió y resucitó, así también el creyente en virtud de su unión con Cristo, muere al pecado y resucita a una nueva vida en él.

c. Un símbolo de limpieza del pecado

El bautismo cristiano es un símbolo de limpieza del pecado. Uno de los significados de la palabra *baptizō* es 'lavado'. En los tiempos del Nuevo Testamento, cuando las personas bajaban a un río o a un lago era generalmente para lavarse. Las aguas del bautismo simbolizan el hecho de que hemos sido limpiados por la sangre de Cristo. Nuestros viejos pecados y forma de vida son lavados cuando salimos del agua para comenzar una nueva vida en Cristo.

> Y ahora, ¿por qué te detienes? Levántate y bautízate, y lava tus pecados invocando Su nombre (Hechos 22:16).
> No por las obras de justicia que nosotros hubiéramos hecho, sino conforme a Su misericordia, por medio del lavamiento de la regeneración y la renovación por el Espíritu Santo (Tito 3:5; ver también 1 Corintios 6:11; 1 Pedro 3:21).

d. Un símbolo y sello de la gracia de Dios

El bautismo cristiano es tanto un "símbolo" como un "sello" de la gracia de Dios. Cuando Dios llamó a Abraham a salir del paganismo para ser su prometió hacer tres cosas por él: darle una tierra, hacer de él y de sus descendientes una gran nación y bendecir al mundo entero a través de él (Génesis 12:1-3). También hizo un pacto con Abraham en el que prometió solemnemente hacer todas estas cosas (Génesis 15:7-21; 17:10-14). Realmente no había necesidad de que Dios hiciera un pacto con Abraham, porque su propia palabra de promesa era suficiente.

Sin embargo, debido a su naturaleza bondadosa, y su compasión por el hombre en su debilidad, muy amablemente hizo un acuerdo (pacto) que lo obligaba a hacer todo lo que había prometido. Esto fue para alentar la fe de Abraham siempre que pudiera vacilar, y estar tentado a dudar de la realidad de la promesa de Dios de hacer estas cosas por él. Dios entonces ordenó a Abraham que se circuncidara a sí mismo y a todos sus descendientes varones como una señal del pacto que había hecho con él. Pablo explica el significado de esto:

> Abraham recibió la señal de la circuncisión como sello de la justicia de la fe que tenía mientras aún era incircunciso, para que fuera padre de todos los que creen sin ser circuncidados, a fin de que la justicia también se les tome en cuenta a ellos (Romanos 4:11).

La circuncisión era el símbolo externo que confirmaba (sellaba) la autenticidad del trabajo interno de fe que había tenido lugar en su corazón catorce años antes. Para sus descendientes, la circuncisión era la marca de entrada al antiguo pacto. La señal externa sólo le daba a uno el derecho a los privilegios del antiguo pacto. No garantizaba la fe o la santidad de la vida. Por lo tanto, una circuncisión interna del corazón también era necesaria (Romanos 2:28-29).

El bautismo, por otro lado, se administra como un símbolo externo, pero sólo como consecuencia de un encuentro de fe y arrepentimiento con Dios. Recibimos el símbolo del bautismo como un sello de la autenticidad de nuestra fc en la muerte y resurrección de Cristo por nosotros. El bautismo es, por lo tanto, el signo y el sello de que Dios ha hecho algo en nuestra experiencia consciente que nos lleva al arrepentimiento y la fe en Cristo. El signo y el sello son los aspectos externos e internos del bautismo cristiano.

4. ¿Cuál es entonces el propósito del bautismo?

- El bautismo es un símbolo y un sello de que hemos recibido el perdón de los pecados y la justificación por la fe.
- El bautismo es un símbolo y un sello de que hemos nacido de nuevo, unidos a Cristo, y hemos recibido el Espíritu Santo.
- El bautismo es una confesión pública de nuestra fe en Jesucristo como Señor y Salvador.
- El bautismo es una consagración de nosotros mismos, no sólo para creer en Cristo, sino también para seguirlo día a día.

5. ¿Qué pasa con el bautismo de niños?

Se presentan los siguientes argumentos a favor del bautismo de los niños:

a. Jesús y los niños

Jesús invitó a los niños a venir a él. Jesús acogió con agrado que le trajeran niños pequeños e infantes (Marcos 10:13-16; Lucas 18:15-17) para poder orar por ellos y tocarlos. Aunque Jesús nos enseña a tener con ellos la misma actitud que él tenía, no hay ninguna indicación de que Jesús estuviera pensando en el bautismo cuando los recibió. Si hubiera querido que las bautizáramos, podría haberlo dicho fácilmente, pero no lo hizo.

b. ¿El pacto de gracia se extiende a los hijos de padres cristianos?

i) "Tú y tus hijos" (Hechos 2:39).

Cuando Dios hizo un pacto con Noé (Génesis 6:18; 9:9), con Abraham (Génesis 17:7) y con Israel (Deuteronomio 5:2-3) los niños fueron incluidos. Pedro en el día de Pentecostés también dice: "Porque la promesa es para ustedes y para sus hijos y para todos los que están lejos, para tantos como el Señor nuestro Dios llame" (Hechos 2:39).

En el Antiguo Testamento el rito de la circuncisión no garantizaba la fe, la pureza de vida o un lugar en el cielo; sólo admitía a los niños a ciertos privilegios nacionales externos. Los niños se convertían en miembros del reino judío sobre la base de la descendencia física. En el Nuevo Testamento no se ofrecía el bautismo, como lo había hecho la circuncisión a los niños judíos sobre la base del nacimiento natural y de una iglesia nacional, sino sobre la base espiritual del arrepentimiento y la fe - "A cuantos llame el Señor nuestro Dios". Esto implica que aquellos que escuchan ese llamado son capaces de entenderlo y responder a él. Por lo tanto, esto no podría aplicarse a los niños que aún no son capaces de entender el lenguaje. La circuncisión en el Antiguo Testamento y el bautismo en el Nuevo Testamento no tienen valor sin la fe en Dios.

ii) "Hijos del pacto".

Algunos han pensado que los hijos de padres cristianos nacen con los privilegios de ser 'hijos del pacto'. Pero en ningún lugar del Nuevo Testamento se dice que los hijos de padres cristianos no sean pecadores que necesiten nacer de nuevo. Toda persona debe recibir a Cristo por sí misma, aunque sean hijos de padres cristianos:

> Pero a todos los que lo recibieron, les dio el derecho de llegar a ser hijos de Dios, es decir, a los que creen en Su nombre, que no nacieron de sangre, ni de la voluntad de la carne, ni de la voluntad del hombre, sino de Dios (Juan 1:12-13).

> Lo que es nacido de la carne, carne es, y lo que es nacido del Espíritu, espíritu es (Juan 3:6).

iii) **"Ahora son santos".**

Algunos cristianos han asumido que los hijos de padres cristianos son 'santos' por la fe de sus padres, 'Porque el marido que no es creyente es santificado por medio de su mujer; y la mujer que no es creyente es santificada por medio de su marido creyente. De otra manera sus hijos serían inmundos, pero ahora son santos' (1 Corintios 7:14). Pablo escribe a los padres de los matrimonios mixtos, es decir que uno de los miembros es incrédulo, para decirles que sus hijos no son considerados inmundos por Dios. Esto, sin embargo, no significa que el esposo o la esposa incrédulos o sus hijos sean cristianos: "Pues ¿cómo sabes tú, mujer, si salvarás a tu marido? ¿O cómo sabes tú, marido, si salvarás a tu mujer?" (1 Corintios 7:16).

Los maridos y esposas incrédulos, aunque tengan un matrimonio válido, aún necesitan ser salvados. El bautismo sólo se administra en el Nuevo Testamento a los que creen y se salvan.

iv) **Bautismos en casa.**

Hay varios ejemplos en los que Pablo parece haber bautizado familias enteras a la vez: Cornelio (Hechos 10:24, 48); Lidia (Hechos 16:15), el carcelero (Hechos 16:33) y Estéfanas (1 Corintios 1:16). Se sugiere que algunos niños deben haber estado presentes y haber sido bautizados. En cuanto al carcelero, leemos que cuando Pablo y Silas salieron de la prisión y fueron a su casa:

> Y le hablaron la palabra del Señor a él y a todos los que estaban en su casa. El carcelero los tomó en aquella misma hora de la noche y les lavó las heridas, y enseguida fue bautizado con todos los suyos. (Hechos 16:32-33).

Si los niños estaban presentes eran lo suficientemente mayores para escuchar el evangelio y creerlo. Del mismo modo se nos dice que la casa de Estéfanas estaba dedicada al servicio de la iglesia (1 Corintios 16:15); ¿cómo podría ser esto cierto en el caso de los niños pequeños? Simplemente no se nos dice si había niños presentes en alguno de estos hogares. Por lo tanto, un argumento de silencio no es evidencia a favor del bautismo de niños.

v) Regeneración bautismal.

Por favor, vea el capítulo nueve "Regeneración" donde se discute esto.

6. El bautismo de niños en la iglesia primitiva

En el período entre la muerte del último de los apóstoles y el año 215 d.C., sólo hay tres descripciones del bautismo en la literatura cristiana temprana, todas ellas para adultos. Se encuentran en los siguientes documentos:

- La Didaché (Enseñanza de los Doce Apóstoles). Fecha: 70-110 d.C.
- "Primera disculpa", por Justin Mártir. Fecha: 150 d.C.
- "Tradición Apostólica", de Hipólito. Fecha: 215 d.C.

Cuando comparamos lo que dicen con la enseñanza del Nuevo Testamento sobre el bautismo, se observan tres áreas de desarrollo:

a. Desarrollo en preparación para el bautismo

"Catecúmenos" era el nombre que se le daba a aquellos que buscaban el bautismo. Tenían que cumplir un período de prueba y entrenamiento el cual podía durar hasta tres años antes de que se les permitiera ser bautizados. Por lo tanto, el bautismo se convirtió en una ocasión muy importante, solemne y santa en la vida de la iglesia.

b. Desarrollo en la administración del bautismo

En la época de Cirilo, obispo de Jerusalén (350-386 d.C.), era necesario no sólo sumergir a los candidatos tres veces en agua, sino someterlos a la unción con aceite (dos veces), al exorcismo, a la imposición de manos por parte de un obispo, al examen del Credo de los Apóstoles y finalmente a una declaración de perdón de los pecados. El servicio se realizaba al amanecer del domingo de Pascua entre antorchas encendidas y otros acompañamientos especiales.

c. Desarrollo en la comprensión del bautismo

Debido a la importancia del bautismo en la iglesia primitiva muchos Padres de la Iglesia hicieron una conexión entre el bautismo y el perdón de los pecados, y también entre el bautismo y el nacer de nuevo (Primera Disculpa de Justin). Hubo un gran debate sobre si el pecado posterior al bautismo podía ser perdonado, algunos dijeron que sí y otros que no. La opinión final fue que sólo los pecados mayores (los siete pecados capitales) no podían ser perdonados. A finales del siglo V más y más niños estaban siendo bautizados. Por lo tanto, se planteó la pregunta: "¿De qué pecados son culpables los niños? La respuesta se encontraba en el desarrollo de la doctrina del pecado original por parte de la Iglesia, en particular por Agustín (354-420 d.C.).

A partir de este momento el bautismo de adultos declinó en favor del bautismo de niños, porque se pensaba que los niños que morían sin bautismo corrían el peligro de ir al infierno. Por lo tanto, era importante bautizar a todos los recién nacidos lo antes posible. En poco tiempo el bautismo de adultos se convirtió en algo del pasado, debido a la creencia de que el bautismo aseguraba no sólo el perdón de los pecados sino también la regeneración.

d. Tertuliano (160-215)

Algunos consideran a Tertuliano como uno de los más grandes apologistas cristianos del siglo II. Escribió un tratado sobre el bautismo que contiene la primera referencia histórica al bautismo infantil (200 d.C.) pero protesta contra la práctica diciendo: "El Señor dice en verdad: "No les prohíbas que vengan a mí". Que vengan entonces cuando están creciendo: que vengan si están aprendiendo; si se les enseña a donde vienen; que se hagan cristianos cuando puedan conocer a Cristo". Su testimonio es importante para evidenciar que el bautismo de infantes no fue universalmente aceptado en la Iglesia primitiva. Se desarrolló en la Iglesia por las razones expuestas anteriormente.

De estas breves observaciones sobre el desarrollo de la doctrina del bautismo en la Iglesia primitiva, se entiende cómo el bautismo infantil llegó a ser aceptado. Cuando se estudian las evidencias en contra, demostramos que el Nuevo Testamento no apoya esta acción, ya sea en el precepto o en la práctica.

PREGUNTAS

1. ¿A qué nos referimos cuando decimos que el bautismo es un símbolo y un sello de la gracia de Dios?
2. ¿El bautismo en el Nuevo Testamento es equivalente a la circuncisión en el Antiguo Testamento?

CAPÍTULO 19: LA IGLESIA

1. **Definición.**
2. **Las descripciones bíblicas de la iglesia.**
    a. **El pueblo de Dios.**
    b. **El cuerpo de Cristo.**
    c. **La novia de Cristo.**
    d. **El edificio - el templo de Dios.**
    e. **La familia de Dios.**
    f. **El pilar y la base de la verdad.**
    g. **El rebaño de Dios.**
3. **El carácter de la iglesia.**
    a. **Es apostólica.**
    b. **Es unida.**
    c. **Es sagrada.**
    d. **Es universal.**
4. **La vida interior de la iglesia.**
    a. **Doctrina.**
    b. **Hermandad.**
    c. **La ruptura del pan.**
    d. **Oraciones.**
5. **La disciplina de la Iglesia.**

¿Qué es la iglesia? ¿Es una institución antigua? ¿Es un edificio? ¿O es gente que cree en Cristo?

1. Definición

La palabra griega para iglesia es *ekklēsia.* Significa aquellos que son llamados, o convocados, para un propósito particular. En el Nuevo Testamento se refiere a aquellos que Dios ha llamado a una asamblea. Jesús dice, "Porque donde están dos o tres reunidos en Mi nombre, allí estoy Yo en medio de ellos" (Mateo 18:20).

Los cristianos son llamados a reunirse en su nombre para orar, alabar, edificarse, evangelizar y ayudarse mutuamente; esta es la naturaleza de la iglesia. La palabra *ekklēsia* se utiliza de varias maneras diferentes. Puede referirse a:

i. Una reunión de cristianos en una asamblea particular, por ejemplo, Corinto: "Pues, en primer lugar, oigo que cuando se reúnen como iglesia hay divisiones entre ustedes, y en parte lo creo" (1 Corintios 11:18).
ii. Todos los cristianos que viven en un lugar determinado, por ejemplo, Jerusalén: "En aquel día se desató una gran persecución en contra de la iglesia en Jerusalén" (Hechos 8:1).
iii. Una casa-iglesia: "Saluden a los hermanos que están en Laodicea, también a Ninfas y a la iglesia que está en su casa" (Colosenses 4:15).
iv. Un número de iglesias: "Juan, a las siete iglesias que están en Asia" (Apocalipsis 1:4).
v. La iglesia universal: "Yo también te digo que tú eres Pedro, y sobre esta roca edificaré Mi iglesia; y las puertas del Hades no prevalecerán contra ella" (Mateo 16:18).

El Nuevo Testamento no se refiere a un edificio como una iglesia como lo hacemos hoy en día. En los tiempos del Nuevo Testamento la iglesia simplemente significaba un cuerpo de creyentes reunidos en el nombre de Cristo en un lugar particular.

2. Las descripciones bíblicas de la iglesia

La Biblia utiliza diferentes palabras-formas para describir la iglesia. Aquí están las principales: el pueblo de Dios, el cuerpo de Cristo, la novia, el edificio, es decir, el templo de Dios, la familia de Dios, el pilar y el soporte de la verdad, el rebaño de Cristo.

a. El pueblo de Dios

La historia del Antiguo Testamento es cómo Dios hizo para sí mismo un pueblo a través del cual el mundo entero sería bendecido. Nos dice cómo eligió a un hombre, Abraham, y de él hizo la nación de Israel:

> Y el Señor dijo a Abram: "Vete de tu tierra, de entre tus parientes y de la casa de tu padre, a la tierra que Yo te mostraré. Haré de ti una nación grande... En ti serán benditas todas las familias de la tierra" (Génesis 12:1-3).

Luego, muchos años después, Dios envió a Moisés para liberar a Israel del cautiverio en la tierra de Egipto, para guiarlos a través del desierto, y hasta la frontera de la tierra prometida. Dios declaró:

> Los tomaré a ustedes por pueblo Mío, y Yo seré su Dios. Sabrán que Yo soy el Señor su Dios, que los sacó de debajo de las cargas de los egipcios (Éxodo 6:7).

Ver también Éxodo 19:5; Deuteronomio 14:2; Salmo 135:4. Finalmente, Dios envió a Jesús para liberar a la humanidad del cautiverio del pecado. Lo envió a redimir, no sólo a un grupo de individuos al azar, sino a un pueblo para sí mismo, reunido de todas las naciones, tribus, pueblos y lenguas:

> Y dará a luz un Hijo, y le pondrás por nombre Jesús, porque Él salvará a Su pueblo de sus pecados (Mateo 1:21).
>
> Ahora bien, no dijo esto de su propia iniciativa, sino que siendo el sumo sacerdote ese año, profetizó que Jesús iba a morir por la nación; y no solo por la nación, sino también para reunir en uno a los hijos de Dios que están esparcidos (Juan 11:51-52).
>
> Aguardando la esperanza bienaventurada y la manifestación de la gloria de nuestro gran Dios y Salvador Cristo Jesús. Él se dio por nosotros, para redimirnos de toda iniquidad y purificar para Sí un pueblo para posesión Suya, celoso de buenas obras (Tito 2:13-14).

Ver también Hechos 15:14; 1 Pedro 2:9; Apocalipsis 21:3. Aunque recibimos el perdón y la reconciliación de Dios como individuos, es la voluntad de Dios redimir a un pueblo por sí mismo, reuniendo a los de la misma preciosa fe en su iglesia y reino. Por lo tanto, encontramos nuestro verdadero llamado y la identidad como miembros del pueblo de Dios. Ya no nos vemos como individuos aislados, sino como un pueblo que está formando para sí mismo de todas las naciones del mundo. De esta manera, los elegidos del Antiguo y Nuevo Testamento forman un solo pueblo, la nueva humanidad que habitará la nueva creación que Dios ha planeado después de que este mundo haya sido destruido.

b. El Cuerpo de Cristo

Esta palabra-forma nos habla de la estrecha unión orgánica que existe entre el creyente y el Señor. No puede haber una relación física más íntima que la que existe entre los miembros o partes del mismo cuerpo humano (Efesios 5:30). Todos sus miembros comparten una vida común, un propósito común, un sentimiento común y una relación común dentro del cuerpo.

Cristo es llamado la cabeza del cuerpo porque es su líder, Él está en control, es el que alimenta el cuerpo y por su sabiduría regula su vida y propósito. La metáfora también habla dc nuestra mutua dependencia de unos a otros. El pie no puede decir a la mano: "No te necesito", ni el ojo puede decir al oído: "No te necesito".

Dios nos ha formado en un Cuerpo para que nos ayudemos y animemos unos a otros (ver 1 Corintios 12:15-17). Incluso entre la cabeza y el cuerpo hay una interdependencia mutua - el cuerpo no puede prescindir de la cabeza, ni la cabeza puede prescindir del cuerpo. En la vida de la iglesia de Cristo no sólo lo necesitamos a él, sino que por su asombrosa gracia, también nos necesita para cumplir sus propósitos de salvación en el mundo como su iglesia y su pueblo. Dependemos de él y de los demás:

> Ahora bien, ustedes son el cuerpo de Cristo, y cada uno individualmente un miembro de él (1 Corintios 12:27).
>
> Pues así como en un cuerpo tenemos muchos miembros, pero no todos los miembros tienen la misma función, así nosotros, que somos muchos, somos un cuerpo en Cristo e individualmente miembros los unos de los otros (Romanos 12:4-5).
>
> Más bien, al hablar la verdad en amor, creceremos en todos los aspectos en Aquel que es la cabeza, es decir, Cristo, de quien todo el cuerpo, estando bien ajustado y unido por la cohesión que las coyunturas proveen, conforme al funcionamiento adecuado de cada miembro, produce el crecimiento del cuerpo para su propia edificación en amor (Efesios 4:15-16).

c. La novia de Cristo

El matrimonio nos habla de una relación única entre dos seres humanos. El amor, el cuidado mutuo y el respeto reemplazan al egocentrismo y al individualismo. Incluso en el Antiguo Testamento Dios habló muy tiernamente de Israel como su esposa, la novia a la que amaba y apreciaba:

> Porque tu esposo es tu Hacedor, El Señor de los ejércitos es Su nombre; Y tu Redentor es el Santo de Israel, Que se llama Dios de toda la tierra (Isaías 54:5; ver también Isaías 50:1; 62:5; Jeremías 3:1; Oseas 2:14-20).

En el Nuevo Testamento el Señor Jesucristo también se refiere a sí mismo como el novio:

> Y Jesús les respondió: "¿Acaso pueden ayunar los acompañantes del novio mientras el novio está con ellos? Mientras tienen al novio con ellos, no pueden ayunar. Pero vendrán días cuando el novio les será quitado, y entonces ayunarán en aquel día (Marcos 2:19-20).

Si Cristo es el novio, ¿quién es la novia? El apóstol Pablo nos dice que la novia es la iglesia. Cristo no sólo la amó, sino que murió por ella. Y en el tiempo venidero la presentará a sí mismo, perfecta y sin pecado. Cristo, como nuestro novio celestial, ama y cuida de su Iglesia con un amor puro y eterno:

> Maridos, amen a sus mujeres, así como Cristo amó a la iglesia y se dio Él mismo por ella, para santificarla, habiéndola purificado por el lavamiento del agua con la palabra, a fin de presentársela a sí mismo, una iglesia en toda su gloria, sin que tenga mancha ni arruga ni cosa semejante, sino que fuera santa e inmaculada. Así deben también los maridos amar a sus mujeres, como a sus propios cuerpos. El que ama a su mujer, a sí mismo se ama. Porque nadie aborreció jamás su propio cuerpo, sino que lo sustenta y lo cuida, así como también Cristo a la iglesia (Efesios 5:25-29).
>
> Vino uno de los siete ángeles que tenían las siete copas llenas de las últimas siete plagas, y habló conmigo, diciendo: "Ven, te mostraré la novia, la esposa del Cordero". Entonces me llevó en el Espíritu a un monte grande y alto, y me mostró la ciudad santa, Jerusalén, que descendía del cielo, de Dios (Apocalipsis 21:9-10; ver también Apocalipsis 19:7-9).

Es seguramente una de las maravillas más asombrosas de la gracia de Dios que ama a los rebeldes y pecadores. El amor de Dios se compadeció de nosotros en nuestra oscuridad, en nuestra esclavitud al pecado y a

Satanás, y nos rescató a través de la muerte y la resurrección de Cristo. No vio ninguna belleza en nosotros, pero nos amó y se entregó a sí mismo por nosotros; ¡esto es amor de verdad! El amor de Dios es el amor de la buena voluntad, el amor que siempre quiere lo que es mejor para nosotros. Su amor tiene el propósito de presentarnos al fin santos e irreprochables en su presencia con gran alegría.

d. El edificio, el templo de Dios

En el Antiguo Testamento, Dios dijo que bajaría y viviría en medio de Israel. El lugar que eligió fue la habitación más interna del tabernáculo, llamada el Lugar Santísimo:

> Que me hagan un santuario, para que Yo habite entre ellos. Conforme a todo lo que te voy a mostrar, conforme al diseño del tabernáculo y al diseño de todo su mobiliario, así ustedes lo harán (Éxodo 25:8-9).

Este edificio era temporal; podía ser derribado, empacado en carros y transportado por los judíos en su camino a la tierra prometida. Más tarde, el rey Salomón construyó un magnífico templo de piedra, para reemplazar el tabernáculo como lugar de culto permanente en Jerusalén; aquí Dios dijo que viviría entre la gente:

> El Señor ha dicho que Él moraría en la densa nube. Yo, pues, te he edificado una casa majestuosa, un lugar donde mores para siempre (2 Crónicas 6:1-2).

Por supuesto, Salomón sabía muy bien que el Dios infinito no podía estar contenido en ningún tipo de edificio. Lo importante era que Dios, que habita en la eternidad y está presente en todo el universo, prometía estar presente de manera especial en el templo que habían construido para él.

En el Nuevo Testamento Pablo describe a los creyentes como parte del edificio de Dios. También dice que nuestros cuerpos son templos vivientes en los que Dios habita a través del Espíritu Santo. No solo somos colectivamente parte del templo de Dios, individualmente también somos templos del Espíritu Santo:

> Y ustedes son … el edificio de Dios (1 Corintios 3:9).
> ¿O no saben que su cuerpo es templo del Espíritu Santo que está en ustedes, el cual tienen de Dios, y que ustedes no se pertenecen a sí mismos? (1 Corintios 6:19).

Pablo también enseña que la iglesia en sí es como un gran templo que el mismo Dios está construyendo. Esto sólo se completará cuando Jesús regrese al final de la era. Los creyentes son comparados por Pedro con las piedras vivas que, una por una, Dios está construyendo en las paredes de su templo hasta el día en que se complete:

> Así pues, ustedes ya no son extraños ni extranjeros, sino que son conciudadanos de los santos y son de la familia de Dios. Están edificados sobre el fundamento de los apóstoles y profetas, siendo Cristo Jesús mismo la piedra angular, en quien todo el edificio, bien ajustado, va creciendo para ser un templo santo en el Señor. En Cristo también ustedes son juntamente edificados para morada de Dios en el Espíritu (Efesios 2:19-22).
> También ustedes, como piedras vivas, sean edificados como casa espiritual para un sacerdocio santo, para ofrecer sacrificios espirituales aceptables a Dios por medio de Jesucristo (1 Pedro 2:5).

e. La familia de Dios

Ya hemos visto, en el capítulo sobre la regeneración, que sólo a través de la experiencia del nuevo nacimiento nos convertimos en hijos de Dios. Sólo cuando Dios envía su Espíritu a nuestros corazones podemos conocerlo como nuestro Padre y a nosotros mismos como sus hijos por adopción:

> Pues ustedes no han recibido un espíritu de esclavitud para volver otra vez al temor, sino que han recibido un espíritu de adopción como hijos, por el cual clamamos: "¡Abba, Padre!". El Espíritu mismo da testimonio a nuestro espíritu de que somos hijos de Dios (Romanos 8:15-16).
> Nos predestinó para adopción como hijos para sí mediante Jesucristo, conforme a la buena intención de Su voluntad (Efesios 1:5).
> Pues todos ustedes son hijos de Dios mediante la fe en Cristo Jesús (Gálatas 3:26).
> Porque convenía que Aquel para quien son todas las cosas y por quien son todas las cosas, llevando muchos hijos a la gloria, hiciera perfecto por medio de los padecimientos al autor de la salvación de ellos. Porque tanto el que santifica como los que son santificados, son todos de un Padre; por lo cual Él no se avergüenza de llamarlos hermanos (Hebreos 2:10-11).

Estos versos hablan muy claramente de Dios como nuestro Padre y nosotros como sus hijos, pertenecientes a su familia. También implican que todos somos hermanos, es decir, nos pertenecemos unos a otros. Por gracia hemos sido llevados a una relación viva, no sólo con Dios, sino también entre nosotros, una relación que a través del don de la vida eterna no tiene fin. La verdadera iglesia puede ser comparada con una familia, la familia del Dios vivo.

f. El pilar y la base de la verdad

El único ejemplo de esta expresión en el Nuevo Testamento es la carta de Pablo a Timoteo:

> Pero en caso que me tarde, te escribo para que sepas cómo debe conducirse uno en la casa de Dios, que es ...columna y sostén de la verdad. (1 Timoteo 3:15).

En los países occidentales hay muchas personas, y algunos teólogos, que creen que porque el amor es el rasgo distintivo de los discípulos de Cristo (Juan 13:35) es más importante que la verdad bíblica. Pero Cristo nunca enseñó que el amor fuera más importante que la verdad. De hecho, le dijo a Pilatos: "Para esto Yo he nacido y para esto he venido al mundo, para dar testimonio de la verdad. Todo el que es de la verdad escucha Mi voz" (Juan 18:37).

El amor nunca debe ser falso porque la moral cristiana es tanto verdadera como amorosa. La iglesia de Jesucristo siempre debe decir la verdad, la verdad de Dios. Las iglesias occidentales de hoy en día enfatizan demasiado la compasión y el amor. Rara vez le dicen a la gente que son pecadores que deben arrepentirse si quieren conocer el perdón de Dios. Son tan "cariñosas" que no proclaman la verdad; esto está mal. Tal vez el apóstol Juan habla más del amor de Dios que cualquiera de los escritores del Nuevo Testamento, pero su actitud hacia los que negaban la deidad y la obra de Cristo era cualquier cosa menos 'amorosa' y tolerante:

> Si alguien viene a ustedes y no trae esta enseñanza, no lo reciban en casa, ni lo saluden, pues el que lo saluda participa en sus malas obras (2 Juan 10-11).

Porque Satanás es el padre de la mentira, usará todo tipo de ideas heréticas para oponerse a la iglesia y derrocar su testimonio único de la verdad. Él tienta a los cristianos a negar la fe para dañar su propio testimonio de la verdad. La iglesia es la única institución en este mundo a la que Dios ha confiado su mensaje de verdad y reconciliación. Por lo tanto, es vital que los cristianos no sólo conozcan la verdad, crean la verdad y vivan la verdad, sino también que proclamen la verdad. Sólo así podrán seguir al que dijo: "Yo soy el camino, la verdad y la vida" (Juan 14:6).

g. El rebaño de Dios

En el Antiguo Testamento Dios es llamado el Pastor de Israel. Él cuida de su pueblo como un pastor cuida y protege a sus ovejas:

> Presta oído, oh Pastor de Israel; Tú que guías a José como un rebaño; Tú que estás sentado más alto que los querubines; ¡resplandece! (Salmo 80:1).
> Porque Él es nuestro Dios, Y nosotros el pueblo de Su prado y las ovejas de Su mano. (Salmo 95:7).

Lo que es cierto para el pueblo de Dios colectivamente también lo es para ellos individualmente. David se dio cuenta de que Dios era su pastor que lo cuidaba y lo amaba:

> El Señor es mi pastor, nada me faltará. En lugares de verdes pastos me hace descansar; junto a aguas de reposo me conduce. (Salmo 23:1-2).

Cuando aquellos a quienes Dios había designado como subpastores para dirigir y guiar a su pueblo no lo hicieron, dijo: "Yo apacentaré Mis ovejas y las llevaré a reposar" (Ezequiel 34:15).

En el Nuevo Testamento Cristo es llamado el Buen Pastor y los que le siguen sus ovejas. La iglesia tiene un solo pastor y Cristo tiene un solo rebaño:

> Yo soy el buen pastor, y conozco Mis ovejas y ellas me conocen, al igual que el Padre me conoce y Yo conozco al Padre, y doy Mi vida por las ovejas. Tengo otras ovejas que no son de este redil; a esas también Yo debo traerlas, y oirán Mi voz, y serán un rebaño con un solo pastor. (Juan 10:14-16).
> Pues ustedes andaban descarriados como ovejas, pero ahora han vuelto al Pastor y Guardián de sus almas (1 Pedro 2:25).

Tal vez la principal característica de las ovejas es su necesidad de liderazgo y protección. Son presa fácil de los animales salvajes, por lo que se mantienen juntas en rebaños y dependen de su pastor. El Señor Jesús es el Pastor ideal. Nuestro deber es permanecer cerca de él, no sólo para nuestro sustento y protección, sino también para la guía que necesitamos. Es muy importante que el creyente entienda y aprecie esta relación. Jesús es el buen pastor que alimenta y guía a sus ovejas. Él es el que reúne a su pueblo como un pastor reúne a sus ovejas. Debemos recordar también que aunque Jesús es el 'Pastor Principal' (1 Pedro 5:4), ha nombrado a hombres como subpastores o pastores para que alimenten a sus ovejas mientras Él está físicamente ausente de ellas en el cielo. Estos son llamados los ancianos o supervisores de la iglesia, y su trabajo es cuidar de las ovejas de Cristo. Son responsables de alimentar y proteger a la iglesia de los errores. Sirven a Cristo y a su iglesia:

> Volvió a decirle por segunda vez: "Simón, hijo de Juan, ¿me amas?". "Sí, Señor, Tú sabes que te quiero", le contestó Pedro. Jesús le dijo: "Pastorea Mis ovejas" (Juan 21:16).

Desde Mileto, Pablo envió a Éfeso y llamó a los ancianos de la Iglesia. Y cuando llegaron a él, dijo:

> Tengan cuidado de sí mismos y de toda la congregación, en medio de la cual el Espíritu Santo les ha hecho obispos para pastorear la iglesia de Dios, la cual Él compró con Su propia sangre. Sé que después de mi partida, vendrán lobos feroces entre ustedes que no perdonarán el rebaño (Hechos 20: 28-29).
>
> Por tanto, a los ancianos entre ustedes, exhorto yo, anciano como ellos y testigo de los padecimientos de Cristo, y también participante de la gloria que ha de ser revelada: pastoreen el rebaño de Dios entre ustedes, velando por él, no por obligación, sino voluntariamente, como quiere Dios; no por la avaricia del dinero, sino con sincero deseo; tampoco como teniendo señorío sobre los que les han sido confiados, sino demostrando ser ejemplos del rebaño (1 Pedro 5:1-3).

3. El carácter de la iglesia

Está generalmente aceptado que hay cuatro características esenciales de la verdadera Iglesia de Dios:

a) Es apostólica

b) Es unida
c) Es sagrada
d) Es universal

a. Es apostólica

Cristo eligió doce hombres de entre el gran número de sus discípulos para que estuvieran con Él durante todo su ministerio terrenal, escuchando y viendo todo lo que hacía, y siendo testigos oculares de su resurrección física (Marcos 3:14; Hechos 1:21-22). También eligió a Pablo después de su resurrección para ser el apóstol de los gentiles (Gálatas 1:15-16).

Cristo comisionó a estos hombres para que predicaran su evangelio al mundo. Por lo tanto, los apóstoles ocupan una posición histórica única entre Cristo y todas las generaciones posteriores de hombres. Todo lo que sabemos sobre Cristo nos llega a través de su testimonio escrito. Por lo tanto, Pablo puede decir con absoluta veracidad que la iglesia está construida sobre los cimientos de los apóstoles y profetas. Su testimonio de Cristo comprende todo lo que sabemos sobre Cristo y su enseñanza. Por lo tanto, debe ser aceptado como la última palabra de Dios sobre su Hijo:

> Están edificados sobre el fundamento de los apóstoles y profetas, siendo Cristo Jesús mismo la piedra angular (Efesios 2:20).

Cualquier iglesia que se considere apostólica debe por lo tanto someterse completamente al testimonio bíblico de los apóstoles. Desafortunadamente las Iglesias Católica Romana y Ortodoxa, que ambas afirman ser apostólicas en su enseñanza y práctica, también afirman que la tradición de la iglesia tiene la misma autoridad que los escritos apostólicos. La tradición para los ortodoxos significa las costumbres y prácticas de los primeros Padres de la Iglesia que han sido transmitidas a la Iglesia en forma no escrita durante varios siglos. "Santa tradición", significa la Biblia, más los siete Concilios Ecuménicos (el

Credo), los concilios posteriores, los Padres, la Liturgia, el Derecho Canónico y los Iconos.

Para las Iglesias Ortodoxas, la práctica y las costumbres de la Iglesia durante los primeros nueve siglos (el último Concilio Ecuménico fue el Segundo Concilio de Nicea, 787) son recibidas como tradición sagrada y tienen la misma autoridad que la Sagrada Escritura. Por ejemplo, el Nuevo Testamento reconoce sólo dos tipos de líderes en cada iglesia, los ancianos y los diáconos (1 Timoteo 3).

Sin embargo, San Ignacio (55-115) enseñó que había tres oficios, no dos. Además de los ancianos y los diáconos cada ciudad debe tener su propio obispo que debe gobernar todas las iglesias de su distrito. No apeló a la Escritura para esta idea, sino que simplemente afirmó: "Que el obispo presida en lugar de Dios, y su clero en lugar del cónclave apostólico". San Jerónimo (345-419) afirma que la supremacía de un solo obispo surgió por la costumbre y no por el nombramiento real del Señor. Sin embargo, para el catolicismo romano y la ortodoxia el papel del obispo monárquico con la autoridad de Ignacio es crucial para su comprensión de la Iglesia.

La Iglesia Ortodoxa y la Iglesia Católica Romana derivan una autoridad continua no sólo de la Biblia, sino también de la teoría de la sucesión apostólica de sus obispos. Afirman que sus actuales obispos están en línea directa de descendencia de los de los tiempos apostólicos. Creen que esto hace de su Iglesia el único y verdadero Cuerpo de Cristo en la tierra, habitado por el Espíritu Santo y por lo tanto infalible. La enseñanza de San Ignacio tiene un lugar permanente tanto en la tradición católica romana como en la ortodoxa. Esto ilustra tanto el pensamiento como las prácticas de las iglesias que basan su autoridad no sólo en la Escritura, sino en la Escritura y la tradición.

Sin embargo, la visión católica romana de la tradición difiere considerablemente de la de la Iglesia Ortodoxa. Sostiene que a través de su colegio de obispos (cardenales), con el Papa a la cabeza de ese colegio, la tradición todavía puede ser formulada, ya que Dios revela nuevas verdades a su Iglesia - la tradición es vista como dinámica y no estática.

Por ejemplo, en 1946 el Papa Pío XII consultó a todas las partes de la Iglesia Católica Romana para ver si la asunción corporal al cielo de la Virgen María podía ser propuesta como un dogma de fe. Cuatro años más tarde, habiendo un apoyo abrumador de todas las secciones de la Iglesia para la idea, el Papa la proclamó como una verdad infalible en 1950.

El nuevo *Catecismo de la Iglesia Católica* (1992) dice:

> 77 Para que el Evangelio completo y vivo pudiera ser siempre preservado en la Iglesia, los Apóstoles dejaron a los obispos como sus sucesores. Les dieron su propia posición de autoridad en la enseñanza. En efecto, la predicación apostólica, que se expresa de manera especial en los libros inspirados, debía conservarse en una línea de sucesión continua hasta el final de los tiempos.
>
> 78 Esta transmisión viva, realizada en el Espíritu Santo, se llama Tradición, ya que es distinta de la Sagrada Escritura, aunque está estrechamente relacionada con ella. A través de la Tradición, "la Iglesia, en su doctrina, vida y culto, perpetúa y transmite a todas las generaciones todo lo que ella misma es, todo lo que cree. . ."'
>
> 79 La autocomunicación del Padre hecha a través de su Palabra en el Espíritu Santo, permanece presente y activa en la Iglesia: "Dios que habló en el pasado, continúa conversando con la esposa de su amado Hijo"'...
>
> 82 "Como resultado, la Iglesia, a quien se le confía la transmisión e interpretación de la Verdad" no obtiene su certeza sobre todas las verdades reveladas sólo de las Sagradas Escrituras. Tanto la Escritura como la Tradición deben ser aceptadas y honradas con igual sentimiento de devoción y reverencia"'.

La Iglesia Católica Romana afirma que su "Magisterio" (el Papa junto con el colegio de obispos) puede determinar infaliblemente el significado tanto de la Escritura como de la tradición y en cierto sentido es superior a ambas

891 "El Romano Pontífice, jefe del colegio de obispos, goza de esta infalibilidad en virtud de su cargo, cuando como supremo pastor y maestro de todos los fieles... proclama con un acto definitivo una doctrina relativa a la fe y a la moral. La infalibilidad prometida a la Iglesia está también presente en el cuerpo de los obispos cuando, junto con el sucesor de Pedro, ejercen el supremo magisterio... Esta infalibilidad se extiende hasta el depósito de la misma Revelación divina.

En la Reforma, la Iglesia Protestante denunció vigorosamente que las costumbres y prácticas de la era post-apostólica de la Iglesia habían distorsionado y pervertido gradualmente las verdades del Nuevo Testamento, así como las tradiciones de los escribas y fariseos habían distorsionado las verdades del Antiguo Testamento. ¿Dónde, por ejemplo, en el Nuevo Testamento se encuentra la adoración de María como la Madre de Dios sin pecado a la que se reza? ¿O la doctrina de la misa y la transubstanciación? ¿O la inclinación y la oración a los ídolos e imágenes en contradicción con el segundo mandamiento? ¿O la oración a los santos?

Todas estas doctrinas son justificadas por la Ortodoxia y por el Catolicismo Romano en nombre de la tradición sagrada. Pero el Señor Jesús reprendió severamente a los escribas y fariseos por elevar su tradición por encima de la palabra de Dios con estas palabras:

> Jesús les preguntó: "¿Por qué también quebrantan ustedes el mandamiento de Dios a causa de su tradición? Porque Dios dijo: "Honra a tu padre y a tu madre", y: "Quien hable mal de su padre o de su madre, que muera". Pero ustedes dicen: "Cualquiera que diga a su padre o a su madre: 'Es ofrenda a Dios todo lo mío con que pudieras ser ayudado', no necesitará más honrar a su padre o a su madre". Y así ustedes invalidaron la palabra de Dios por causa de su tradición (Mateo 15:3-6).

Las Iglesias protestantes dicen ser apostólicas porque basan toda su enseñanza en las palabras de los apóstoles y creen que cuando murieron toda la revelación cesó. La tradición de la Iglesia debe ser probada por la

Sagrada Escritura, no al revés. Esto concuerda con la enseñanza de Judas cuando dice:

> Amados, por el gran empeño que tenía en escribirles acerca de nuestra común salvación, he sentido la necesidad de escribirles exhortándolos a luchar ardientemente por la fe que de una vez para siempre fue entregada a los santos. (Judas 3).

Para cuando Judas escribió su epístola, la revelación del evangelio se había completado y no había nada más que añadir. Las Escrituras son, por lo tanto, el único fundamento en el que una Iglesia puede basar su afirmación de ser verdaderamente apostólica.

b. Es unida

Cuando Nuestro Señor regresó al cielo dejó en la tierra un pequeño grupo de sus seguidores en la ciudad de Jerusalén que estaban unidos en una sola iglesia. A través de la exitosa predicación del evangelio en todo el mundo romano, grupos de cristianos se reunieron en muchos países y culturas diferentes.

Las iglesias de Judea estaban compuestas principalmente por creyentes judíos. Su estilo de adoración, donde la lectura y la explicación de las escrituras eran centrales, tomó como base la sinagoga judía de la cual habían venido. En su carta, Santiago utiliza la palabra "sinagoga" para describir una reunión cristiana (Santiago 2:2). Por otra parte, la iglesia de Corinto tenía una alta proporción de gentiles y su estilo de culto parece haber sido mucho menos formal que el de Judea (véase 1 Corintios 14:23-33).

La variación en los estilos de culto no amenazaba la unidad básica de las iglesias ni los diferentes dones espirituales que se ejercían en la Iglesia en aquellos días; había diversidad en la unidad. Pero la amenaza a la unidad era la actividad de maestros herejes que se infiltraban en las asambleas de creyentes. Juan se opuso a la difusión del gnosticismo (ideas religiosas basadas en la filosofía griega, la astrología y las religiones de misterio) mientras que Pablo se opuso al legalismo judío (la salvación mediante la observación de las leyes y reglamentos). Ambas enseñanzas amenazaban con dividir a la iglesia primitiva en diferentes aspectos pervirtiendo las verdades del evangelio.

Cristo enseñó que cuando una persona nace de nuevo por el Espíritu Santo se convierte en un hijo de Dios y se une al Señor en un solo espíritu (1 Corintios 6:17). Esto significa que está unido a Dios de tal manera que todo su ser se enfoca en Dios, lo que provoca un cambio total en su comportamiento, valores y puntos de vista. No sólo está unido a Dios en un espíritu, sino que también se une a todos aquellos que han compartido el mismo cambio de vida. La unidad de los cristianos es, pues, el resultado de esta experiencia en la que el alma recién nacida está unida a Dios y a todos los que creen verdaderamente en Cristo como Salvador y Señor. La unidad que existe entre el Padre y el Hijo existe también entre Cristo y los creyentes, pero Cristo oró para que la unidad entre los creyentes sea claramente entendida y practicada:

> Para que todos sean uno. Como Tú, oh Padre, estás en Mí y Yo en Ti, que también ellos estén en Nosotros, para que el mundo crea que Tú me enviaste. La gloria que me diste les he dado, para que sean uno, así como Nosotros somos uno: Yo en ellos, y Tú en Mí, para que sean perfeccionados en unidad, para que el mundo sepa que Tú me enviaste, y que los amaste tal como me has amado a Mí (Juan 17:21-23).

Cristo está rezando para que Dios una a todos los que realmente creen para que su testimonio al mundo sea efectivo. Los creyentes están unidos para testificar que el Padre envió al Hijo para ser el Salvador del mundo (1 Juan 4:14); este es el mensaje que trae la salvación. Los creyentes están llamados a preservar y mostrar una unidad externa y visible, una que ya existe interna y espiritualmente. Pablo dice:

> Esforzándose por preservar la unidad del Espíritu en[c] el vínculo de la paz. Hay un solo cuerpo y un solo Espíritu, así como también ustedes fueron

> llamados en una misma esperanza de su vocación; un solo Señor, una sola fe, un solo bautismo, un solo Dios y Padre de todos, que está sobre todos, por todos y en todos (Efesios 4:3-6).

¿Por qué entonces la Cristiandad está tan dividida? ¿Por qué hay tantas denominaciones, muchas que afirman ser la única iglesia verdadera? Las divisiones han ocurrido a menudo innecesariamente sobre puntos no esenciales de la doctrina, es decir, sobre cosas que no son esenciales para la salvación. En muchos casos no hay excusa para tantas denominaciones.

Por otra parte, las divisiones han ocurrido a menudo debido a errores y herejías. Por ejemplo, en el siglo XVI la Iglesia Católica Romana se había vuelto tan corrupta y herética que el evangelio de la gracia se había transformado radicalmente en un sistema de salvación por los esfuerzos humanos. De manera similar, en el siglo XX algunas denominaciones protestantes se habían vuelto tan teológicamente liberales que negaban casi todo en la Biblia. En ambos casos no había esperanza de reformar los corruptos cuerpos matrices y por lo tanto se tuvieron que formar nuevos. La verdadera unidad en el Espíritu Santo de todos los creyentes nacidos de nuevo es un hecho, independientemente de la desunión denominacional externa. El llamado del Nuevo Testamento a la unidad es un llamado a mantener y conservar la unidad fundamental de la vida que el Espíritu Santo ya ha dado.

Los reformadores del siglo XVI distinguieron entre la iglesia invisible (todos los elegidos de Dios que son verdaderamente uno en Cristo) y la iglesia visible (una compañía mixta de personas regeneradas y no regeneradas). Tanto la Iglesia Católica Romana como la Ortodoxa afirman ser la única manifestación verdadera y visible de la Iglesia en la tierra, pero ambas carecen de las verdaderas marcas de apostolado bíblico discutidas en el párrafo anterior.

Los cristianos de hoy deben esforzarse por mostrar y preservar la unidad con todos los que creen en las doctrinas básicas de la salvación, es decir, la Trinidad, el evangelio de la gracia de Dios por medio de la fe, la deidad de Cristo, la inspiración e infalibilidad de la Biblia y el sacrificio sustitutivo de Cristo en la cruz por nuestros pecados. Estos son asuntos que son esenciales para la salvación y por lo tanto de importancia primaria y duradera.

Quienes las creen y las predican tienen una unidad en las doctrinas básicas de la salvación. Esto debería llevarlos a una unión visible, aunque puedan diferir en asuntos de importancia secundaria, como el gobierno de la iglesia, el modo de bautismo, etc. Dios ha dado una unidad básica y fundamental a todos sus hijos; su deber es demostrarla y preservarla de manera visible y pública.

c. Es sagrada

Como una iglesia es una reunión de aquellos que dicen creer en Cristo y seguir a Cristo, se deduce que tales personas deben demostrar en sus vidas que son obedientes a sus mandamientos:

> Él que dice: "Yo lo he llegado a conocer", y no guarda Sus mandamientos, es un mentiroso y la verdad no está en él. Pero el que guarda Su palabra, en él verdaderamente se ha perfeccionado el amor de Dios. En esto sabemos que estamos en Él. El que dice que permanece en Él, debe andar como Él anduvo (1 Juan 2:4-6).
>
> En esto se reconocen los hijos de Dios y los hijos del diablo: todo aquel que no practica la justicia, no es de Dios; tampoco aquel que no ama a su hermano (1 Juan 3:10).
>
> Pero ustedes son linaje escogido, real sacerdocio, nación santa, pueblo adquirido para posesión de Dios, a fin de que anuncien las virtudes de Aquel que los llamó de las tinieblas a Su luz admirable (1 Pedro 2:9).

La pregunta que puede hacerse es, ¿es una verdadera iglesia perfectamente santa? ¿Son todos sus miembros sin pecado? La respuesta, por supuesto, es NO. La carta que Juan escribió, y que se cita arriba, comienza diciendo: "No era él la Luz, sino que vino para dar testimonio de la Luz. Existía la Luz verdadera que, al venir al mundo, alumbra a todo hombre" (1:8-9).

El verdadero creyente practica la justicia, sigue a Cristo, cumple su palabra y permanece en Él. Pero esto no significa que nunca peca y nunca comete un error. Significa que no continúa en los caminos del pecado como si fuera lo normal. Odia el pecado, pero no es inmune a las tentaciones del diablo y a veces cae. Dado que una iglesia es una reunión de cristianos individuales, se deduce que la calidad de la vida espiritual en una iglesia dada no será mayor o menor que la de sus miembros. Cuando Cristo habló a las siete iglesias de Asia después de su ascensión, les dijo a cada una de ellas, "conozco sus obras". Conocía cada detalle de sus servicios y también cada detalle de sus fracasos. Alaba sus virtudes y reprende severamente sus pecados. Sólo dos de las iglesias son fieles, a todas las demás se les advierte que se arrepientan de sus pecados o de lo contrario serán castigadas. Por ejemplo, le dice a la iglesia de Éfeso:

> Recuerda, por tanto, de dónde has caído y arrepiéntete, y haz las obras que hiciste al principio. Si no, vendré a ti y quitaré tu candelabro de su lugar, si no te arrepientes (Apocalipsis 2:5).

Cristo le dice a esta iglesia que si no se arrepiente le quitará la luz de su presencia y, en lo que a Él respecta, dejarán de ser su iglesia, aunque sigan reuniéndose y celebrando servicios. Sin santidad de vida y pureza de doctrina, Cristo se niega a reconocer cualquier reunión de personas como una verdadera iglesia suya. Por lo tanto, toda iglesia que se precie de ser una iglesia apostólica de Cristo debe poder demostrar, entre otras cosas, que sus miembros son personas santas que demuestran con sus palabras y sus actos que pertenecen a Cristo y siguen a Cristo. El apóstol Pedro lo señala firmemente al escribir a las iglesias recién fundadas en su época:

> Como hijos obedientes, no se conformen a los deseos que antes tenían en su ignorancia, sino que así como Aquel que los llamó es Santo, así también

> sean ustedes santos en toda su manera de vivir. Porque escrito está: "Sean santos, porque Yo soy santo" (1 Pedro 1:14-16).

d. Es universal

De palabra y de obra, Cristo mostró que el evangelio que vino a predicar era para todos los hombres y mujeres sin importar su nacionalidad, posición social, color o condición moral. A diferencia del judaísmo, la fe cristiana no es racialmente exclusiva. Las palabras de despedida de Cristo a sus discípulos fueron:

> Acercándose Jesús, les dijo: "Toda autoridad me ha sido dada en el cielo y en la tierra. Vayan, pues, y hagan discípulos de todas las naciones, bautizándolos en el nombre del Padre y del Hijo y del Espíritu Santo (Mateo 28:18-19).

Una de las características de una iglesia verdaderamente apostólica es que se niega a identificarse con alguna nacionalidad o clase en particular. Es una iglesia misionera, que abre sus puertas y su corazón a todos los hombres en todas partes. Se niega a asociarse con los ricos y poderosos, porque Cristo, con su ejemplo y su palabra, predicó el evangelio a los pobres y fue él mismo un hombre pobre como lo fueron sus apóstoles. Con demasiada frecuencia, a los líderes de la iglesia parece gustarles los ricos y poderosos. Al hacerlo, dan la impresión de que la iglesia es un club de ricos que sólo se preocupa por aquellos que pueden dotarla de favores y dones (véase Santiago 2:2-3).

4. La vida interior de la iglesia

El día de Pentecostés (ver Hechos 2) ha sido llamado el cumpleaños de la iglesia. Después de su resurrección, Jesús dijo a sus discípulos que esperen en Jerusalén hasta ser bautizados con el poder del Espíritu Santo. Sólo cuando esto ocurriera podrían ser capaces de dar un testimonio efectivo de Él en todo el mundo. Tan pronto como este milagroso evento tuvo lugar, Pedro predicó el primer sermón de la iglesia recién nacida y tres mil almas se arrepintieron y fueron bautizadas. ¿Qué hicieron los Apóstoles con esta gran multitud de nuevos creyentes?

> Entonces los que habían recibido su palabra fueron bautizados; y se añadieron aquel día como 3,000 almas. Y se dedicaban continuamente a las enseñanzas de los apóstoles, a la comunión, al partimiento del pan y a la oración (Hechos 2:41-42).

Había cuatro actividades que los apóstoles enfatizaron y estas cuatro actividades formaron la base de la vida de la iglesia. Lo eran:

a) Doctrina
b) Hermandad
c) La ruptura del pan
d) Oraciones

a. Doctrina

Los apóstoles la colocaron en primer lugar en orden de importancia y fue su principal trabajo: "Y todos los días, en el templo y de casa en casa, no cesaban de enseñar y proclamar el evangelio de Jesús como el Cristo" (Hechos 5:42).

- Enseñanza: Dar instrucción, explicar la verdad cristiana y sus implicaciones.
- Predicar: Proclamar públicamente, como un heraldo, la verdad sobre Cristo.

Los apóstoles usaron ambos métodos para comunicar las verdades sobre Jesucristo. Lo hacían de una manera más privada en las casas de la gente, así como públicamente al aire libre.

A medida que el número de cristianos en Jerusalén comenzó a crecer, también creció la necesidad de administrar y organizar las reuniones y de satisfacer las diversas necesidades materiales de tanta gente. Al final esto se hizo tan grande que los apóstoles se dieron cuenta de que estaba interfiriendo con su ministerio. El tiempo que debían dedicar a la predicación y la enseñanza tenía que ser dedicado a asuntos administrativos:

> Los doce convocaron a la multitud de los discípulos y dijeron: Entonces los doce convocaron a la congregación de los discípulos, y dijeron: "No es conveniente que nosotros descuidemos la palabra de Dios para servir mesas. Por tanto, hermanos, escojan de entre ustedes siete hombres de buena reputación, llenos del Espíritu Santo y de sabiduría, a quienes podamos encargar esta tarea. Y nosotros nos entregaremos a la oración y al ministerio de la palabra" (Hechos 6:2-4).

¿Por qué los apóstoles dieron tanta prioridad a la enseñanza de la palabra de Dios? Porque, como el mismo Jesús había mostrado, las verdades del evangelio deben ser bien entendidas si los discípulos van a ser capaces de dar testimonio y vivir efectivamente para él. Es esencial, por lo tanto, tener maestros competentes en la iglesia que puedan dar una instrucción adecuada. Hay tres razones principales para ello:

i) La enseñanza fortalece nuestra fe y nos ayuda a crecer espiritualmente.
ii) La enseñanza nos equipa para servir a los demás.
iii) La enseñanza nos equipa para defender a la iglesia contra la herejía.

i. La enseñanza fortalece nuestra fe y nos ayuda a crecer.

> Y Él dio a algunos el ser apóstoles, a otros profetas, a otros evangelistas, a otros pastores y maestros, a fin de capacitar a los santos para la obra del ministerio, para la edificación del cuerpo de Cristo; hasta que todos lleguemos a la unidad de la fe y del pleno conocimiento del Hijo de Dios, a

> la condición de un hombre maduro, a la medida de la estatura de la plenitud de Cristo (Efesios 4:11-13).

¿Qué pasa si no hay enseñanza? ¿Cuál será el resultado inevitable? El siguiente verso nos dice:

> Entonces ya no seremos niños, sacudidos por las olas y llevados de aquí para allá por todo viento de doctrina, por la astucia de los hombres, por las artimañas engañosas del error (versículo 14).

(Ver también 1 Corintios 3:1-3; Hebreos 5:10-14 y 1 Timoteo 4:13-16).

ii. La enseñanza nos equipa para servir a los demás.

> Tú, pues, hijo mío, fortalécete en la gracia que hay en Cristo Jesús. Y lo que has oído de mí en la presencia de muchos testigos, eso encarga a hombres fieles que sean capaces de enseñar también a otros (2 Timoteo 2:1-2).

Ver también 1 Corintios 3:1-3; Hebreos 5:10-14 y Colosenses 3:16.

iii. La enseñanza nos equipa para defender la iglesia contra la herejía.

> Por tanto, de la manera que recibieron a Cristo Jesús el Señor, así anden en Él; firmemente arraigados y edificados en Él y confirmados en su fe, tal como fueron instruidos, rebosando de gratitud. Miren que nadie los haga cautivos por medio de su filosofía y vanas sutilezas, según la tradición de los hombres, conforme a los principios elementales del mundo y no según Cristo. (Colosenses 2:6-8)

Ver también Efesios 4:11-15; Hechos 20:27-31; Judas 3-4. ¿Quién va a hacer la enseñanza? Pablo nombró ancianos en cada iglesia para ser gobernantes y maestros (Hechos 14:23; Tito 1:5), responsables de alimentar y proteger al pueblo de Dios (Hechos 20:28). No todos los ancianos están dotados para enseñar públicamente (pero vea 1 Timoteo 3:2); este es un don especial que no se da a todos (Romanos 12:7), pero al menos uno de ellos debe ser capaz de hacerlo y debe entregarse completamente a esta tarea:

> Los ancianos que gobiernan bien sean considerados dignos de doble honor, principalmente los que trabajan en la predicación y en la enseñanza (1 Timoteo 5:17).
> Y al que se le enseña la palabra, que comparta toda cosa buena con el que le enseña (Gálatas 6:6).

Si los apóstoles (Hechos 6:4), y hombres como Tito y Timoteo (1 Timoteo 4:13-16), vieron la necesidad de entregarse plenamente a la enseñanza de la Palabra, seguramente nosotros también deberíamos ver una necesidad similar en nuestros días. ¿Por qué se ignora esta parte vital del ministerio de la iglesia? ¿No es la causa de muchas de las tragedias que estamos experimentando en la actualidad? Los maestros deben ser competentes para explicar el significado, no sólo de todos los libros de la Biblia, sino también las principales verdades de la fe cristiana. Los maestros son un regalo de Dios para su iglesia; debemos darles la ayuda que necesitan para ejercer su ministerio.

b. Compañerismo

La palabra en griego (koinōnia) con sus derivados, es una palabra muy fuerte y significa compartir algo con otra persona. Siempre se utiliza para las relaciones personales y se traduce de diferentes maneras a lo largo del Nuevo Testamento. Por ejemplo:

i. Pablo dice que la copa que bebemos en la Cena del Señor es "una participación en la sangre de Cristo". La copa simboliza nuestra participación en los frutos del sacrificio de Cristo en la cruz.

Estamos compartiendo la salvación que nos obtuvo en el Calvario (1 Corintios 10:16).

ii. Pedro y Andrés, Santiago y Juan, eran socios en un negocio de pesca antes de que Jesús los llamara a seguirlo. La palabra "socios" viene de la misma palabra griega (Lucas 5:10).

iii. Cuando algunos de los primeros cristianos sufrieron persecución, perdieron sus casas y bienes personales y fueron puestos en prisión, hubo quienes los apoyaron y como resultado sufrieron el mismo destino. Se convirtieron en "compañeros" de los prisioneros y compartieron sus sufrimientos (Hebreos 10:33). Esta palabra también proviene de koinōnia.

iv. Los creyentes pobres de Grecia organizaron una colecta de dinero para sus hermanos judíos en Jerusalén que estaban en gran necesidad. Al darles su dinero, entraban a compartir con ellos al compartir sus sufrimientos (2 Corintios 9:13).

Cuando Cristo sufrió y murió por nosotros, lo hizo para que pudiéramos compartir las bendiciones y los frutos de su muerte. Es dándonos a sí mismo que tiene comunión con nosotros. Sólo cuando compartimos los sufrimientos de los demás dándoles comida, ropa y un lugar en nuestras casas estamos teniendo comunión con ellos. Cuando vemos a un hermano o hermana en gran necesidad financiera y le damos algo de dinero, entonces estamos en comunión con él. Si están enfermos o en prisión y los visitamos para aliviar su sufrimiento, entonces estamos en comunión con ellos. Cuando los primeros cristianos vendieron sus propiedades y bienes mundanos para que nadie tuviera necesidad material, ¡era una verdadera comunión! La comunión significa compartir nuestras vidas con otros.

La verdadera comunión es el resultado del amor cristiano. Cristo dijo: "En esto conocerán todos que sois mis discípulos, si os amáis los unos a los otros" (Juan 13:35). Claramente los hombres tienen que ver algo tangible si quieren saber lo que es realmente el amor cristiano. ¿Qué pueden ver? Cuando los cristianos se dan su tiempo, su preocupación, su simpatía, sus casas y su dinero de manera sacrificada, es una demostración visible del amor cristiano. Esto es lo que significa la comunión: un compartir de nosotros mismos con los demás.

c. Partir el pan

Cristo es nuestra vida, nuestra esperanza y nuestro fundamento (Colosenses 3:4; 1 Timoteo 1:1; 1 Corintios 3:11). Nuestras vidas están construidas sobre él y especialmente sobre su muerte expiatoria en la cruz por nosotros. Cuando instituyó la Cena del Señor (Lucas 22:17-20), dijo a sus discípulos que comieran pan y bebieran vino para recordar que estaba a punto de ofrecer su cuerpo y su sangre en la cruz por ellos. Este es el punto central de nuestra fe, "que Cristo murió por nuestros pecados según las Escrituras". (1 Corintios 15:3). En la Cena del Señor recordamos que le debemos todo a él. Cristo dijo: "Haced esto en memoria mía" (Lucas 22:19). Por lo tanto, en la Cena del Señor debemos:

- Agradécele por su amor, porque murió por nosotros.
- Renueva nuestra fe en su muerte expiatoria.
- Confesar nuestros pecados, pidiendo un nuevo perdón y limpieza.
- Alabado sea nuestro gran Sumo Sacerdote cuya sangre expía nuestros pecados.
- Pida fuerza para vivir para complacerlo en el futuro.
- Únase a su gente según sus órdenes.

La Última Cena se instituyó al final de la Pascua judía (Lucas 22:15), una fiesta que conmemoraba la liberación de Dios de Israel de la horrible esclavitud de Egipto. Cada familia se salvó del juicio de Dios matando un cordero y poniendo su sangre en los postes de sus casas. Al ver la sangre, el ángel de la muerte pasó por todos los hogares judíos. El sacrificio de Jesús, el Cordero de Dios, fue prefigurado en la Pascua judía. Su muerte sacrificial libera, no sólo a los judíos, sino a todos los que creen en él, de la esclavitud del pecado y del dominio de Satanás; "Porque aun Cristo, nuestra Pascua, ha sido sacrificado" (1 Corintios 5:7).

En la última cena Jesús dijo: " Esta copa es el nuevo pacto en Mi sangre, que es derramada por ustedes" (Lucas 22:20). ¿Qué es este nuevo pacto? Fue profetizado en Jeremías 31:31-34 y se describe en detalle en Hebreos 8:7-13. En este maravilloso nuevo pacto, dado a nosotros a través de la sangre de Jesús, Dios promete hacer cinco cosas:

i. Poner sus leyes en nuestras mentes y escribirlas en nuestros corazones.
ii. Ser nuestro Dios y nosotros su pueblo.
iii. Que todos lo conozcamos.
iv. Ser misericordioso con nuestra injusticia.
v. Para no recordar más nuestros pecados e iniquidades.

La iglesia primitiva recordaba al Señor al partir el pan el primer día de cada semana (Hechos 20:7). La Cena del Señor es una proclamación por la iglesia de la muerte del Señor hasta que vuelva (1 Corintios 11:26).

d. Oraciones

La Iglesia primitiva aprendió a depender de Dios para su propia supervivencia a través de la oración unida (Hechos 4:24-31). Cuando su líder, Pedro, fue puesto en prisión, fue milagrosamente liberado en respuesta a las oraciones unidas de la iglesia (Hechos 12:5-11). La oración es un arma poderosa y la Iglesia aprendió a usarla contra todos sus enemigos. La oración expresa el hecho de que somos completamente dependientes de Dios para todas nuestras necesidades.

Jesús a menudo oró a su Padre y enseñó a sus seguidores a hacer lo mismo. Nos dijo que lo hiciéramos en todo momento (Lucas 18:1), en privado (Mateo 6:6) y con otros (Mateo 18:19-20). Hizo hincapié en que la fe en la capacidad de Dios para responder a la oración es esencial si queremos recibir respuestas de él (Mateo 21:21-22). La oración debe hacerse siempre en nombre de Cristo (Juan 14:13), y nuestras peticiones deben estar de acuerdo con la voluntad revelada de Dios (1 Juan 5:14). Hay diferentes tipos de oración:

- Acción de Gracias
- Alabanza
- Adoración
- Confesión de pecado
- Intercesión por los demás
- Petición para nosotros mismos

El Padre Nuestro (Mateo 6:7-15) es considerado como un modelo de oración, ya que nos muestra el orden correcto de nuestras oraciones. Comienza y termina con Dios y su reino, nuestras propias peticiones están en el medio y hay una conciencia siempre presente de la necesidad de pedir su perdón.

i) Hemos notado cuatro atributos o características principales de la verdadera iglesia. La iglesia es: Apostólica; Unida; Santa y Universal.
ii) Hemos observado las cuatro actividades principales de la Iglesia. Son las siguientes: Predicación y Enseñanza; Hermandad; Partición del Pan y Oraciones.

A esto debemos añadirle las alabanzas. Cantar la alabanza de Dios es una parte importante de nuestra adoración y puede expresarse en salmos, himnos o cantos espirituales (Efesios 5:19). ¿Pero qué hay del tema tan importante del evangelismo? ¿No debería añadirse a las cuatro características principales de la iglesia? ¡Sí, en efecto debería! Así, en el libro de los Hechos vemos a Dios guiando a su iglesia naciente (judía) para abrir la puerta de la fe a los gentiles (Hechos 10:28-40). No sólo eso, sino que vemos que la iglesia del Nuevo Testamento nació en una gran reunión evangelística el día de Pentecostés (Hechos 2:1-41). El evangelio, con las señales que lo seguían, fue rápidamente difundido entre los judíos por los discípulos, a pesar de la reacción hostil y la persecución (Hechos 11:19; 21:20).

Dios también envió a Felipe a predicar el evangelio a un etíope (Hechos 8:27-38) para que el evangelio fuera a Etiopía, y Dios designó a Pablo como el Apóstol de los Gentiles (2 Timoteo 1:11) para que el evangelio se extendiera por todo el mundo romano. Así comenzaron a cumplirse las palabras de despedida de Cristo a sus discípulos, y son el mandato de la Iglesia hasta el final de los tiempos (Mateo 28:19-20).

Los reformadores protestantes sostuvieron que hay tres características de una verdadera iglesia:

i) Predica la Palabra.
ii) Dispensa los sacramentos.
iii) Ejerce la disciplina.

Ya hemos hablado de los dos primeros. El tercero también es muy importante. Donde no hay un liderazgo y disciplina adecuados, el pecado y la locura, si no se controlan, destruirán cualquier iglesia. Vemos que cuando la iglesia de Corinto estuvo en peligro de ser destruida por las divisiones internas rebeldes, el orgullo y la inmoralidad, Pablo tuvo que ejercer una fuerte y severa disciplina para restaurar la armonía y evitar que se destruyera a sí misma. La administración de la disciplina es por lo tanto una marca esencial de la iglesia.

5. La disciplina de la Iglesia

La actitud de Dios hacia el pecado, ya sea a nivel personal o nacional, es siempre la misma - la luz no puede coexistir con la oscuridad, ni Dios puede ser nunca amigo de Mammón:

> ¿O qué acuerdo tiene el templo de Dios con los ídolos? Porque nosotros somos el templo del Dios vivo, como Dios dijo: "Habitaré en ellos, y andaré

> entre ellos; Y seré su Dios, y ellos serán Mi pueblo. Por tanto, salgan de en medio de ellos y apártense", dice el Señor; "Y no toquen lo inmundo, y Yo los recibiré. Yo seré un padre para ustedes, y ustedes serán para Mí hijos e hijas", dice el Señor Todopoderoso. (2 Corintios 6:16-18).

Véase también Ezequiel 43:5-7. Sin embargo, todos los creyentes experimentan un continuo conflicto con el pecado, con el mundo y con su enemigo el Diablo:

> Porque el deseo de la carne es contra el Espíritu, y el del Espíritu es contra la carne, pues estos se oponen el uno al otro, de manera que ustedes no pueden hacer lo que deseen (Gálatas 5:17).

Ver también Romanos 7:18-25. En cada creyente y en cada iglesia viviente este conflicto continúa sin interrupción día y noche, ¡porque Satanás nunca duerme! Por lo tanto, los líderes de las iglesias tienen que ser vigilantes tanto de ellos mismos como de las ovejas que se les encomiendan. De hecho, es responsabilidad de cada cristiano vigilar no sólo su propia conducta, sino también su relación con los compañeros creyentes en su comunidad eclesial.

Cuando se producen desacuerdos, discusiones y disputas entre individuos, ¿qué se debe hacer? Jesús da una guía muy clara de cómo resolver las disputas personales para que el pecado sea tratado adecuadamente:

> Si tu hermano peca, ve y repréndelo a solas; si te escucha, has ganado a tu hermano. Pero si no te escucha, lleva contigo a uno o a dos más, para que toda palabra sea confirmada por boca de dos o tres testigos. [ver Deuteronomio 17:6; 19:15]. Y si rehúsa escucharlos, dilo a la iglesia; y si también rehúsa escuchar a la iglesia, sea para ti como el gentil y el recaudador de impuestos (Mateo 18:15-17).

El objeto principal de este proceso disciplinario es reconciliar a los creyentes y restaurar la comunión (ver también Gálatas 6:1). Sacar a la gente de la iglesia (excomunión) es el último recurso cuando todo lo demás no ha logrado la reconciliación.

La iglesia está llamada a ser una comunidad santa en la que Dios vive por su Espíritu:

> Así pues, ustedes ya no son extraños ni extranjeros, sino que son conciudadanos de los santos y son de la familia de Dios. Están edificados sobre el fundamento de los apóstoles y profetas, siendo Cristo Jesús mismo la piedra angular, en quien todo el edificio, bien ajustado, va creciendo para ser un templo santo en el Señor. En Cristo también ustedes son juntamente edificados para morada de Dios en el Espíritu (Efesios 2:19-22).

Por lo tanto, es responsabilidad de los líderes de la iglesia local asegurarse de que la comunidad de Dios se limpie de los miembros no arrepentidos que persisten en el pecado abierto. El Nuevo Testamento menciona varios ejemplos para que no tengamos dudas sobre los tipos de pecado que necesitan su atención:

- Los que causan divisiones y se oponen a la enseñanza bíblica (Romanos 16:17; Tito 3:10).
- Los que cometen adulterio y otros pecados sexuales (1 Corintios 5:1-5; 6:9).
- Los que son codiciosos, idólatras, maldicientes, borrachos o estafadores (1 Corintios 5:11).
- Aquellos que rechazan la simple enseñanza de la Biblia (2 Tesalonicenses 3:14-15).
- Los que blasfeman (1 Timoteo 1:9).
- Los que promueven y enseñan la herejía (2 Juan 10-11).

¿Cómo debe ejercerse la disciplina? ¿Y por quién? La disciplina debe ser ejercida primero en privado y personalmente para ver si se puede lograr el arrepentimiento (ver Mateo 18:15-17). Si la(s) persona(s) no se arrepiente(n) y es(son) desafiante(s) y desobediente(s), Jesús dice:

"Díselo a la iglesia" (v.17). Los líderes, después de investigar el caso y entrevistar a la persona en cuestión, deben, después de consultar juntos, convocar a toda la iglesia e informarles de los hechos del caso. Habiendo obtenido el consentimiento de la iglesia, los líderes proceden a anunciar la excomunión del individuo de la comunidad eclesiástica:

> En el nombre de nuestro Señor Jesús, cuando estén reunidos, y yo con ustedes en espíritu, con el poder de nuestro Señor Jesús, entreguen a ese tal a Satanás para la destrucción de su carne, a fin de que su espíritu sea salvo en el día del Señor Jesús (1 Corintios 5:4-5).

Los excomulgados de esta manera no deben ser considerados como nuestros enemigos; más bien, si tenemos la oportunidad, debemos amonestarlos con la esperanza de que se recuperen (2 Tesalonicenses 3:15). Pero hasta que no haya arrepentimiento no podemos tener ningún contacto social con ellos (1 Corintios 5:11; 2 Tesalonicenses 3:6; 2 Juan 10) para que reconozcan la gravedad del pecado o pecados que los ha colocado fuera de la iglesia en el mundo en el que reina Satanás. Si la persona excomulgada se arrepiente públicamente y con honestidad, debe ser acogida de nuevo en la comunidad de la iglesia (2 Corintios 2:6-8).

¿Cuáles son los principales propósitos de la disciplina de la iglesia? La Confesión de Westminster (30:3) menciona lo siguiente:

- Para reclamar y recuperar a los que han errado de la Palabra de Dios.
- Para advertir y disuadir a otros de caer en delitos similares.
- Para purgar la levadura maligna para que no afecte a toda la iglesia.
- Para preservar el honor de Cristo y la profesión de su evangelio.
- Para evitar que la ira de Dios caiga sobre la iglesia.

PREGUNTAS

1. Describa el significado de Iglesia según el Nuevo Testamento.
2. ¿Qué descripciones se usan en el Nuevo Testamento para referirse a la iglesia?
3. ¿Cuáles son las cuatro características principales de la iglesia?
4. ¿Cuáles son las cuatro actividades principales de la iglesia?
5. ¿En qué se basan las Iglesias Católica Romana y Ortodoxa para decir que son las únicas Iglesias verdaderamente apostólicas?
6. ¿Por qué es importante la disciplina de la iglesia?

CAPÍTULO 20: LA SEGUNDA VENIDA DE CRISTO

1. **Prepárate.**
    a. **Cristo dijo que volverá.**
    b. **Los ángeles dijeron que volverá.**
    c. **Los apóstoles dijeron que volverá.**
2. **Los eventos que deben preceder a su llegada.**
    a. **Cinco eventos.**
3. **El tiempo de la Segunda Venida.**
4. **La naturaleza de la Segunda Venida.**
    a. **Un retorno personal y físico.**
    b. **Un retorno visible.**
    c. **Un retorno repentino.**
    d. **Un regreso triunfal.**
5. **El propósito de la Segunda Venida.**
    a. **Culminar la obra de la redención.**
    b. **Liberar a la Iglesia.**
    c. **Resucitar a los muertos - el mal y el bien.**
    d. **Juzgar a los vivos y a los muertos.**
6. **El milenio.**
    a. **Postura premilenarista.**
    b. **Postura postmilenarista.**
    c. **Postura amilenarista.**

1. Prepárate

En Mateo 25 los discípulos de Cristo le hicieron tres preguntas:

i) ¿Cuándo se destruirán Jerusalén y el Templo?

ii) ¿Cuándo ocurrirá su Segunda Venida?

iii) ¿Cuándo será el fin del mundo? (Mateo 24:3)

Cristo responde a estas tres preguntas con detalle en este capítulo y también en Marcos 13 y Lucas 21. Después les advirtió que se preparen para su venida, y que no sean como la generación de Noé, que no creyó en las advertencias del patriarca y no estaban preparados para el gran diluvio que se avecinaba:

> Pero de aquel día y hora nadie sabe, ni siquiera los ángeles del cielo, ni el Hijo, sino solo el Padre. Porque como en los días de Noé, así será la venida del Hijo del Hombre... Por eso, también ustedes estén preparados, porque a la hora que no piensan vendrá el Hijo del Hombre (Mateo 24:36,37,44). Velen, pues no saben ni el día ni la hora (Mateo 25:13).

En el capítulo veinticinco Jesús cuenta dos parábolas, la parábola de las vírgenes sabias y necias y la parábola de los talentos. Lo hizo para enfatizar la necesidad no sólo de estar listo para su venida, sino también de servirle fielmente mientras tanto. Aquellos que lo hagan recibirán su reconocimiento: "Su señor le dijo: "Bien, siervo bueno y fiel; en lo poco fuiste fiel, sobre mucho te pondré; entra en el gozo de tu señor" (Mateo 25:21).

a. Cristo dijo que volverá

> Entonces aparecerá en el cielo la señal del Hijo del Hombre; y todas las tribus de la tierra harán duelo, y verán al Hijo del Hombre que viene sobre las nubes del cielo con poder y gran gloria (Mateo 24:30).

Y si me voy y les preparo un lugar, vendré otra vez y los tomaré adonde Yo voy; para que donde Yo esté, allí estén ustedes también. (Juan 14:3)

b. Los ángeles dijeron que vendría de nuevo

Mientras Jesús ascendía, estando ellos mirando fijamente al cielo, se les presentaron dos hombres en vestiduras blancas, que les dijeron: "Varones galileos, ¿por qué están mirando al cielo? Este mismo Jesús, que ha sido tomado de ustedes al cielo, vendrá de la misma manera, tal como lo han visto ir al cielo" (Hechos 1:10-11).

c. Los apóstoles dijeron que vendría de nuevo

Por lo cual les decimos esto por la palabra del Señor: que nosotros los que estemos vivos y que permanezcamos hasta la venida del Señor, no precederemos a los que durmieron. Pues el Señor mismo descenderá del cielo con voz de mando, con voz de arcángel y con la trompeta de Dios, y los muertos en Cristo se levantarán primero (1 Tesalonicenses 4:15-16).
Y Él envíe a Jesús, el Cristo designado de antemano para ustedes. A Él el cielo debe recibir hasta el día de la restauración de todas las cosas, acerca de lo cual Dios habló por boca de Sus santos profetas desde tiempos antiguos. (Hechos 3:20-21).

¿Cuándo vendrá? Sólo Dios Padre sabe la hora exacta (Mateo 24:36), pero cuando venga será como un ladrón en la noche (1 Tesalonicenses 5:2). Será totalmente inesperado (Mateo 24:44), y será muy repentino (Apocalipsis 22:7). La Biblia dice que antes de su Segunda Venida deben haber ocurrido ciertos eventos, los cuales son:

2. Los eventos que deben preceder a su llegada

i) La predicación del evangelio a todas las naciones. Cristo dijo que su evangelio debe ser predicado universalmente. Esto significa que será reconocido y entendido en todas las naciones del mundo:

> Y este evangelio del reino se predicará en todo el mundo como testimonio a todas las naciones, y entonces vendrá el fin (Mateo 24:14).
> Vayan, pues, y hagan discípulos de[a] todas las naciones, bautizándolos en el nombre del Padre y del Hijo y del Espíritu Santo (Mateo 28:19).

Isaías había profetizado que la misión del Mesías no era sólo para los judíos sino también para los gentiles:

> Este es Mi Siervo, a quien Yo sostengo, Mi escogido, en quien Mi alma se complace. He puesto Mi Espíritu sobre Él; Él traerá justicia a las naciones... Yo soy el Señor, en justicia te he llamado. Te sostendré por la mano y por ti velaré, Y te pondré como pacto para el pueblo, Como luz para las naciones (Isaías 42:1,6).

Simón Pedro fue la persona que Dios eligió para ser el primero en predicar el evangelio a los gentiles, cuando Cornelio el centurión romano y su familia se convirtieron en los primeros gentiles (Hechos 10:1-48):

> Simón ha relatado cómo Dios al principio tuvo a bien tomar de entre los gentiles un pueblo para Su nombre (Hechos 15:14).

Cristo también profetizó que aunque había sido enviado a las ovejas perdidas de la casa de Israel también había venido como el Buen Pastor de los Gentiles:

> Tengo otras ovejas que no son de este redil; a esas también Yo debo traerlas, y oirán Mi voz, y serán un rebaño con un solo pastor (Juan 10:16).

Ver también Isaías 11:10; Mateo 8:11; Lucas 2:29-32; Romanos

9:24-26; Efesios 2:11-13. Pablo dice que la futura conversión de Israel no tendrá lugar hasta que se salven todos los gentiles:

> Porque no quiero, hermanos, que ignoren este misterio, para que no sean sabios en su propia opinión: que a Israel le ha acontecido un endurecimiento parcial hasta que haya entrado la plenitud de los gentiles (Romanos 11:25).

ii) La conversión de los judíos. Dios envió a Cristo a las ovejas perdidas de la casa de Israel (Mateo 15:24) pero sus líderes lo rechazaron, así que el reino de Dios les fue arrebatado (Mateo 21:43) y entregado a los gentiles. Esto no significa que Dios haya rechazado totalmente a los judíos y que nunca más tendrá tratos con ellos en el futuro. En los capítulos nueve, diez y once de Romanos, Pablo explica que el rechazo de Dios a ellos en el tiempo de Cristo no es definitivo sino sólo temporal. Menciona siete cosas:

- Israel sigue siendo una nación separada y distinta (9:4)
- Sus promesas y bendiciones del pacto siguen siendo válidas (9:4-5)
- Dios definitivamente no ha rechazado finalmente a Israel (11:1-5)
- La caída de Israel es sólo temporal. (11:11)
- Dios tiene planes para aceptarlos de nuevo con gran bendición. (11:12-15)
- Israel es el olivo de Dios. Las ramas que él rompió las injertará de nuevo. (11:20-23)
- Cuando todo el número de gentiles se salve, Dios quitará la dureza de corazón de Israel y los salvará también. (11:25-26)

> Y si su transgresión es riqueza para el mundo, y su fracaso es riqueza para los gentiles, ¡cuánto más será su plenitud... Porque si el excluirlos a ellos es la reconciliación del mundo, ¿qué será su admisión, sino vida de entre los muertos? (Romanos 11:12, 15).

> Porque no quiero, hermanos, que ignoren este misterio, para que no sean sabios en su propia opinión: que a Israel le ha acontecido un endurecimiento parcial hasta que haya entrado la plenitud de los gentiles. Así, todo Israel será salvo, tal como está escrito: "El Libertador vendrá de Sión; apartará la impiedad de Jacob. Y este es Mi pacto con ellos, cuando Yo quite sus pecados" (Romanos 11:25-27).

Estos tres capítulos en Romanos muestran que Dios tiene planes para salvar a su pueblo antiguo antes de que Cristo vuelva. Algunos cristianos creen que la restauración del estado judío en 1948, y el retorno de Jerusalén a la soberanía de Israel en 1967, son señales de que Dios está empezando a cumplir su promesa. Dicen que los siguientes textos se refieren a una reunión de judíos, no sólo de Babilonia, sino de todo el mundo; Isaías 11:11 y 12; Ezequiel 36:24-28; Amós 9:14-15 y Zacarías 8:1-8. Ellos ven estos eventos como las primicias de mayores bendiciones aún por venir. Sin embargo, otros cristianos no están tan seguros. Señalan que los judíos que han regresado a Israel no han aceptado, con pocas excepciones, a Jesús como Mesías, ni han regresado con nuevos corazones (Deuteronomio 30:1-10).

iii) La apostasía y la gran tribulación. En Mateo 24:4-14 Jesús le dice a sus discípulos "señales de los tiempos" específicas que anunciarán el fin de la era. Uno de ellos es la gran apostasía. En los versículos 15-22 les advierte sobre los terribles acontecimientos que rodean la caída de Jerusalén. En los versículos 23-28 alerta sobre la aparición de falsos cristos y falsos profetas. Desde los versículos 29-31 habla de los eventos finales. Parece que justo antes de su llegada, ocurrirán días de gran tribulación:

> Pero inmediatamente después de la tribulación de esos días, el sol se oscurecerá, la luna no dará su luz, las estrellas caerán del cielo y las potencias de los cielos serán sacudidas (Mateo 24:29).

Durante este tiempo también habrá muy poca fe:

> ¿Y no hará Dios justicia a Sus escogidos, que claman a Él día y noche? ¿Se tardará mucho en responderles? Les digo que pronto les hará justicia. No obstante, cuando el Hijo del Hombre venga, ¿hallará fe en la tierra? (Lucas 18:7-8).

Pero con respecto a la venida de nuestro Señor Jesucristo y a nuestra reunión con Él, les rogamos, hermanos, que no sean sacudidos fácilmente en su modo de pensar, ni se alarmen, ni por espíritu, ni por palabra, ni por carta como si fuera de nosotros, en el sentido de que el día del Señor ha llegado. Que nadie los engañe en ninguna manera, porque no vendrá sin que primero venga la apostasía y sea revelado el hombre de pecado, el hijo de perdición (2 Tesalonicenses 2:1-3).

iv) La revelación del Hombre de Pecado, el Anticristo. Desde el Jardín del Edén, Satanás ha estado trabajando contra Dios, buscando frustrar sus propósitos y derrotar a su pueblo. Tiene muchos ángeles caídos y espíritus malignos que trabajan con él y aparecen en muchas formas diferentes. Una de ellas es el anticristo, que pretende ser algo parecido a Cristo, pero en realidad trabaja para derribar y destruir todo lo que Cristo ha hecho. Incluso en los días del apóstol Juan muchos anticristos aparecieron:

> Hijitos, es la última hora, y así como oyeron que el anticristo viene, también ahora han surgido muchos anticristos. Por eso sabemos que es la última hora... ¿Quién es el mentiroso, sino el que niega que Jesús es el Cristo? Este es el anticristo, el que niega al Padre y al Hijo (1 Juan 2:18, 22).
> Y todo espíritu que no confiesa a Jesús, no es de Dios, y este es el espíritu del anticristo, del cual ustedes han oído que viene, y que ahora ya está en el mundo (1 Juan 4:3).

Pablo nos dice que una forma mortal que el Anticristo asumirá es la de una persona, el Hombre de Pecado:

> Que nadie los engañe en ninguna manera, porque no vendrá sin que primero venga la apostasía y sea revelado el hombre de pecado, el hijo de perdición. Este se opone y se exalta sobre todo lo que se llama dios o es objeto de culto, de manera que se sienta en el templo de Dios, presentándose como si fuera Dios (2 Tesalonicenses 2:3-4).

En Apocalipsis 13 Juan ve una visión de dos terribles bestias de presa emergiendo, una de la tierra y otra del mar. Sirven al gran dragón rojo que tiene siete cabezas y diez cuernos - el Diablo mencionado en el capítulo anterior. La bestia que emerge del mar tiene un gran poder y una arrogancia aún mayor contra Dios:

> Y abrió su boca con blasfemias contra Dios, para blasfemar Su nombre y Su tabernáculo, es decir, contra los que moran en el cielo. Se le concedió hacer guerra contra los santos y vencerlos. Y se le dio autoridad sobre toda tribu, pueblo, lengua y nación. Adorarán a la bestia todos los que moran en la tierra, cuyos nombres no han sido escritos desde la fundación del mundo en el libro de la vida del Cordero que fue inmolado (Apocalipsis 13:6-8).

En esta bestia diabólica podemos ver ciertas características que también serán verdaderas del Hombre de Pecado - blasfemia contra Dios, oposición al pueblo de Dios y la aceptación de la adoración como si fuera Dios. Él es definitivamente una persona, y lo hará ser la encarnación misma del espíritu del Anticristo que ya está trabajando en el mundo.

v) Señales en el cielo y la tierra. En Mateo 24 Jesús dice a sus discípulos que ciertos eventos caracterizarán los tiempos entre su primera y segunda venida. Este período es conocido en el Nuevo Testamento como "los últimos tiempos" (Hebreos 1:1-2; 2 Timoteo 3:1-5). Jesús les dice que verán varias cosas, que él llama 'el comienzo de los dolores' (v.8):

- La nación luchando contra la nación
- El reino luchando contra el reino

- Hambrunas
- Pestilencias
- Terremotos
- Persecuciones
- Falsos cristos y falsos profetas
- La anarquía mundial
- Apostasía

Hacia el final de la era estas cosas darán lugar a desórdenes y señales celestiales:

- El sol, la luna y las estrellas mostrarán señales
- La angustia y la ansiedad en todo el mundo se extenderán
- Los poderes celestiales serán sacudidos
- El sol y la luna se oscurecerán
- Las estrellas caerán
- La señal del Hijo del Hombre aparecerá en el cielo

Una conjunción de todas estas cosas hará que todos los que viven en la tierra se den cuenta de que su fin está cerca:

> Entonces verán al Hijo del Hombre que viene en una nube con poder y gran gloria. Cuando estas cosas empiecen a suceder, levántense y alcen la cabeza, porque se acerca su redención (Lucas 21:27-28).

3. El tiempo de la Segunda Venida

A lo largo de la historia ha habido quienes han predicho con confianza la fecha exacta de la Segunda Venida. ¡Miles de personas han creído que sólo se decepcionaron cuando llegó el día y no pasó nada! Los cristianos nunca deberían cometer este error porque está escrito: "Pero de aquel día y hora nadie sabe, ni siquiera los ángeles del cielo, ni el Hijo, sino solo el Padre" (Mateo 24:36).

Si nuestro Señor Jesucristo no conoce la fecha exacta de su regreso, cuánto menos debería cualquier ser humano tratar de predecir cuándo será ese día. La Biblia nos dice que hagamos dos cosas:

i) Para estar preparado para ello.
ii) Para observar los signos que lo preceden.

4. La naturaleza de la Segunda Venida

a. Un retorno personal y físico

Se nos dice que esperemos que Jesús regrese a este mundo de la misma manera en que lo hizo después de su resurrección, pero esta vez regresará pública y gloriosamente:

> Varones galileos, ¿por qué están mirando al cielo? Este mismo Jesús, que ha sido tomado de ustedes al cielo, vendrá de la misma manera, tal como lo han visto ir al cielo (Hechos 1:11).

Aunque Jesús tiene ahora un cuerpo glorificado, su físico seguirá siendo parecido al que vieron en la tierra:

> Él viene con las nubes, y todo ojo lo verá, aun los que lo traspasaron; y todas las tribus de la tierra harán lamentación por Él. Sí. Amén. (Apocalipsis 1:7)

Ver también Filipenses 3:20; Colosenses 3:4; 1 Tesalonicenses 2:19; 3:13, 4:15-17.

b. Un retorno visible

Algunos cristianos creen que habrá dos Segundas Venidas, una será secreta y otra pública, la primera cuando Jesús venga por su iglesia y la segunda cuando venga con su iglesia al final de la era. Pero Jesús nunca dijo que habría dos venidas, sino sólo una, y que sería visible para todo el mundo.

> Jesús le contestó: "Tú mismo lo has dicho; sin embargo, a ustedes les digo que desde ahora verán al Hijo del Hombre sentado a la diestra del Poder, y viniendo sobre las nubes del cielo" (Mateo 26:64).
> Aguardando la esperanza bienaventurada y la manifestación de la gloria de nuestro gran Dios y Salvador Cristo Jesús (Tito 2:13).

Ver también 2 Tesalonicenses1: 3-10; Hebreos 9:28.

c. Un regreso repentino

Aunque la venida del Señor será precedida por muchas señales y eventos, la gran mayoría de la humanidad no estará preparada para esto. Así como fue antes del diluvio cuando, a pesar de muchas advertencias, la gente siguió con sus vidas desordenadas y por lo tanto el juicio los tomó completamente por sorpresa, así para la mayoría de la humanidad la Segunda Venida será repentina e inesperada:

> Pues ustedes mismos saben perfectamente que el día del Señor vendrá así como un ladrón en la noche; que cuando estén diciendo: "Paz y seguridad", entonces la destrucción vendrá sobre ellos repentinamente, como dolores de parto a una mujer que está encinta, y no escaparán (1 Tesalonicenses 5:2-3).
> El que testifica de estas cosas dice: "Sí, vengo pronto". Amén. Ven, Señor Jesús (Apocalipsis 22:20).

Velen, pues no saben ni el día ni la hora (Mateo 25:13).

d. Un regreso triunfal

Cuando Cristo vino por primera vez a este mundo, vino como un bebé indefenso nacido de una familia pobre. Cuando murió, sus únicas posesiones materiales fueron una capa y un par de sandalias, pero en su retorno será como Rey de Reyes y Señor de los Señores. El cuerpo de su humillación ya se ha transformado en un cuerpo glorificado. Su aparición será dramática y gloriosa:

- Las nubes del cielo serán su carroza.
- Su ejército será de miles de ángeles.
- Los arcángeles serán sus heraldos.
- Los santos serán su séquito.
- Las trompetas y un gran grito anunciarán su llegada. (Mateo 24:30-31; 26:64; 1 Tesalonicenses 4:16).

5. El propósito de la Segunda Venida

a. Culminar la obra de la redención

Cristo vino a buscar y salvar a los perdidos y a reunir en su iglesia a judíos y gentiles en un solo cuerpo. Comenzó esta gran obra, pero después que Jesús resucitó, esta fue dada al Espíritu Santo, obrando a través de la iglesia, para aplicar la salvación de Cristo a los hombres y mujeres de todo el mundo hasta el día en que Jesús regrese:

> Ahora bien, no dijo esto de su propia iniciativa, sino que siendo el sumo sacerdote ese año, profetizó que Jesús iba a morir por la nación; y no solo por la nación, sino también para reunir en uno a los hijos de Dios que están esparcidos (Juan 11:51-52).
> Simón ha relatado cómo Dios al principio tuvo a bien tomar de entre los gentiles un pueblo para Su nombre (Hechos 15:14).

La iglesia de Cristo se asemeja a un templo sagrado en edificación. Dios es el constructor y cada creyente una piedra a la que da forma, tamaño y construye en los muros de su poderoso templo:

> Están edificados sobre el fundamento de los apóstoles y profetas, siendo Cristo Jesús mismo la piedra angular, en quien todo el edificio, bien ajustado, va creciendo para ser un templo santo en el Señor (Efesios 2:20-21).

Una vez que el número de los elegidos se haya completado, esto significará que el santo templo de Dios está terminado y la obra de redención de Cristo cumplida. El templo está ahora listo para ser una habitación de Dios a través del Espíritu.

b. Entregar la iglesia

Parece que en el momento de la Segunda Venida el mundo estará en un estado de agitación, la maldad estará en todas partes rampante, y la iglesia bajo persecución. La aparición de Cristo coincidirá con un período de gran prueba y angustia para los creyentes que aún quedan en la tierra:

> Desfalleciendo los hombres por el temor y la expectación de las cosas que vendrán sobre el mundo; porque las potencias de los cielos serán sacudidas. "Entonces verán al Hijo del Hombre que viene en una nube con poder y gran gloria. Cuando estas cosas empiecen a suceder, levántense y alcen la cabeza, porque se acerca su redención" (Lucas 21:26-28).
>
> Mientras yo miraba, este cuerno hacía guerra contra los santos y prevalecía sobre ellos, hasta que vino el Anciano de Días y se hizo justicia a favor de los santos del Altísimo, y llegó el tiempo cuando los santos tomaron posesión del reino (Daniel 7:21-22).

Ver también 1 Corintios 15:24-25; Apocalipsis 6:10-11.

c. Resucitar a los muertos, el mal y el bien

Cuando aparezca, los muertos serán resucitados de sus tumbas o dondequiera que hayan muerto. Esto se llama la resurrección general. Cristo traerá del cielo a los santos que murieron en el Señor, y sus espíritus se reunirán con sus nuevos cuerpos glorificados. Los muertos incrédulos también se reunirán con sus cuerpos, una verdadera y vasta compañía de hombres y mujeres, niños y niñas, ¡compuesta por todos los que han vivido en la tierra!

> Y después de deshecha mi piel, aun en mi carne veré a Dios (Job 19:26).
>
> No se queden asombrados de esto, porque viene la hora en que todos los que están en los sepulcros oirán Su voz, y saldrán: los que hicieron lo bueno, a resurrección de vida, y los que practicaron lo malo, a resurrección de juicio (Juan 5:28-29).
>
> También vi a los muertos, grandes y pequeños, de pie delante del trono, y los libros fueron abiertos. Otro libro fue abierto, que es el libro de la vida, y los muertos fueron juzgados por lo que estaba escrito en los libros, según sus obras. El mar entregó los muertos que estaban en él, y la Muerte y el Hades entregaron a los muertos que estaban en ellos. Y fueron juzgados, cada uno según sus obras (Apocalipsis 20:12-13).

Ver también 1 Corintios 15:51-55; 1 Tesalonicenses 4:14-18.

d. Juzgar a los vivos y a los muertos

A la vuelta de Cristo todos los errores serán corregidos. Cada alma que haya vivido alguna vez recibirá su justa recompensa. Todos aquellos que escaparon del castigo por sus crímenes durante esta vida no escaparán ahora. Cosas secretas, ocultas en la oscuridad por mucho tiempo, serán expuestas y llevadas a la brillante luz de la presencia de Dios. Satanás y todos sus malvados ángeles serán condenados:

> Pero cuando el Hijo del Hombre venga en Su gloria, y todos los ángeles con Él, entonces Él se sentará en el trono de Su gloria; y serán reunidas delante de Él todas las naciones; y separará a unos de otros, como el pastor separa las ovejas de los cabritos. Y pondrá las ovejas a Su derecha y los cabritos a la izquierda... Estos irán al castigo eterno, pero los justos a la vida eterna (Mateo 25:31-33,46).
>
> Porque Dios traerá toda obra a juicio, junto con todo lo oculto, sea bueno o sea malo (Eclesiastés 12:14).
>
> Dando castigo a los que no conocen a Dios, y a los que no obedecen al evangelio de nuestro Señor Jesús. Estos sufrirán el castigo de eterna destrucción, excluidos de la presencia del Señor y de la gloria de Su poder, cuando Él venga para ser glorificado en Sus santos en aquel día y para ser admirado entre todos los que han creído; porque nuestro testimonio ha sido creído por ustedes (2 Tesalonicenses 1:8-10).
>
> Los cristianos no entrarán en un juicio condenatorio, porque Cristo ya ha pagado la pena por sus pecados y, en su gracia, les ha concedido la vida eterna (Juan 5:24).

Sin embargo, habrá un juicio sobre nuestro servicio a Dios y una justa evaluación del uso que hemos hecho de nuestros dones, oportunidades y tiempo. Cristo mismo recompensará a los que lo han hecho bien y reprenderá a los que no lo han hecho:

> Porque sabemos que si la tienda terrenal que es nuestra morada, es destruida, tenemos de Dios un edificio, una casa no hecha por manos, eterna en los cielos (2 Corintios 5:10).
>
> La obra de cada uno se hará evidente; porque el día la dará a conocer, pues con fuego será revelada. El fuego mismo probará la calidad de la obra de cada uno. Si permanece la obra de alguien que ha edificado sobre el fundamento, recibirá recompensa. Si la obra de alguien es consumida por el fuego, sufrirá pérdida; sin embargo, él será salvo, aunque así como a través del fuego (1 Corintios 3:13-15).
>
> No se dejen engañar, de Dios nadie se burla; pues todo lo que el hombre siembre, eso también segará. Porque el que siembra para su propia carne, de la carne segará corrupción, pero el que siembra para el Espíritu, del Espíritu segará vida eterna (Gálatas 6:7-8).

6. El milenio

Esta palabra se refiere a un período de mil años. Sólo se menciona en un capítulo de la Biblia, el Apocalipsis 20:

> El ángel prendió al dragón, la serpiente antigua, que es el Diablo y Satanás, y lo ató por mil años. Lo arrojó al abismo, y lo encerró y puso un sello sobre él para que no engañara más a las naciones, hasta que se cumplieran los mil años. Después de esto debe ser desatado por un poco de tiempo. También vi tronos, y se sentaron sobre ellos los que se les concedió autoridad para juzgar. Y vi las almas de los que habían sido decapitados por causa del testimonio de Jesús y de la palabra de Dios, y a los que no habían adorado a la bestia ni a su imagen, ni habían recibido la marca sobre su frente ni sobre su mano. Volvieron a la vida y reinaron con Cristo por mil años (Apocalipsis 20:2-4).

Juan ve esto como una visión, no en la tierra, sino en el cielo donde las almas de los mártires reinan con Cristo durante mil años. ¿Dónde encaja este milenio, mencionado en el Libro del Apocalipsis, en la secuencia de eventos descritos por Cristo en Mateo 24 o por Pablo en 2 Tesalonicenses 2, ya que no se menciona en estos pasajes? Hay tres puntos de vista principales sobre el milenio:

a. Premilenarismo

Esta opinión sostiene que Cristo volverá antes del milenio. Según sus defensores, el orden de los acontecimientos será el siguiente:

- Antes del regreso de Cristo habrá una apostasía mundial.
- Cristo viene de repente y en secreto para llevar a sus santos al cielo.
- El Anticristo gobernará la tierra durante siete años y habrá un período de gran tribulación.

- Cristo volverá entonces con poder y gran gloria. Derrota a Satán en la batalla del Armagedón. Cristo reina en Jerusalén durante mil años y restaura el culto del templo y sus sacrificios. Todo Israel se salvará. Los incrédulos que sobrevivan a la gran tribulación compartirán las bendiciones del reino milenario.
- Después del milenio Satanás será liberado, se rebelará contra Dios y será finalmente derrotado. A esto le seguirá la resurrección de los malvados y el Juicio Final.

b. Postmilenarismo

- Esta visión sostiene que, a través de la predicación del evangelio, el reino de Cristo crecerá gradualmente hasta que el mundo entero esté lleno del conocimiento de la gloria de Dios como las aguas cubren el mar. El cristianismo prevalecerá entonces sobre la tierra durante mil años, tiempo durante el cual Satanás está atado.
- Satanás se rebelará y será derrotado por Cristo en su Segunda Venida.
- Los muertos serán entonces resucitados, seguido por el Juicio Final.

c. Amilenarismo

Esta visión sostiene que el milenio mencionado en el Libro del Apocalipsis, en sí mismo un libro de imágenes y lenguaje figurativo, es puramente simbólico. El milenio, El reino es claramente celestial, no terrenal. Es un reino que los creyentes comparten con Cristo, ya que Él gobierna todas las cosas en interés de su iglesia. Siempre es un buen principio de interpretación bíblica que las partes oscuras y discutidas de la Escritura deben ser interpretadas por los claros y obvios - ¡no al revés! No está de acuerdo en que el mundo vaya a mejorar cada vez más antes de que Cristo regrese, como propone el postmilenialismo. No está de acuerdo con que haya dos Segundas Venidas, ni con que los incrédulos estén en el reino de Cristo, ni con que los sacrificios judíos en el templo sean restaurados, todo como lo propone la mayoría de las formas del premilenialismo.

El verdadero orden de los acontecimientos según el amilenialismo es el descrito en Mateo 24 y 1 y 2 de Tesalonicenses:

- Después de la predicación mundial del evangelio a todas las naciones, la conversión de los judíos, la apostasía y la tribulación, la revelación del Hombre de Pecado, las señales y maravillas en el cielo y la tierra, Cristo vendrá.
- Satanás y el anticristo serán destruidos en la batalla final.
- Los muertos resucitarán y los santos se encontrarán con Cristo en el aire y recibirán sus nuevos cuerpos.
- El Juicio Final tendrá lugar; Satanás y los malvados serán arrojados al infierno y los justos irán a estar con el Señor para siempre.
- La tierra será destruida por el fuego. Dios hará nuevos cielos y una nueva tierra en la que habitará la justicia. Este nuevo mundo será habitado por los santos por siempre y para siempre.

PREGUNTAS

1. ¿Qué eventos deben ocurrir antes de la Segunda Venida?
2. ¿Qué hará Cristo en su segunda venida?
3. ¿Cuáles son las tres principales posturas sobre el milenio?

CAPÍTULO 21: LA MUERTE, EL CIELO Y EL INFIERNO

1. **¿Qué es la muerte?**
2. **¿Por qué morimos?**
3. **¿El alma es inmortal?**
4. **¿A dónde vamos cuando morimos? El estado intermedio.**
    a. **El no creyente.**
    b. **El creyente.**
    c. **Los creyentes del Antiguo Pacto están en el cielo.**
    d. **Los creyentes del Nuevo Pacto están en el cielo.**
5. **¿Qué hacen los creyentes en el cielo?**
6. **La vida en el nuevo cielo y la nueva tierra.**
    a. **Una vida encarnada.**
    b. **Una vida social.**
    c. **Una vida de servicio.**
    d. **Una vida perfecta.**
    e. **Una vida sin fin.**
    f. **Una vida centrada en Dios.**

1. ¿Qué es la muerte?

La muerte pone fin a la existencia de nuestra vida física en este planeta y separa el alma del cuerpo. La Biblia dice que después de la muerte física hay una existencia consciente; el alma no muere con el cuerpo. Jesús dice que hay un lugar llamado infierno, así como un lugar llamado cielo, y debemos ir a uno u a otro:

Infierno

> Así que Yo les digo, amigos Míos: no teman a los que matan el cuerpo, y después de esto no tienen nada más que puedan hacer. Pero Yo les mostraré a quién deben temer: teman a Aquel que, después de matar, tiene poder para arrojar al infierno; sí, les digo: ¡A Él, teman! (Lucas 12:4-5).

Cielo

> Y añadió: "Jesús, acuérdate de mí cuando vengas en Tu reino". Entonces Jesús le dijo: "En verdad te digo: hoy estarás conmigo en el paraíso" (Lucas 23:42-43).

2. ¿Por qué morimos?

Los filósofos y científicos seculares ven la muerte como una etapa de nuestra existencia física. Creen que compartimos el mismo destino que los animales; nacemos, vivimos y morimos. Todo esto, dicen, es bastante normal y razonable; no hay nada que temer ya que la muerte no es más que el final de un proceso físico - todo en el universo tiene un principio y finalmente un final. Pero la Biblia muestra que la vida es una creación que no se origina en la convergencia de procesos físicos fortuitos, sino en la voluntad de Dios, el creador de todas las cosas.

El hombre moderno es cada vez más ateo en su visión de la vida. Debido a que no cree en Dios, tampoco entiende que la vida tiene un propósito. Si no se cree en Dios, el universo parece no tener sentido; para el ateo, por lo tanto, no hay esperanza más allá de la tumba.

La Biblia dice que la muerte llegó al mundo como consecuencia de la caída del hombre desobedeciendo a Dios. El hombre fue creado inmortal, para tener comunión con Dios y con el resto de la humanidad, pero perdió todo cuando pecó:

> Pero del árbol del conocimiento del bien y del mal no comerás, porque el día que de él comas, ciertamente morirás (Génesis 2:17).
>
> Maldita será la tierra por tu causa; con trabajo comerás de ella; todos los días de tu vida. Espinos y cardos te producirá, y comerás de las plantas del campo. Con el sudor de tu rostro comerás el pan hasta que vuelvas a la tierra, porque de ella fuiste tomado; pues polvo eres, y al polvo volverás (Génesis 3:17-19).
>
> Por tanto, tal como el pecado entró en el mundo por medio de un hombre, y por medio del pecado la muerte, así también la muerte se extendió a todos los hombres, porque todos pecaron (Romanos 5:12).

3. ¿El alma es inmortal?

Algunas personas, que profesan creer en la Biblia, dicen que cuando el incrédulo muere, su alma también muere, o es destruida en el infierno. Esta enseñanza se conoce como "inmortalidad condicional" o "aniquilación". Para apoyar su opinión, citan los siguientes versos:

> Porque la paga del pecado es muerte, pero la dádiva de Dios es vida eterna en Cristo Jesús Señor nuestro (Romanos 6:23).
>
> ... la cual manifestará a su debido tiempo el bienaventurado y único Soberano, el Rey de reyes y Señor de señores; el único que tiene inmortalidad y habita en luz inaccesible, a quien ningún hombre ha visto ni puede ver. A Él sea la honra y el dominio eterno. Amén (1 Timoteo 6:15-16).
>
> Los muertos no alaban al Señor, ni ninguno de los que descienden al silencio (Salmo 115:17).

Los aniquiladores creen que la vida eterna es algo que el hombre sólo puede recibir de Dios por fe, ya que es el único inmortal y sin Él no hay existencia eterna. El pecador, aunque esté físicamente vivo, está espiritualmente muerto, y por lo tanto, cuando su cuerpo muere, también su alma es destruida por el justo juicio de Dios dejando de existir completamente. Sin embargo, como veremos en la siguiente sección, las almas de los incrédulos y los creyentes continúan su existencia consciente, ya sea en el infierno o en el cielo.

Algunas personas creen que aunque el alma es inmortal "duerme" en el momento de la muerte y sólo se despierta en el día de la resurrección; los justos a la vida eterna y los malvados al castigo eterno. Pero este punto de vista ignora todos los versículos de la Biblia que hablan de una existencia consciente después de la muerte, tanto del mal como del bien.

4. ¿A dónde vamos cuando morimos? El estado intermedio

La Biblia dice que la separación del cuerpo y el alma no es una condición permanente sino temporal. Los creyentes están destinados a heredar un reino llamado 'un cielo nuevo y una tierra nueva' en el que habitará la justicia (Apocalipsis 21:1; véase también 2 Pedro 3:13). En Su Segunda Venida, Cristo traerá consigo las almas de los creyentes que estuvieron en el cielo, y recibirán nuevos cuerpos. Los creyentes que estén vivos cuando regrese también recibirán nuevos cuerpos. El reino no sólo será físico sino también espiritual.

a. El no creyente

Cuando el incrédulo muere su alma va al infierno donde sufre por su pecado, rebelión y rechazo de Cristo como Salvador y Señor. Su cuerpo se descompone, pero será resucitado el día del juicio. Entonces se reunirá con su alma, esperando la sentencia final del juicio a toda la humanidad por el Cristo resucitado.

Sucedió que murió el pobre y fue llevado por los ángeles al seno de Abraham; y murió también el rico y fue sepultado. En el Hades el rico alzó sus ojos, estando en tormentos, y vio a Abraham a lo lejos, y a Lázaro en su seno (Lucas 16:22-23).

No teman a los que matan el cuerpo, pero no pueden matar el alma; más bien teman a Aquel que puede hacer perecer tanto el alma como el cuerpo en el infierno. (Mateo 10:28).

También vi a los muertos, grandes y pequeños, de pie delante del trono, y los libros fueron abiertos. Otro libro fue abierto, que es el libro de la vida, y los muertos fueron juzgados por lo que estaba escrito en los libros, según sus obras. El mar entregó los muertos que estaban en él, y la Muerte y el Hades entregaron a los muertos que estaban en ellos. Y fueron juzgados, cada uno según sus obras. La Muerte y el Hades fueron arrojados al lago de fuego. Esta es la muerte segunda: el lago de fuego (Apocalipsis 20:12-14).

Cuando Yo estaba con ellos, los guardaba en Tu nombre, el nombre que me diste; y los guardé y ninguno se perdió, excepto el hijo de perdición, para que la Escritura se cumpliera (Juan 17:12).

Y serán reunidas delante de Él todas las naciones; y separará a unos de otros, como el pastor separa las ovejas de los cabritos... Estos irán al castigo eterno, pero los justos a la vida eterna (Mateo 25:32,46).

b. El creyente

La Biblia enseña claramente que cuando el creyente muere su cuerpo se descompone, pero su alma no duerme sino que va inmediatamente a la presencia de Dios en el cielo. Esta condición durará hasta la Segunda Venida de Cristo y se denomina “el estado intermedio”, porque sólo cuando Jesús regrese se reunirán el cuerpo y el alma. El creyente recibirá entonces un cuerpo glorificado y habitará en el nuevo cielo y la nueva tierra que Dios hará para reemplazar al mundo actual que espera el juicio y la destrucción completa.

c. Los creyentes del Antiguo Pacto están en el cielo

Porque Tú no abandonarás mi alma en el Seol, ni permitirás que Tu Santo sufra corrupción. Me darás a conocer la senda de la vida; en Tu presencia hay plenitud de gozo; en Tu diestra hay deleites para siempre (Salmo 16:10-11).

Con Tu consejo me guiarás, y después me recibirás en gloria. ¿A quién tengo yo en los cielos sino a Ti? Fuera de Ti, nada deseo en la tierra (Salmo 73:24-25).

Pero que los muertos resucitan, aun Moisés lo enseñó, en aquel pasaje sobre la zarza ardiendo, donde llama al Señor, el Dios de Abraham, y Dios de Isaac, y Dios de Jacob. Él no es Dios de muertos, sino de vivos; porque todos viven para Él (Lucas 20:37-38).

... y se transfiguró delante de ellos. Sus vestiduras se volvieron resplandecientes, muy blancas, tal como ningún lavandero sobre la tierra las puede blanquear. Y se les apareció Elías junto con Moisés, y estaban hablando con Jesús (Marcos 9:2-4).

d. Los creyentes del Nuevo Pacto están en el cielo

Pues para mí, el vivir es Cristo y el morir es ganancia... Porque de ambos lados me siento apremiado, teniendo el deseo de partir y estar con Cristo, pues eso es mucho mejor (Filipenses 1:21, 23).

Pero cobramos ánimo y preferimos más bien estar ausentes del cuerpo y habitar con el Señor (2 Corintios 5:8).

Porque si creemos que Jesús murió y resucitó, así también Dios traerá con Él a los que durmieron en Jesús (1 Tesalonicenses 4:14).

Ustedes, en cambio, se han acercado al monte Sión y a la ciudad del Dios vivo, la Jerusalén celestial, y a miríadas de ángeles, a la asamblea general e iglesia de los primogénitos que están inscritos en los cielos, y a Dios, el Juez de todos, y a los espíritus de los justos hechos ya perfectos (Hebreos 12:22-23).

Cuando el Cordero abrió el quinto sello, vi debajo del altar las almas de los que habían sido muertos a causa de la palabra de Dios y del testimonio que habían mantenido. Clamaban a gran voz: "¿Hasta cuándo, oh Señor santo y verdadero, esperarás para juzgar y vengar nuestra sangre de los que moran en la tierra? (Apocalipsis 6:9-10).

5. ¿Qué hacen los creyentes en el cielo?

- Están presentes con el Señor — 2 Corintios 5:8
- Ven su rostro — Apocalipsis 22:4
- Descansan de sus trabajos — Apocalipsis 14:13
- Entran en el gozo de su Señor — Mateo 25:21
- Se hacen perfectos — Hebreos 12:23
- Están reconfortados — Lucas 16:25
- Reciben su eterno herencia — 1 Pedro 1:4
- Son glorificados — Romanos 8:30
- Cantan la alabanza de Dios y el Cordero — Apocalipsis 7:10
- Están satisfechos — Apocalipsis 7:17
- Sirven a Dios en su templo — Apocalipsis 7:15

6. La vida en el cielo nuevo y la tierra nueva

a. Una vida encarnada

En la resurrección recibiremos nuevos cuerpos espirituales (es decir, cuerpos para el Espíritu) que serán inmortales (1 Corintios 15:44, 53) e iguales al cuerpo glorioso de Cristo (Filipenses 3:21). Lo veremos tal como es y seremos como Él (1 Juan 3:2). Todas las cosas creadas están esperando ese momento, ya que también tendrán un lugar y una parte en la gloriosa libertad de los hijos de Dios (Romanos 8:19-22).

Tendremos una vida corporal consciente en un entorno físico nuevo y redimido. Se nos darán nuevos poderes para que tengamos una existencia mucho más elevada y gloriosa que cualquier otra cosa que hayamos conocido antes.

b. Una vida social

La Biblia describe que la vida celestial no es solitaria sino grupal y la compartiremos con todos los que han sido redimidos. Es un reino (Hebreos 12:28), una ciudad (Apocalipsis 21:2), un templo (Apocalipsis 7:15), una fiesta de bodas (Apocalipsis 19:9). La vida celestial será el cumplimiento de todos los buenos propósitos de Dios para sus hijos. Incluso las relaciones humanas más felices y bendecidas que hemos disfrutado en la tierra serán sublimadas y exaltadas a un nivel de experiencia aún más alto y glorioso.

c. Una vida de servicio

En los cielos nuevos y la tierra nueva los siervos de Dios le servirán (Apocalipsis 22:3). Estaremos viviendo una vida activa y responsable. El grado de responsabilidad que se nos confiará dependerá de cuán fielmente hayamos servido al Señor en esta vida; véase la parábola de las minas (Lucas 19:11-26; véase también Mateo 24:45-47 y Lucas 16:9-14.) En la era futura los santos juzgarán al mundo y a los ángeles (1 Corintios 6:2-3).

d. Una vida perfecta

No habrá pecado, ni dolor, ni enfermedad, ni tentación. Las limitaciones de la carne y la sangre desaparecerán para siempre. Nuestra relación con Dios será sagrada pero íntima. Todos nuestros deseos y aspiraciones estarán en total armonía con la voluntad divina. Nuestro deleite será, no sólo verlo, sino también servirlo. Él nos hará beber de los manantiales de agua celestial que proceden del trono de Dios y del Cordero (Apocalipsis 7:15-17).

e. Una vida sin fin

La vida eterna es algo que todo creyente recibe cuando nace de nuevo del Espíritu Santo (Juan 3:16). La vida que se da entonces no tiene fin porque viene de Dios, que es inmortal. Comienza en la tierra, pero se consuma en el cielo nuevo y la tierra nueva. Esta vida es tan gloriosa y alegre que se compara con una vida real: "Y reinarán por siempre y para siempre". (Apocalipsis 22:5). Estaremos con Él para siempre durante los incontables tiempos de la eternidad.

f. Una vida centrada en Dios

La experiencia central y más significativa que tendremos en el cielo es que siempre estaremos en la presencia de Dios y del Cordero: "y así estaremos con el Señor siempre" (1 Tesalonicenses 4:17). Estar en la presencia de su brillante gloria y santidad sin mancha será la experiencia más maravillosa del creyente resucitado. Esta experiencia nunca se desvanecerá, sino que será eterna. A lo largo de la eternidad descubriremos mucho más de la indecible majestad, santidad, amor, belleza, sabiduría y gracia de Dios hacia nosotros. A Él sea la gloria por siempre y para siempre. Amén.

PREGUNTAS

1. ¿Qué sucede con el no creyente cuando muere?
2. ¿Qué sucede con el creyente cuando muere?
3. Describa el estado final del creyente en la nueva creación.

PLAN DE ENSEÑANZA BÍBLICA

Primer Año

Semana	Tema de los domingos	Tema de entre semana	Capítulo
1	Dios ha hablado	El canon de las Escrituras	2
2	Origen e inspiración de la Escritura	Relación entre el Antiguo y el Nuevo Testamento	2
3	La única regla de fe y conducta	Comprender e interpretar la Palabra de Dios	2
4	El Señor usa las Escrituras	El uso de las Escrituras en la adoración	2
5	¿Cómo conocer a Dios? La Biblia	Métodos de estudio	2
6	La naturaleza de Dios; su espiritualidad	¿Cómo debemos adorar a Dios?	3
7	La naturaleza de Dios; su infinito y eternidad	Los nombres de Dios - Antiguo Testamento	3
8	Su inmutabilidad	Los nombres de Dios - Nuevo Testamento	3
9	Su conocimiento y sabiduría	Pre-conocimiento pre-ordenación	3
10	Su voluntad	Guía	3
11	Su poder	¿Dios es omnipotente?	3
12	Su santidad	¿Puede el hombre resistir la voluntad de Dios?	3

13	Su Justicia	El gobierno moral de Dios: ¿Por qué Dios permite la guerra, la enfermedad, etc.?	3
14	Su bondad	El amor de Dios: ¿Benevolencia general o poder es dinámico?	3
15	Su verdad	La Biblia frecuentemente atribuye el cambio a Dios	3
16	Su Soberanía	El Reino de Dios	3 & 9
17	La Trinidad: Una Doctrina Cristiana	Perspectivas heréticas	3
18	La Trinidad: Relaciones mutuas y actividades de las personas	La doctrina del Credo de Niceno	3
19	Dios Padre	Falsas posturas: Paternidad y hermandad universal	3
20	El Hijo de Dios: Su Divinidad	La pre-existencia de Cristo, aspectos en Antiguo Testamento	3 & 5
21	El Hijo de Dios: Su Humanidad	Falsas posturas sobre Cristo	3 & 5
22	El Espíritu Santo: Su Personalidad	Falsas posturas sobre El Espíritu Santo	3 & 8
23	El Espíritu Santo: Su obra en la redención	Espíritu Santo en el Antiguo Testamento	3 & 8
24	El Espíritu Santo: Su obra en la santificación	El Pentecostés y sus implicancias	3 & 8
25	El Espíritu Santo: Su obra en el mundo – gracia común	Los dones del Espíritu Santo	3 & 8
26	El Espíritu Santo: Su obra en la iglesia	Contristar y apagar a El Espíritu	3 & 8

27	Los Decretos de Dios	Incluye todos los eventos	2
28	Los Decretos de Dios actuando: La Creación	Objeciones Modernas	2
29	Los Decretos de Dios actuando: Providencia	Providencia en mi vida	2
30	Los Decretos de Dios actuando: Los Milagros	¿Los milagros existen?	2
31	Los Decretos de Dios actuando: Elección y Rechazo	¿Dios es injusto?	9
32	El Hombre: Su condición original	El Alma	4
33	El Hombre: Su caída	Las consecuencias hasta hoy	4
34	El Pecado: Pecado original y Pecado real	Falsas teorías sobre el pecado	4
35	Total Depravación	La carga de la depravación total en el evangelismo	13
36	El Pacto de las obras	La relación entre la Ley el Cristianismo	13
37	El Pacto de la gracia	El Plan de Salvación	17
38	El Mediador del Pacto	Cristo: Hombre y Dios	6
39	Su rol como profeta: Sus enseñanzas	Comparación del los profetas y profecías en el Antiguo Testamento	6
40	Su rol como Sacerdote: Su vida de obediencia	¿Las enseñanzas de Jesús son vigentes aún?	6
41	Su rol como Sacerdote: Su muerte expiatoria	Objeciones a la perspectiva evangélica	6

		sobre la sustitución expiatoria	
42	Su rol como Sacerdote: Su Resurrección	¿Por quién murió Cristo?	6
43	Su rol como Sacerdote: Su Intercesión	Los sacerdocios de Aarón y Melquisedec	6
44	Su rol como Rey: Su dominio y Su Reino	Características y Deberes de los Ciudadanos	6
45	El Señor de la Iglesia	Su Cuerpo, Su Novia	19
46	Su Retorno Triunfante	"¿cuándo sucederá esto? - ¿cuál será la señal"	21

Segundo año

Semana	Tema de los domingos	Tema de entre semana	Capítulo
1	La Muerte Cristiana y la Resurrección	El Estado Actual de la Muerte	21
2	Cielo, Paraíso, Seol, Hades	Conceptos del Antiguo Testamento	18
3	Infierno	El error del Purgatorio	18
4	Las Buenas Nuevas: Su contenido	¿Hay una segunda oportunidad?	11 & 13
5	El Llamado de Dios: El general y el especial	El Evangelio en el Antiguo Testamento	9
6	Regeneración	Predicación en el Nuevo Testamento: Preparación y predicación de sermones	11

7	Arrepentimiento	Las características del verdadero arrepentimiento	13
8	Fe: Salvación y Muerte	La relación entre la fe y la oración	13
9	Fe y Obras	Las Buenas Nuevas	10 & 13
10	Confianza	¿Cuándo la confianza no es una presunción?	16
11	Justificación	Comparación y Contraste de las posturas Católicas Romanas y Protestante	10
12	Santificación: Su Naturaleza	¿La perfección en este mundo es posible?	15
13	Santificación: Su proceso	Las características de la madurez cristiana	15
14	Carácter Cristiano	Vestimenta, vida interior y apariencia externa	15
15	La ley de Dios: Introducción	Ley y Gracia	15
16	Primer Mandamiento	Dioses sustitutos de hoy en día	15
17	Segundo Mandamiento	Dios es celoso	15
18	Tercer Mandamiento	Votos y juramentos	15
19	Cuarto Mandamiento	¿Cómo deben ser nuestros días domingos?	15
20	Quinto Mandamiento	Mi lugar en la Casa	15
21	Sexto Mandamiento	Los problemas de la guerra	15
22	Sétimo Mandamiento	Cortejo y Matrimonio Cristiano	15
23	Octavo Mandamiento	Integridad en los negocios	15
24	Noveno Mandamiento	Mi responsabilidad como ciudadano	15

25	Décimo Mandamiento	La naturaleza espiritual de la ley	15
26	Un Nuevo Mandamiento	¿El amor anula el resto de la ley?	15
27	Los enemigos de los Cristianos: Satanás	Objeciones a la personalidad diabólica, su persona y sus obras	
28	Los enemigos de los Cristianos: Satanás	La Tentación: La experiencia de nuestro Señor	
29	Los enemigos de los Cristianos: El Mundo	Reconocer la Tentación	
30	Los enemigos de los Cristianos: La Carne	Disciplinas Espirituales	
31	Expresión de la gracia: La Palabra de Dios	Métodos de Estudio Bíblico	2
32	Expresión de la gracia: La Oración	Problemas en la oración	19
33	Expresión de la gracia: Hermandad	Relaciones con Cristianos de otras denominaciones	19
34	Expresión de la gracia: La partición de los panes	Preparación necesaria para la Santa Cena del Señor	19
35	Expresión de la gracia: El Bautismo	¿Por qué los niños no deben ser bautizados?	20
36	Cristianos en el Mundo	Deberes sociales	
37	Cristianos en el trabajo	"Servicio a Tiempo Completo"	
38	Cristianos en el hogar	Los problemas en hogares no cristianos	
39	El ciudadano cristiano	La relación entre Iglesia y Estado en el Nuevo Testamento	

40	Cristianos en la iglesia	Requerimiento de quienes ofician en la iglesia	19
41	Cristianos en el juicio	¿Seré perseguido?	
42	Peregrinaje Cristiano	"Este mundo no es mi lugar"	
43	Cristianos y sus posesiones y propiedades	Las Ofrendas	
44	Cristianos y horarios	Prioridades	
45	La esperanza de los Cristianos: La Venida del Señor	¿Cómo me afecta en la actualidad?	21
46	La esperanza de los Cristianos: El nuevo cielo y La nueva tierra	Vigilantes ante la apostasía	21

Printed in Poland
by Amazon Fulfillment
Poland Sp. z o.o., Wrocław

61370219R00240